报中经纬

《纺织时报》与近代中国纺织工业

1923—1937

刘盼红 著

东華大學出版社·上海

东华大学人文社会科学出版资助基金项目成果

图书在版编目（CIP）数据

报中经纬:《纺织时报》与近代中国纺织工业（1923-1937）/ 刘盼红著. — 上海：东华大学出版社，2023.7
ISBN 978-7-5669-2226-7

Ⅰ. ①报… Ⅱ. ①刘… Ⅲ. ①纺织工业－工业史－史料－中国－1923-1937 Ⅳ. ①F426.81

中国国家版本馆CIP数据核字（2023）第111788号

责任编辑：周慧慧
装帧设计：上海三联读者服务合作公司

报中经纬:《纺织时报》与近代中国纺织工业（1923—1937）

BAOZHONG JINGWEI:FANGZHI SHIBAO YU JINDAI ZHONGGUO FANGZHI GONGYE(1923—1937)

刘盼红　著

出　　版：东华大学出版社（上海市延安西路1882号，邮政编码：200051）
本社网址：dhupress.dhu.edu.cn
天猫旗舰店：http://dhdx.tmall.com
营销中心：021-62193056　62373056　62379558
印　　刷：上海当纳利印刷有限公司
开　　本：787mm × 1092mm　1/16
印　　张：14.75
字　　数：336千字
版　　次：2023年7月第1版
印　　次：2023年7月第1次印刷
书　　号：ISBN 978-7-5669-2226-7
定　　价：78.00元

代　序

廖大伟

近代报刊是研究近代历史的重要资料，随着学术和技术的推进，报刊资料越来越受到人们的重视。对于近代报刊的专门研究在新闻学和历史学领域已有大量成果呈现，视角和深度也在不断变化和拓展。《纺织时报》系上海华商纱厂联合会创办的一份行业报纸，该联合会是一个以上海为主要基地的全国性华商棉纺织行业组织，亦是中华民国时期很具影响力的行业公会之一，其所创办的这份报纸，刊出时间为1923年至1937年，正是中国近代纺织业迅速发展时期。

《纺织时报》载有大量的纺织业信息，尤其偏重华资纺织行业企业的报道，其内容绝非仅限上海，不少的报道和推介是全球性的。对于近代纺织史研究，《纺织时报》的史料价值不言而喻，事实上当下学人对其爬梳引用已不鲜见。不过，从传播学和历史学视角对《纺织时报》进行专门研究，刘盼红现在呈现的这一成果则较为完整和全面。

本书内容主要以刘盼红的硕士学位论文为基础，她在博士就读期间对其又作了补充与修改。通读之下，我觉得本书特点和价值主要表现在三个方面。

首先，研究路径和视角独特。本书从传播学结构过程的内在要素分析论述《纺织时报》的传播者、传播内容、报道风格、受传者和传播效果等因素，提出《纺织时报》由专业行业组织经营，发布了精确有效的市场信息，在中国华商纱厂求生存、谋发展的历史过程中发挥了积极作用。作者充分肯定《纺织时报》丰富的内容以及较高的史料价值，同时也认为，由于受报刊发行量和受众面限制，其在中华民国社会的影响力不可过高估计。由这样的研究路径和视角切入，加上实事求是的态度，本书的论证方式和论证过程有理论依据和资料依据，观点辩证可信。

其次，较完整客观地分析《纺织时报》的报道风格和报纸内容的史料价值。本书以比较的方法，将《纺织时报》与同时期不同类型的报刊，诸如《申报》《民国日报》《银行周报》《纺织周刊》等比较，分析彼此由于传播主体、受众群体等方面的不同，因此政治立场、信息选择、信息排序方式等方面呈现各自特点。

最后，在回顾与检索中国近代纺织史研究成果的过程中，发现了一些新问题，得出了一些新线索，提出了一些新观点。作者认为现有五卅运动研究、1933年中美棉麦大借款事件研究、1935年申新七厂拍卖事件研究等，皆在一定程度不同节点上与《纺织时报》的报道存在差异，据此作者能够依据多种史料考察其不同的原因，由此提出了一些新观点。关于1933年中美棉麦大借款事件，从《纺织时报》的报道变化，能感受到华商纱厂实际上处于支持棉麦大借款与塑造企业形象的两难境地之中，不能简单地以支持或反对棉麦大借款作结论。这样的矛盾心态完全反映在《纺织时报》的报道中，这是目前的研究没有完全关注到的。同样的，就申新七厂被拍卖事件而言，目前的研究成果基本以政府、银行与企业的利益冲突为研究视角，几乎没有关注到事件发生期间，中日纺织业既有竞争，也存在市场营销、生产技术及管理经验方面的合作。这些观点细化和拓深了中国近代纺织史领域的一些问题研究。

刘盼红博士是一位非常勤奋的青年学者，具有相当的研究潜力。百尺竿头，更进一步。期待刘盼红博士在中国近现代史等学科领域继续深耕，不断有新作面世。

是为序。

廖大伟

2023年3月23日

目录

绪 论

一、选题意义

《纺织时报》(1923年4月16日—1937年8月12日)的创办者为华商纱厂联合会，发行周期为每周2期，每周一、周四出刊。《纺织时报》前后共发行1408期，发行时间达14年半。该报以“沟通纺织界消息，供省览，便检阅”为创刊宗旨，以上海乃至全国、全世界的纺织业动态为主要报道内容，是研究近代中国纺织业发展概况的重要文献资料。

(1)《纺织时报》的重要性不容忽视。就该报本身而言，它是近代上海第一份报道内容较为全面的纺织行业报刊[①]，也是中国近代重要的纺织报纸。该报作为二十世纪二三十年代中国纺织界人士沟通消息的重要“桥梁”，以及华商纱厂主借以对抗外资企业、寻求政府与社会援助的舆论工具，对中国近代纺织业发展具有重要促进作用。纺织业是中国近代重要的轻工业行业之一，棉纺织业又是中国近代最大的工业部门。[②]该

① 本书所说的报刊包括报纸和杂志。近代上海第一份纺织行业期刊是华商纱厂联合会于1919年创办的《华商纱厂联合会季刊》，因报道内容单一、报道时效性不足，1923年华商纱厂联合会遂创办《纺织时报》。1923年之后，中国又陆续创办诸多纺织行业期刊，但近代中国纺织行业报纸仅《纺织时报》一份。——中国近代纺织史编委会:《中国近代纺织史》上卷，中国纺织出版社，1996，第245页。

② 王翔:《中国近代手工业史稿》，上海人民出版社，2012，第216页。

报保存了大量有关近代纺织史的一手资料，史料价值不言而喻。就《纺织时报》创办者而言，华商纱厂联合会是一个以上海为基地的全国性民族棉纺织行业组织，亦是民国时期最具影响力的行业公会之一。[①]华商纱厂联合会的日常活动皆通过该报披露，会员联络主要以该报为媒介。因此研究中国近代行业报刊史、纺织工业史，该报是不可或缺的资料。

（2）目前关于民国报刊的研究，集中在对各种综合性报刊、小报和经济专业报刊的研究上，对纺织行业报刊的研究还有很大空间。综合性报刊和小报研究成果之丰富自不必说，近年来对经济专业报刊和金融行业报刊的研究也渐趋丰硕，自2009年起，武汉大学在民国经济思想史中新开创一种研究形式——以经济期刊为对象的研究，到2013年止共完成6篇专门研究经济报刊的博士论文和1篇研究金融报刊的博士论文。《纺织时报》属于经济类专业报刊中的纺织行业报，目前学界关于民国纺织行业报的研究不多。因此，对《纺织时报》进行较为全面、细致的梳理与研究很有必要。

（3）目前学术界在研究纺织史及其相关问题时，大量引用《纺织时报》的报道作为一些观点的佐证，但对《纺织时报》专门的文本研究尚付阙如。对它的研究，还有很大的挖掘空间。

二、研究现状

目前学术界还没有关于《纺织时报》的专门研究，较为多见的是在对民国社会经济和行业经济研究的论著中。除了这些引用《纺织时报》的文章，关于报纸新闻史、纺织史的相关研究成果也为本书提供了有益的参考。

① 樊卫国：《华商纱厂联合会成立与民初关税会议》，《社会科学》2006年第12期。

（一）引用《纺织时报》的论著

在民国社会经济和行业经济研究的论著中，引用《纺织时报》的很多。目前国内可以找到的有10余篇，大致可分为2类：劳资关系史和中国近代棉纺织史。国外研究中国近代棉纺织史的国家主要有日本和韩国，也有不少学者引用《纺织时报》作为佐证。

1. 探讨劳资关系

田彤的2篇文章揭露了《纺织时报》在劳资冲突事件中维护纱厂主利益的立场。《1933年纱厂减工风潮中的劳资对抗》引用《纺织时报》1932—1933年关于纱厂减工的报道，用来说明纱厂主和工方在市场危机面前均为弱势群体，党政机关才是造成纱厂停工的罪魁祸首，党政机关“不仅丧失其基本的社会职能，而且无异于破坏社会正义的元凶”，减工停厂是厂主应对、化解市场危机的无奈之举，也是其强化企业管理的有利时机。[①]《宝成三八制与劳资关系》引用《纺织时报》1928—1931年间对“三八制”相关情况的报道，力图说明劳资双方虽均从中获益，但“三八制”未曾成为维系双方融洽关系的新纽带，其实施难度之高，导致其对工人的保护只能更多停留在法权与道义上，不能根本改善劳资矛盾。[②]文章中表露的《纺织时报》倾向性对本书把握该报报道特点具有启发意义。

2. 研究中国近代棉纺织史

国内学界有不少研究中国近代棉纺织史的论文或著作引用《纺织时报》，据笔者粗略统计，大约有论文6篇、著作2部。代表性论文如

① 田彤：《1933年纱厂减工风潮中的劳资对抗》，《贵州社会科学》2013年第9期。

② 田彤：《宝成三八制与劳资关系》，《浙江学刊》2009年第1期。

《抗战前细纱交易困境及民族染织厂的应对》，该文引用《纺织时报》1928—1933年相关报道，揭露20世纪30年代初大规模抵制日货运动客观上造成细纱交易困境、中日企业间出现非正常交易和相互合作的现象，为我们展现了与以往历史研究不同的历史图景。[①]《1928—1937年间民族棉纺织工业的运行状况和特征》引用《纺织时报》1928—1937关于机纱价格和市场销量的相关报道，考察棉纺织业的供给和需求情况，该文表示《纺织时报》的报道为历史学者研究近代中国棉纺织史提供了丰富的棉花棉纱价格和销量数据。[②]《试论列强主导格局下的中国民族企业行为——以近代棉纺织工业企业为例》引用《纺织时报》1931—1935年的部分报道，考察民族企业在棉纺织业危机中极力扩大规模的“奇异”行为，认为民族企业之所以扩大棉纺织业生产规模，是因为希望利用九一八事变后大规模抵制日货运动，谋求最后一线生机。[③]

国内此方面代表性的著作有方显廷的《中国之棉纺织业》（商务印书馆2011年版）和严中平的《中国棉纺织史稿》（中国科学出版社1955年版）。这两本著作中，作者大量引用了《纺织时报》的报道。前者是一部以中国棉纺织业的历史和现状为研究对象的学术著作，被称为研究中国棉纺织业史最为充实、调查最为详尽的著作，第二章引用了《纺织时报》第552、555、559、610号对中国棉花生产及贸易的报道，第三章引用了《纺织时报》第773、778号关于中国棉纺织税收的报道。后者引用《纺织时报》的报道撰写中国棉纺织业史的近代部分内容，如第六章关于1913—1931年国际投资市场上的棉纺织业，第七章关于1931—1937

① 赵伟：《抗战前细纱交易困境及民族染织厂的应对》，《中国经济史研究》2014年第1期。

② 林刚：《1928—1937年间民族棉纺织工业的运行状况和特征》，上下两篇分别发表在《中国经济史研究》2003年第4期和《中国经济史研究》2004年第1期上。

③ 林刚：《试论列强主导格局下的中国民族企业行为——以近代棉纺织工业企业为例》，《中国经济史研究》2007年第4期。

年世界资本主义经济危机中的棉纺织业以及全书附录部分。

国外代表性著作如日本学者森时彦的《中国近代棉纺织业史研究》（社会科学文献出版社2010年版）。该书是日本京都大学中国研究系列之一，日文版由京都大学学术出版会于2001年4月出版，2010年4月被译成中文，对中国近代经济史研究产生了重要的影响。森时彦从经济史的角度，搜集了散存于中日两国大量的数据统计史料进行定量分析，以棉花价格和棉纱价格的变动为轴线，其中引用《纺织时报》大致时间范围为1925—1936年，集中在1925—1927年、1936年；引用内容主要为在华日资纱厂相关报道数据。森时彦将日本棉纺织业的发展与中国近代棉纺织业发展放在一个历史脉络中，描绘了19世纪下半叶至20世纪30年代近代中国棉纺织业的演变过程。韩国学者金志焕的《棉麦借款与宋子文的日本登岸》，引用《纺织时报》1933年8月3日第1009号、8月17日第1013号关于棉麦借款的报道。①以上研究成果为笔者初步认识《纺织时报》的报道内容和史料价值提供了参考。

（二）关于报纸新闻史的研究

《纺织时报》属于经济类专业报刊中的行业报，目前历史学界对民国经济报刊和金融行业报刊的研究较为丰富，据笔者统计有10余篇，但纺织行业报刊的研究则相对较少。

1. 关于经济专业报刊和金融行业报刊的研究

目前学界对经济专业报刊和金融行业报刊的研究成果颇丰。经济期刊是武汉大学自2009年在民国经济思想史中新开创的一块研究领域，至

① 金志焕:《棉麦借款与宋子文的日本登岸》,《社会科学论坛》2005年第12期。

2013年，共有7篇博士论文专门论述经济专业报刊。①金融行业报刊中，《银行周报》和《钱业月报》研究较为集中，并呈现阶段性特点。二十世纪八九十年代，这两种报刊研究大多是描述性的，或将两种报刊作比较研究。②进入二十一世纪，出现一些专门的研究文章。例如马长林从经济史的角度，考察《银行周报》创办特点及其对近代上海金融业发展所产生的影响。③李婧从法律史的角度，以《银行周报》为考察视角，分析民国时期银行立法基本原则、银行法内容、银行法法理等。④还有不少硕博士生以《银行周报》作为论文选题，考察该报的组织架构、金融业务、金融政策及其社会作用等。⑤

2. 关于纺织行业报刊的研究

近年来，关于纺织行业报刊的研究开始渐多，主要包括概述性研究和专题性研究两种。前者如吴川灵的研究，详细介绍了数种重要的纺织期刊，内容涉及纺织原料、纺纱、织造、印染和服装等，作者认为行业组织与企业出版的期刊数量较多，刊物带有行业组织和企业的显著特

---

① 2009—2013年武汉大学博士学位论文有方小玉：《民国〈经济学季刊〉研究》；高璇：《民国〈经济评论〉研究》；彦昌盛：《民国〈乡村建设〉研究》；郭小兵：《民国〈财政评论〉研究》；程垒：《民国〈新经济〉半月刊研究》；盖鹏：《民国〈合作月刊〉研究》；郭俊：《民国〈银行周报〉（1917—1949）研究》。

② 例如朱镇华：《〈银行周报〉简介》，载朱镇华《中国金融旧事》，中国国际广播出版社，1991，第229-233页；朱镇华：《〈钱业月报〉始末》，载朱镇华《中国金融旧事》，中国国际广播出版社，1991，第234-238页；朱镇华：《〈银行周报〉与〈钱业月报〉》，《浙江金融》1987年第10期；毛知砺：《抗战前十年的〈银行周报〉与〈钱业月报〉》，《国立政治大学历史学报》1998年第15期；许斌：《民国金融第一刊——〈银行周报〉简述》，《中国城市金融》2015年第1期。

③ 马长林：《〈银行周报〉与近代上海金融业》，载复旦大学中国金融史研究中心编《上海金融中心地位的变迁》，复旦大学出版社，2005，第177-189页。

④ 李婧：《民国时期银行法研究探析——以三十年代〈银行周报〉为考察视角》，《法学杂志》2009年第3期。

⑤ 孟梦：《早期〈银行周报〉的经营及其社会作用（1917—1925）》，硕士学位论文，北京师范大学，2007年；李辉：《〈银行周报〉研究（1925—1937）》，硕士学位论文，复旦大学，2011年；郭俊：《民国〈银行周报〉（1917—1949）研究》，博士学位论文，武汉大学，2013年。

点。[①]后者为对纺织报刊的专题性研究，学者或从纺织报刊视角观察工人运动[②]，或分析纺织报刊的科学教育功能[③]，还有不少硕士研究生以此为学位论文选题展开研究[④]。

除以上两种角度外，另有从整体上分析专业报纸和行业报纸特点的研究成果，这对本书研究也同样具有参考价值。如张红的《小议行业报纸的特点》，作者提出行业报纸的两大特点——定向性（即读者的确定性）和门户性（即宣传本行业的门户性），以及行业报纸的三方面价值——沟通业界消息、舆论导向和史料价值，认为行业报纸的重要性在于使行业内部人员互通情报服务、沟通纺织消息；报载的大量行业新闻，过后将成为行业史志的资料。[⑤]

（三）关于华商纱厂联合会的研究

报纸报道往往反映办报者的意愿。《纺织时报》的创办者——华商纱厂联合会是民国时期比较有影响力的纺织行业同业公会。华商纱厂联合会初创于1917年3月，是一个以上海为基地的全国性民族棉纺织行业组织，是近代中国最早成立的全国性纺织行业团体，学界关于华商纱厂联合会的研究成果十分丰富。

---

① 吴川灵：《中国近代行业组织与企业出版的纺织期刊评述》，《东华大学学报（社会科学版）》2020年第1期；吴川灵：《中国近代学术团体出版的纺织期刊评述》，《北京服装学院学报（自然科学版）》2020年第3期。

② 高红霞、刘盼红：《〈纺织时报〉视野中的五卅运动》，《民国研究》2019年第2期。

③ 赵博翀、邓可卉：《近代科技期刊〈纺织之友〉的科学教育功能分析》，《出版广角》2020年第22期。

④ 刘盼红：《〈纺织时报〉研究》，硕士学位论文，上海师范大学，2017年；王仰旭：《〈纺织周刊〉研究》，硕士学位论文，东华大学，2019年；高潜：《〈染织纺周刊〉与全面抗战爆发前后的纺织行业》，硕士学位论文，东华大学，2019年等。

⑤ 张红：《小议行业报纸的特点》，《新疆新闻界》1990年第5期，第34页。

1. 描述性研究及华商纱厂联合会创立过程的研究

关于华商纱厂联合会，学界内对其描述性研究成果较多。最早的是1961年《辞海试行本》（第三分册）对华商纱厂联合会的介绍。《辞海试行本》从创办、领导成员、会员、宗旨及出版物五个方面介绍华商纱厂联合会："出版物有《纺织时报》和《华商纱厂联合会季刊》。从1919年起，每年还刊行《华商纱厂联合会一览表》和中国的棉产生产情况统计等资料。1942年12月解散。"①

1994年后，关于华商纱厂联合会的创立过程研究蔚然成风。代表性成果有魏上吼的《近代中国的纺织行业团体》、王子建的《华商纱厂联合会创立经过》和樊卫国的《华商纱厂联合会成立与民初关税会议》。第一篇着重介绍了华商纱厂联合会、全国纺织联合会以及其他纺织业同业公会的活动、变迁与影响，篇幅不大。②后两篇文章利用上海档案馆所藏档案，详细介绍了华商纱厂联合会从筹备到建立的过程，并将华商纱厂联合会的建立同民初关税会议联系起来，探讨建立同业组织与政府的关系。③

2. 关于华商纱厂联合会的作用和影响

另有一些文章研究华商纱厂联合会对纺织行业发展的影响。例如施正康《近代上海华商纱厂联合会与棉纺业的自救》一文，利用华商纱厂联合会季刊、议事录、《纺织时报》等资料，分析该联合会的3个作用：团结同业，共度棉纺业危机；兼顾其他相关行业的利益；与政府交涉，

① 中华书局辞海编辑所:《辞海试行本》第3分册，中华书局辞海编辑所，1961，第66页。

② 魏上吼:《近代中国的纺织行业团体》,《中国纺织大学学报》1994年第3期。

③ 王子建:《华商纱厂联合会创立经过》，载中国人民政治协商会议上海市委员会文史资料工作委员会《文史资料选辑》，1982年第3辑；樊卫国:《华商纱厂联合会成立与民初关税会议》,《社会科学》2006年第12期。

争取同业利益。[①]樊卫国《市场歧变、行业困厄与企业习俗——论20世纪二三十年代市场危机中的华商棉纺业》一文，分别从市场歧变、行业困厄、企业习俗3个方面，分析了二十世纪二三十年代华商纱厂出现危机的原因。[②]张华明的博士论文探讨华商纱厂联合会与近代棉纺织行业资讯体系的建立，梳理了同业组织、媒介与行业发展的关系。[③]

华商纱厂联合会不仅维护华商纱厂的利益，对社会事业也较为关注。2014年范朝霞撰写的《民国上海同业公会社会事业考察（1912—1937）——以棉纺业、银行业、棉布商业为例》一文，考察了华商纱厂联合会在社会教育事业、社会公益事业和政治性捐款方面所作的努力。[④]论文整体把握华商纱厂联合会的创办过程、宗旨、主要活动及作用，对本书研究《纺织时报》十分必要。

（四）其他关于纺织史的研究

研究行业报刊，对行业业态的了解必不可少。国内外相关研究已经比较丰富，近年也有一些纺织史课题获得立项，如上海大学廖大伟教授的课题“中国近代纺织史资料整理与研究”获得2019年国家社科基金重大项目立项，应该说纺织史研究方兴未艾。

1. 纺织通史研究

迄今纺织通史有20余部，既有宏观著述，也有棉、毛、丝、麻等纺

① 施正康：《近代上海华商纱厂联合会与棉纺业的自救》，《上海经济研究》2006年第5期。

② 樊卫国：《市场歧变、行业困厄与企业习俗——论20世纪二三十年代市场危机中的华商棉纺业》，《社会科学》2014年第5期。

③ 张华明：《同业组织、媒介与行业发展：华商纱厂联合会与近代棉纺织行业资讯体系的建立》，博士学位论文，东华大学，2021年。

④ 范朝霞：《民国上海同业公会社会事业考察（1912—1937）——以棉纺业、银行业、棉布商业为例》，硕士学位论文，上海社会科学研究院，2014年。

织行业的通撰。中国最早一部纺织通史专著是方显廷1934年出版的《中国之棉纺织业》，该书全面论述了中国棉纺业历史与现状，书后附有统计表格，具有重要参考价值。中华人民共和国成立后，中国纺织工业迅速发展，纺织史资料陆续得到整理、编辑和出版，例如《中国近代手工业史资料》《中国近代纺织史》等，收入了大量纺织史档案文献、图表数据，至今被学术界反复引用。[①]纺织通史最新研究成果为周启澄主编的《中国纺织通史》（东华大学出版社2011年版），该书全面论述了纺织业从原始手工生产到当代动力机器生产的发展历程。中国纺织通史研究大致经历了从内容不全面到较全面、资料不准确到相对准确的过程。

2. 纺织企业与人物研究

纺织企业史属于多学科交叉研究领域，吸引了包括经济学、历史学等专家的目光。如陈争平注重经济学、历史学及社会学方法的结合，侧重定性分析和定量分析，其《试论中国近代企业制度发展史上的“大生”模式》从企业制度发展史的角度，探讨张謇创造的“大生”模式在靠股份制兴办社会化大生产、公开严明企业管理机制等方面的创新。[②]彭南生等从技术创新角度研究中国近代纺织企业，其《论20世纪20年代上海棉纺织机械业的技术创新——以大隆机器厂和中国铁厂为分析重点》分析了20世纪20年代上海棉纺织机械制造业踏上以引进和仿制为主的技术创新道路的原因，认为企业家精神和经济民族主义精神对纺织企业的成功转型起到了巨大推动作用。[③]

① 彭泽益:《中国近代手工业史资料》全4卷，生活·读书·新知三联书店，1957;《中国近代纺织史》编辑委员会:《中国近代纺织史（1849—1949）》上、下两册，中国纺织出版社，1997。

② 陈争平:《试论中国近代企业制度发展史上的“大生”模式》,《中国经济史研究》2001年第2期。

③ 彭南生、严鹏:《论20世纪20年代上海棉纺织机械业的技术创新——以大隆机器厂和中国铁厂为分析重点》,《江汉论坛》2011年第3期。

近代纺织企业生存和发展，离不开纺织企业家的作用，最近十几年学术界研究兴趣较多集中于此。如对张謇的研究，章开沅关注其在近代革新事业中的积极贡献[①]，朱英关注其在清末民初慈善事业上的推动作用[②]。马敏在《张謇与近代博览事业》一文中指出，张謇在推动中国近代博览事业方面有巨大贡献，是近代中国博览事业的开拓人之一。[③]熊月之的《张謇的精神气象》一文指出，张謇有雄浑的精神气象，构成这一气象主要有四大因素：既重视成规又俯视成规，既重视金钱又超越金钱，既把握大势又审察细理，既自强不息又达观认命。[④]其他关于周学熙、荣氏兄弟、穆藕初、刘鸿生等近代纺织著名人物的研究也有相当的成果。

3. *海外研究*

部分海外学者致力中国近代纺织史领域的研究，集中在韩国、日本、美国等国家。韩国学者金志焕的专著《中国纺织建设公司研究》（复旦大学出版社2006年版），梳理了抗战胜利后国民政府棉业统制政策的演变，力图揭示战后资产阶级与国民政府的关系，以及这一政策对社会经济的重大影响。前文已述日本学者森时彦的《中国近代棉纺织业史研究》一书，使用中日两国史料，以棉花价格和棉纱价格的变动为轴线，考察了19世纪后半期至20世纪30年代中国棉纺织业的历史过程。美国学者韩起澜关注纺织业普通从业者生存状态，其专著《姐妹们与陌生人——上海棉纱厂女工1919—1949》（江苏人民出版社2011年版）探讨上海纺织女工经济生活背景。

总体而言，无论是报纸新闻史抑或是纺织史，学界均已积累不少优秀成果，内容多元，视角新颖，对本书具有启示意义。但同时具有一定

---

① 章开沅:《张謇与中国近代化》,《华中师范大学学报（哲学社会科学版）》1987年第4期。

② 朱英:《论张謇的慈善公益思想与活动》,《江汉论坛 》2000年第11期。

③ 马敏:《张謇与近代博览事业》,《华中师范大学学报（哲学社会科学版）》2001年第5期。

④ 熊月之:《张謇的精神气象》,《领导文萃》2016年第15期。

局限性，主要表现在以下4个方面：第一，纺织业是中国近代重要的轻工业行业之一，棉纺织业又是中国近代最大的工业部门，近代纺织行业报刊承载了大量纺织史相关信息，目前对纺织行业报刊的重视程度与其重要性不相匹配，远不如学界关于其他行业报刊如《银行周报》的研究；第二，已有纺织行业报刊成果多为个案研究，如何揭示纺织行业报刊的特殊性，发现纺织行业报刊与其他党派报刊、金融报刊、商业报刊等的差异，是可以进一步思考的问题；第三，以近代纺织行业报刊为视角研究纺织史、政治史、经济史等，仍有很大挖掘空间；第四，目前学术界在研究纺织史及其相关问题时，大量引用《纺织时报》的报道作为一些观点的佐证，但缺乏一部关于《纺织时报》的专门研究著作。鉴于此，本书全面梳理了《纺织时报》的创办过程，比较分析其报道特点，并以该报为主要观察视角，探讨报纸中所反映的纺织工业与目前纺织史研究中的纺织工业的差距，旨在补充和丰富目前学术界在此领域的研究。

三、理论与方法

本书研究《纺织时报》与中国近代纺织工业，主要采用历史学的文献考察和传播学的媒介研究相结合的方法。

本书以《纺织时报》及华商纱厂联合会档案为核心材料，同时使用《华商纱厂联合会季刊》《纺织周刊》《申报》《民国日报》《银行周刊》等其他报刊资料，以及相关的年谱、回忆录、地方志、资料汇编、文史资料、著作、论文等，对这些文献资料进行搜集、鉴别和整理，搜集渠道包括上海图书馆、上海市档案馆及高校图书馆数据库，最后通过对文献的研究形成对事实的科学认识。

本书还使用了传播学的媒介研究方法。如从传播者、传播内容、媒介、受众、传播效果等传播要素出发，全面考察《纺织时报》。第二章

第三节比较《纺织时报》和《纺织周刊》报道风格时还使用了媒介研究的内容分析法。该方法作为一种有着社会学历史渊源的方法，关注的是在一定时期内对媒体大量表面表述的内容进行比较和测量，使用定量方法研究媒介在多大程度上反映社会现实。[①]本书根据两种报刊对一·二八淞沪抗战前后的报道情况，将研究的时间限定在1932年1月14日—1932年4月8日。根据报道内容进行分类，计算各类报道内容在这一时段的总版面面积，比较两份报纸不同报道内容所占版面情况（包括版面次序及版面大小等），分析它们的报道侧重点。内容分析也不应排除定性分析，还详实考察报道具体内容，从文字排版、语言特色、情感表达等方面具体比较两种报纸的报道倾向。

四、主要研究内容

本书以《纺织时报》与中国近代纺织工业为研究对象，时间跨度为1923年4月16日—1937年8月12日，从报刊的传播者、传播内容及传播效果3个方面展开研究。

（1）全面梳理《纺织时报》的创办过程。一方面，利用上海市档案馆馆藏华商纱厂联合会会议记录资料、报刊资料等，全面考察《纺织时报》创办者——华商纱厂联合会的创建过程、主要活动、会员会费等。指出华商纱厂联合会的会员为各纺织厂或团体，主要代表是华商纱厂主和高层管理人员，主要活动包括团结同业以共度棉纺业危机、处理与其他行业和外资企业的关系，以及与政府交涉争取同业利益等。华商纱厂联合会的这些活动往往通过《纺织时报》展现给纺织业界人士或

① 泰勒（Taylor L.）、威利斯（Willis A.）:《媒介研究：文本、机构与受众》，吴靖、黄佩译，北京大学出版社，2005，第41页。

关心纺织业人士，故《纺织时报》基本代表了华商纱厂主和高层管理人员的意志。

另一方面，仔细爬梳《纺织时报》的创办与宗旨、定价与广告、版面与栏目、发行量与受众、新闻来源、报刊价值等。指出华商纱厂联合会最初创建《纺织时报》，是为了弥补《华商纱厂联合季刊》（1919—1934年）发行周期长、报道内容单一等不足。而随华商纱厂联合会日刊《花纱报告》（1919—1923年）附印的纺织新闻，是《纺织时报》的雏形。华商纱厂联合会欲将《纺织时报》打造成一份纺织界“均能人手一纸，且有非阅不可之势”的行业报纸，宣称该报“既非营利性质，亦无宣传作用”，宗旨仅是“沟通斯界消息，供省览，便检阅”。但“任何大众传播组织都有其政治、经济和意识形态背景，它们必须要为特定的利益服务”，《纺织时报》亦然。该报首任主任钱贯一并非华商纱厂主，他主张发展良棉种植、兴办纺织学校、尊重技术人才，认为在《纺织时报》上不便发表批评纺织资本家的言论，最终于1931年辞去职务，自创《纺织周刊》，为纺织技术人员发声，这充分体现《纺织时报》倾向于维护华商纱厂主利益的办报原则。《纺织时报》的经营费用也主要来自于华商纱厂联合会，受众主要为纺织从业者及关心纺织业者，具体包括华商纱厂联合会会员内部成员（华商纱厂会员为各纺织厂或团体）以及中国纺织学会会员（中国纺织学会会员为个人），即华商纱厂主、高层管理人员和纺织技术人员等。

（2）比较分析《纺织时报》的报道风格。首先，从《纺织时报》的文字及排版等分析该报具有专业性、严谨性和倾向性的特点。所谓专业性，即该报专门刊载国内外纺织行业消息，譬如政府有关纺织行业的方针、政策、法令、法规，纺织行业的当前动态、最新成就和现实问题，国外的先进纺织机器与管理经验等。所谓严谨性，即该报在文字表述上相对严谨、准确，尤其登载花纱产量、价格等统计数据时更为强调准确性。这与该报沟通纺织界消息的宗旨有关。行业信息准确与否，直接关系到华商纺织厂主能否对原料、市场情况作出正确研判，进而影响工厂经营与发展。所谓倾向性，即该报作为华商纱厂联合会创办的报纸，倾向于维护华商纺织厂主的利益。

其次，以1925年5月爆发在上海并很快席卷全国的重要政治事件——五卅运动为例，比较《纺织时报》与其他商业报刊、党派机关报和金融行业报的报道差异，分析《纺织时报》报道背后的利益取向。从《纺织时报》的报道内容，我们可以窥见纺织企业资方群体在五卅运动发生、发展过程中，其观点和态度是在发生变化的，但万变不离其宗，即维护行业利益。相比较之下，《申报》迫于报纸本身营销完成政治转向，而《纺织时报》则基于维护行业利益变更报道立场。《民国日报》始终具有鲜明的支持工人运动的政治立场，《纺织时报》则党派倾向性不强，不具有始终如一的政治立场。《银行周报》与《纺织时报》同为行业报纸，但由于与事件关联度不同而呈现出不同的报道特点。五卅运动由纺织业而起，与《纺织时报》直接相关，因此《纺织时报》自始至终关注事件进展情况，并且随着事件的发展，报道立场发生较大变化。五卅运动虽与金融行业也有关联，但在时间上金融行业相对纺织业受影响要晚，冲击力度也相对较小，因此《银行周刊》的报道也较迟缓。

最后，以一·二八淞沪抗战为例，比较《纺织时报》与《纺织周刊》的报道差异。两份报刊同为纺织行业报刊，但分别由华商纱厂联合会和钱贯一创办。根据两份报刊对一·二八淞沪抗战前后的报道情况，笔者将研究对象时间限定在1932年1月14日—1932年4月8日。采用大众传播研究的内容分析方法，对两份报刊报道内容进行客观、系统和定量描述。分析发现，《纺织时报》与《纺织周刊》在战争期间报道内容均仍以纺织行业信息为主，具有专业性的特点。一·二八淞沪抗战是日本蓄意发动的侵略事件，对上海各行各界造成严重破坏，两份报纸也密切关注战争动态，但报道内容存在较大差异。《纺织周刊》对政府实行不抵抗政策、中日商界仍然保持经济往来的现状发表激烈言论，而《纺织时报》对政府、商界等在战争中的表现未作任何评论，重点报道上海纺织厂的战后惨状，指责中国民众崇洋媚外，致使外货盛销、国货受到排挤。究其缘由，《纺织周刊》由钱贯一私人创办，钱贯一是报人而非纱厂主，出于关心整个纺织界发展的目的创办该刊，因此该刊敢于发表自由言论。《纺织时报》是华商纱厂主的“代言人”，华商纱厂的经营与国民政府政策息息相关，华商纱厂与日本商界往来密切。出于保护华商纱厂主利益的目的，《纺织时报》没有发表抨击政府和商界的言论，而是散布上海纺织厂的不幸，来博取民众的同情和谅解。

（3）以纺织史上两大重要事件——1933年中美棉麦大借款和1935年申新七厂被拍卖为例，考察《纺织时报》视野中的纺织业与目前纺织史研究的差距，揭示近代纺织史的不同方面，并试图分析产生这些差距的深层原因。

第一，关于1933年中美棉麦大借款，目前纺织史研究集矢于借款内容、过程及对中美双方的影响，对华商纱厂在该事件中的态度有一定关注，但相对较少，往往以中国近代最有影响力的纱厂主——荣宗敬的态度推断全部华商纱厂的态度，即支持中美棉麦大借款。学界一般认为1933年正值棉贵纱贱之际，华商纱厂苦于原棉短缺、棉价昂贵，棉纺生产受到限制，4000万美棉对华商纱厂来说，无疑如雪中送炭，可解燃眉之急，1933年中美棉麦大借款对华商纱厂主是有利无害的。但荣宗敬的态度并不完全代表其他华商纱厂主的态度，《纺织时报》为我们呈现了另一番历史图景：华商纱厂主实际上在支持和反对之间徘徊，其支持借款具有阶段性和有条件性，是在一定时期和一定条件下支持借款，经历了不表态、反对借款、有条件地支持借款、条件未达成后嘲讽政府市侩行为四个阶段。

第二，关于1935年申新七厂被拍卖事件，谁是解决该事件的关键力量，以及政府、银行界在事件中表现如何，是《纺织时报》与目前纺织史研究存在差距的两个问题。目前历史研究者认为，申新七厂被拍卖事件最终得以解决，华商纱厂联合会发挥了一定的作用，但关键在于纱厂职工与各类社会团体坚决反对汇丰银行拍卖申新七厂，给国民政府造成巨大舆论压力，最终国民政府采取积极措施制止拍卖，申新七厂得以幸免。《纺织时报》则有意强调华商纱厂联合会的作用，屡次报道华商纱厂联合会请求政府干涉该事件，并将华商纱厂联合会致政府函电的字体放大，同时指出“经本会电陈中央后，引起各方严重之反对，汇丰已形软化”，该事件“可望撤销”。至于国民政府、银行界在申新七厂被拍卖事件中的反应，目前纺织史研究普遍认为表现消极，《纺织时报》则基本认可政府及银行界的做法。

第三，分析认为《纺织时报》视野中的纺织业之所以与目前纺织史研究存在差距，主要受两个因素的影响：书写的视角及详略程度、书写主体的政治和价值观。历史事实具有多面性和复杂性，历史学家的研究是历史事实，报刊的报道也是历史事实。一方面是书写的视角及详略程度。例如1933年中美棉麦大借款，学界较少关注华商纱厂所处舆论环境及其因应过程，或仅仅简单提及。此次借款由华商纱厂主荣宗敬倡议，似乎华商纱厂应为借款的最大获利方，学界也基本持该观点。《纺织时报》作为华商纱厂创办的报纸，为我们提供了一个观察华商纱厂反应的直接视角和详细史料。从这一视角可以发现，华商纱厂主们对借款一事的态度，主要取决于政府对美棉及棉麦借款的支配是否有利于华商纱厂的经营；但政府在支配美棉及棉麦借款时，并没有使华商纱厂主满意，因此华商纱厂主在借款一事上实际持反对态度。另一方面是书写主体的政治和价值观。《纺织时报》在1933年中美棉麦大借款事件中所持态度的徘徊不定，在1935年申新七厂被拍卖事件中侧重报道华商纱厂联合会的积极行动，都是出于维护华商纱厂主利益的目的。传播者在传播信息时具有选择性，报道哪些信息，不报道哪些信息，怎样报道，都是传播者把关的结果。这便是该报政治和价值观所决定的。

（4）结语部分关注工业类报刊与近代化的关系。近代中国的工业类报刊是洋务运动发展到一定历史阶段的产物，主要服务于纺织、烟草、火柴、化学、矿业、电力等工业行业领域，与近代化议题密切相关。第一次世界大战爆发以后，中国民族资本主义得到长足发展，其中尤以棉纱、面粉等轻纺工业进步为速。经济发展催生生活主体的文化需求，这一时期民营工业行业报刊明显增加，代表性刊物有《纺织时报》《纺织周刊》《卷烟月刊》《火柴月刊》《化学工业》《矿业周报》《新电界》等。近代工业类报刊是近代工业和新闻媒介发展的产物，反过来又影响了近代工业的发展和民众对家国大事的认知。它们以振兴实业为己任，积极宣传抵制外货、提倡国货；传播科学技术，探讨科学问题，促进本国工业科学发展；放眼社会，在全民族抗日救亡运动中发挥舆论导向作用，构成近代民族主义思潮的重要推动力量。

五、创新之处与局限

本书的创新之处有三个方面。

第一，首次对《纺织时报》作全面、专门的研究，开启了近代纺织类报刊研究的新领域。目前中国近代纺织史研究过于侧重企业史、工业史和纺织经济史等，影响了近代纺织类报刊研究领域的拓深和延展，科研成果总体上与近代中国纺织业的历史地位不相吻合。从1919年中国近代最早正式出版的纺织期刊《华商纱厂联合会季刊》创办到1949年的30年间，共计出版纺织报刊70余种。这些报刊作为传授纺织技术知识、传递纺织行业消息的重要载体，有力促进了中国近代纺织科学技术的传播和交流，相关研究仍具有很大空间。《纺织时报》是近代上海第一份报道内容较为全面的纺织行业报刊，也是中国近代重要的纺织类报纸，保存了大量有关近代纺织史的一手资料，目前学术界在对民国社会经济和行业经济的研究中引用《纺织时报》的很多，但真正将《纺织时报》作为文本进行专门研究尚付阙如。本书对《纺织时报》的创办者、报纸栏目和内容等作了比较全面梳理和分析，开启了中国近代纺织类报刊研究的新领域，拓宽了纺织史研究的视野。

第二，采用比较的视角考察报纸报道风格，具有创新性。已有关于报纸的研究多从一份报纸文本出发，缺少宏观视野，易陷入碎片化的困境。本书将《纺织时报》与同时期上海的商业报纸《申报》、党派机关报《民国日报》、金融行业报刊《银行周报》进行比较，分析纺织行业报刊《纺织时报》的报道特点；同时将《纺织时报》与同为纺织行业报刊的《纺织周刊》进行比较，分析同一行业内部不同办报群体所办报刊的报道差异。

第三，注意报纸所反映的社会现实与客观的社会现实存在差距，揭示了近代中国纺织史的另一面相。本书在研究《纺织时报》与纺织工业时，以1933年中美棉麦大借款和1935年申新七厂被拍卖事件为例，将《纺织时报》视野中的两次事件面貌与纺织史中的事件面貌进行深度比较，分析其中的差异，以期还原更为多面的中国近代纺织史。

当然，本书还存在很多不足。首先，关于民国时期报纸的发行量和受众反应已很难有准确的数据参考，这样对于报纸的影响力较难把握；其次，资料颇为浩繁，《纺织时报》总共发行了1408期，最初每期仅2版，后扩至4版，再至8版，每到年关达16版甚至更多，在有限时间里较难把握报纸全貌；最后，行业报刊史研究涉及历史学、新闻传播学、经济学等不同学科，对研究者学科背景要求较高，具有挑战性。笔者倍感学识之浅陋，敬请诸位方家学者斧正。

NATIONAL TARIFF COMMISSION LIBRARY

華商紗廠聯合會

紡織時報

TEXTILE NEWS NO. 1406

Published Every Monday and Thursday BY CHINESE COTTON MILLOWNERS' ASSOCIATION 280 AVENUE EDWARD VII, SHANGHAI

第一四〇六號

中華民國二十六年八月五日

華商紗廠聯合會發行

第一章

华商纱厂联合会与《纺织时报》

传播者处于信息传播链条的第一个环节，是传播活动的发起人，也是传播内容的发出者。因此，传播者不仅决定着传播活动的存在与发展，而且决定着信息内容的质量与数量、流量与流向，还决定着对人类社会的作用与影响。传播者一般是大众媒体，广义的传播者指参与传播的每一个人。任何一种报刊都代表着一定的利益群体。本章首先聚焦《纺织时报》的创办者——华商纱厂联合会，考察该会的创办过程、会员会费情况；其次厘清《纺织时报》的创办过程、基本宗旨、定价与广告、版面与栏目、发行量与受众、新闻来源、报刊价值等问题。

第一节 华商纱厂联合会

华商纱厂联合会是《纺织时报》的创办者。《纺织时报》的发行处地址、受众群体、办报经费，甚至报道内容与报道风格，都与华商纱厂联合会密不可分。学界较早关注到华商纱厂联合会的创办与其主要活动，但缺少关于其会员构成、会费收取等问题的探讨。

一、华商纱厂联合会的创立及其活动

1917年3月，为集体应对日本提出的棉花免税条件，祝兰舫、荣宗敬、刘柏森3人建议发起成立华商纱厂联合会。次年3月14日华商纱厂联合会在上海正式成立。华商纱厂联合会采取董事会制，设立会长、副会长及董事。创办初期会长为张謇；副会长为聂云台；董事5人，分别是薛文泰、吴寄尘、刘柏森、杨翰西、徐静仁。1924年5月1日，华商纱厂联合会从上海香港路第10号迁至上海爱多亚路50号；1934年4月30日再迁至上海爱多亚路260号。[①]《纺织时报》发行处设在华商纱厂联合会办事处内，故《纺织时报》的发行处也经历了这样一个变化过程。

---

① 《华商纱厂联合会议事录（第六区机器棉纺织工业同业公会）——民国六、七年》，上海市档案馆藏，档案号：S30-1-35;《拟改〈华商纱厂联合会章程草案〉》,《纺织时报》1929年4月15日，第591号，第2版。

从联合会创立到创立后的一系列团体活动，都展现了华商纱厂联合会在面临内忧外患的困境时谋求自救，改善棉纺业生存和发展环境的工商团体的作用。从联合会的创办宗旨中可略窥一二："固结团体，互通情谊，促纱业之发展增进共同利益。"[①]华商纱厂联合会这一宗旨的表达及相关活动的披露，最主要的渠道就是《纺织时报》每周2次的新闻报道及评论。

华商纱厂联合会的创立与关税问题直接相关。1917年3月前，申新纱厂主荣宗敬等人向民族资本纱厂发出一封公开信：

> 敬启者，政府为加入协约国修正关税，改为裁厘加税一节。此事极为有益，惟闻日本国有交换条件三种，一棉花二羊毛三钢铁出口免税。查棉花出口免税关系中国纱厂甚巨，第等拟发起一华商纱厂联合会，借上海商务总会内为事务所，研究花纱税事。特订期于三月十五日下午四点钟上海商务总会会所内集议，届时务请贵厂派代表早临，勿迟。是荷此颂财祇。[②]

收到这份公开信的民族纱厂有23家，分别是大生纱厂、三新纱厂、同昌纱厂、振新纱厂、和丰纱厂、鼎新纱厂、恒昌源纱厂、振华纱厂、裕沅纱厂、鸿宇纱厂、广勤纱厂、利用纱厂、申新纱厂、通九沅纱厂、恒丰纱厂、裕通纱厂、裕泰纱厂、业勤纱厂、济泰纱厂、德大纱厂、通惠公纱厂、厚生纱厂、苏纶纱厂。[③]从信的内容来看，华商纱厂联合会的建立是为应对日本提出的棉花出口免税问题。在1917年3月15日召开的纱厂主初次会议上，各厂代表起草了一份致北京电稿，恳请政府拒绝

---

① 《华商纱厂联合会议事录（第六区机器棉纺织工业同业公会）——民国六、七年》，上海市档案馆藏，档案号：S30-1-35。

② 同上。

③ 同上。

日本人的免税要求，认为棉花出口免税“乃全国生死问题，亦国家命脉关系”。并指出其他国家税则规定是“生货出口不能免税，熟货进口应予重征”，用以保护本国国计民生。倘若棉花出口免税实行，“我国纺织业立有停闭之虞”。[①]

华商纱厂联合会在初创之时，就显现了“对外竞争”的动向。与传统行会不同，华商纱厂联合会的着重点由内部治理嬗变为外部竞争。“华商纱厂联合会的不凡之处，除了在尚无地方同业组织的条件下创建全国性的同业组织外，还在于较早地明确其组织功能的目标指向为应对外商竞争。”[②]

华商纱厂联合会成立后，努力协调棉纺业内部和外部关系，改善棉纺业生存和发展环境，被定位为一个务实的工商团体。其主要活动包括：团结同业，共度棉纺业危机；处理棉纺业与其他行业和外资企业的关系；与政府交涉，争取同业利益等。这些活动往往需要通过《纺织时报》展现给纺织业界人士或关心纺织业人士。

华商纱厂联合会重视团结同业，谋求纱厂生存与发展，必要时期与其他行业建立合作关系，共同抵制外资企业。20世纪20年代初期，棉纺业进入萧条困境，原棉价格高昂，产品棉纱价格过低。1922年8月30日，华商纱厂集体限价，“公定于两星期内各厂开纱以一百三十五两为最小限价”。因限价收效甚微，又于9月28日召开会议，决定集体限产，从1922年12月28日至1923年3月底止停产1/4。倘若纱价仍旧低迷，则继续停产。[③]各厂相继实行停工，纱价始见起色，但终究抵不过棉花价格的涨速。直到1936年棉花大丰收，华资纱厂才有所恢复。因全球性经济大萧条冲

① 《华商纱厂联合会议事录（第六区机器棉纺织工业同业公会）——民国六、七年》，上海市档案馆藏，档案号：S30-1-35。

② 樊卫国：《华商纱厂联合会成立与民初关税会议》，《社会科学》2006年第12期。

③ 《纺织工业困难之救济》，《华商纱厂联合会季刊》1923年1月第4卷第1期，第86-87页。

击，民族棉纺业陷于危机中，行业组织的自救活动虽然成功地使华商棉纺业不至于陷入全面崩溃，但对改变棉纺业困境收效甚微。[①]

华资纱厂在历次抵货运动和提倡国货运动中，与其他工商团体积极联合，谋求共同发展。在抵货运动中，外资纱厂常常使用冒牌国货商标。华商纱厂联合会组织调查，聘请律师，刊印《中国棉纱商标一览》，赠送给各界人士和爱国团体。1928年10月，华商纱厂联合会接到日纱冒充华纱商标输入内地的报告，立即函请上海市公安局侦缉，并同时登报悬赏："如查有任何人等用劣货改包，或在包外冒牌改充华厂纱布情事，获有确实证据，并指明主使人者，由会赏洋五千元。并警告本外埠印刷业，倘有人冒印各厂商标，经获有确证者，由会酬洋一千元。"[②]

华商纱厂联合会的另一活动是与政府交涉，争取同业利益。自创办时起，华商纱厂联合会就请求政府阻止棉花出口免税。之后，华商纱厂联合会又多次派代表向政府请愿，请愿内容包括修订关税、行业扶植、解决劳资纠纷，等等。1919年4月5日，华商纱厂联合会呈请财政部农商部税务处免除纺织机器进口关税，痛诉近年来日英美三国在华扩大生产规模、与华商纱厂竞争的现状："日本资本家专在上海收买纱厂，广购厂基，预备在华垄断纺织事业；英国近亦选派专员来华，研究棉货市场，为扩充之预备；美国则各纺织公司正合并改组，厚集资本，极力推广，无非以我国为竞争之场。"[③]并痛陈华资纱厂的种种不利，"财力不充，技术缺乏"[④]，希望政府减免纺织机器进口税。

---

① 朱英、赵毛晨:《应对危机：大萧条时期上海华商棉纺业的自救举措（1932—1936）》,《河南师范大学学报（哲学社会科学版）》2017年第2期。

② 施正康:《近代上海华商纱厂联合会与棉纺业的自救》,《上海经济研究》2006年第5期。

③《为邀免纺织机器进口关税呈财政部实业部税务处文》,《华商纱厂联合会季刊》1919年第1卷第1期。

④ 同上。

《纺织时报》一方面成为各华商纱厂相互联络、传达业界消息的纽带，另一方面被打造成维护纱厂主利益的舆论工具。华商纱厂在面临国外纱厂的欺凌和本国政府的冷漠时，往往借助行业媒介进行运作，赢取社会支持，达到自救的目的。

二、华商纱厂联合会会员与会费

华商纱厂联合会的会员是《纺织时报》的主要受众。华商纱厂联合会会员主要是纺织厂主和高层管理人员。分为甲乙两种会员：由某厂（主要是纺织厂）直接推荐代表加入该会，该厂为甲种会员；由某区域联合团体（主要是纺织业联合团体）公举代表加入该会，该联合团体为乙种会员；该团体在会各厂全部为乙种会员。代表各厂或联合团体加入该会的人员，必须是总经理或协理。由此可见，华商纱厂联合会的会员主要是纺织厂或某区域纺织业联合团体，会员代表必须是纺织厂或某区域纺织业联合团体的高层管理人员。[①]

华商纱厂联合会的发起人祝兰舫、荣宗敬、刘柏森均为华商纺织厂主。祝兰舫，1913年前后创办上海源昌缫丝厂、上海怡和源皮毛打包公司、无锡源康丝厂、上海公益丝厂、上海恒源丝厂、无锡乾元丝厂等，曾任上海商务总会董事。[②]荣宗敬，1915年创办申新纱厂，1917年起先后扩建二至九厂，并在济南、汉口、无锡陆续设分厂。[③]刘柏森，1915

① 《华商纱厂联合会议事录（第六区机器棉纺织工业同业公会）——民国六、七年》，上海市档案馆藏，档案号：S30-1-35。《拟改〈华商纱厂联合会章程草案〉》，《纺织时报》1929年4月15日，第591号，第2版。

② 吴海林、李延沛：《中国历史人物辞典》，黑龙江人民出版社，1983，第768页。

③ 上海社会科学院经济研究所经济史组：《荣家企业史料》上，上海人民出版社，1962，第51-87页。

年经办苏州宝通纱厂、上海宝丰纱厂和宝成纱厂。①

关于华商纱厂联合会会员具体名单，现在已经较难考证。本书以华商纱厂联合会第一次会议与会名单（1918年）、华商纱厂联合会年会与会名单（1929年）、华商纱厂联合会第二十届年会与会名单（1937年）为例，大致展现华商纱厂联合会会员身份情况。

1918年华商纱厂联合会第一次会议与会名单②：

恒昌纱厂代表祝兰舫、张秋园　广勤纱厂代表杨翰西、戴笙甫
裕通纱厂代表朱斗文、宋玉书　振新纱厂代表施子卿、倪壬治
杭州鼎新纱厂代表张松筠　太仓济泰纱厂代表于禹九
宁波和丰纱厂代表屠燮相　上海厚生纱厂代表穆藕初
苏州苏伦纱厂通记代表刘澍生　上海恒丰纺织新局代表聂其杰
上海振华纱厂代表薛文泰　上海德大纱厂代表穆杼斋
上海申新代表荣宗敬　浙江萧山通惠公纱厂代表王晓籁
上海同昌纱厂代表杨寿彬
湖北武昌纱布局楚兴公司代表徐荣廷、陈品珊

1929年年会与会名单③：

荣宗敬（申新）　谷春棠（北洋）　郑耀南（鸿章）
丁若汀（华新）　徐采丞（上生）　聂潞生（恒丰）

① 廖盖隆：《中国人名大辞典历史人物卷》，上海辞书出版社，1990，第184页。

②《华商纱厂联合会议事录（第六区机器棉纺织工业同业公会）——民国六、七年》，上海市档案馆藏，档案号：S30-1-35。

③《本会会员年会记》，《纺织时报》1929年5月2日，第595号，第1版。

杨蔚章（广勤）　　鲁望严（裕中）　刘靖基（苏纶）
郭顺（永安）　　　董仲生（统益）　王启宇（振泰）
薛润生（振华）　　陈子馨（隆记）　吴寄尘（大生一）
严惠宇（溥益一二）柯干臣（大纶）　程寄樵（永豫）
李迪先（厚生）

1937年第二十届年会与会名单[①]：

鼎新纱厂李浩生　振泰纱厂宝兴纱厂王启宇
恒丰纱厂聂潞生　大丰纱厂徐懋棠（秦莲青代表）
汉口第一纱厂宋立峰　振华纱厂尤菊荪
青岛华新纱厂罗奉章　大生一厂徐静仁、成纯一
大生副厂李升伯　大生三厂沈燕谋
苏纶纱厂民丰纱厂严庆祥　大通纱厂姚锡舟
申新纱厂荣鄂生、荣鸿元、荣鸿三大成纱厂刘靖基
大成四厂陆绍云　广勤纱厂陶悟莊
豫康纱厂许文熙　永安纱厂郭顺
利用纱厂钱缄三　大兴纱厂汪文竹、罗辉宗
裕华纱厂苏汰余　利泰纱厂朱静安、沈伯琴
鸿章纱厂童侣青　丽新纱厂唐斌安（夏荣清代）
恒大新记纱厂迮永清　富安纱厂胡沁塘
庆丰纱厂张春奎

以上3次会议基本可以反映华商纱厂联合会的董事及会员代表情况。

① 《本会第二十届年会纪略》,《纺织时报》1937年4月15日，第1375号，第1版。

华商纱厂联合会的董事及会员代表均为华商纺织厂主，其会长、副会长、部分会员代表甚至是纺织行业界执牛耳者，譬如张謇、聂云台、薛文泰、吴寄尘、刘柏森、杨翰西、徐静仁、祝兰舫、穆藕初、刘澍生、穆杼斋、郭顺、董仲生、王启宇、荣鄂生、荣鸿元、荣鸿三、陆绍云等。限于文章篇幅，本书不能一一详述，仅以具有代表性的4位会员代表——张謇、聂云台、穆藕初、荣宗敬为例，略窥华商纱厂联合会的影响力。

张謇和聂云台在中华民国初期已具盛名，为华商纱厂联合会正副会长。

张謇在中华民国企业界、教育界、政治界等领域皆声名远扬。他是中国棉纺织领域早期的开拓者，被公认为中国近代伟大的民族实业家，并且是毛泽东在纵论近代民族工业发展历史时谆谆告诫不能忘记的轻纺工业巨擘。他成功创建了近代中国最著名的民营企业集团——大生资本集团，创造了民营企业在资金筹集、内部管理、外向拓展方面最成功的模式——南通模式。[①] 章开沅先生认为张謇是东南精英："与实业发展相伴随，江浙出现了相当活跃的工商业巨头，其中如张謇、严信厚、沈云沛、许鼎新、庞元济、周廷弼、曾铸、祝大椿、朱志尧、叶澄衷等一批人的经济实力更为时人所瞩目，实际占据着经济上的优势。"[②]

聂云台被称为"显赫一时的工商首领"[③]。1917年，他与黄炎培等人在上海发起并成立中华职业教育社，聂云台任临时干事。他主持创建恒丰纱厂、大中华纱厂，投股大通纺织股份有限公司、华丰纺织公司、中国铁工厂、中美贸易公司等，并曾出任上海总商会会长、全国纱厂联合会副会长、上海公共租界工部局董事兼顾问等要职。[④]

---

① 张荣生：《张謇实业生涯的考察》，《南通大学学报（社会科学版）》2007年第5期。

② 章开沅、田彤：《东南精英与辛亥前后的政局》，《史林》2005年第4期。

③ 马学新：《近代中国实业巨子》，上海社会科学出版社，1995，第144页。

④ 张志高：《海上名人录》，上海画报出版社，1991，第157页。

近代中国民族棉纺织业另外两位巨子分别是穆藕初和荣宗敬。

穆藕初被称为“民族工业改革的先行者”和“中国现代企业管理的先驱”[①]。他早年考入海关任职员，后赴美留学。回国后创办德大、厚生、豫丰等纱厂，发起并组织上海华商纱布交易所，开办上海中华劝工银行，并曾出任政府经济部门的有关职务。在穆藕初赴美留学期间，结识科学管理之父泰罗，回国后将《科学管理原理》译成中文，并应用到中国生产的实践中。[②]

荣宗敬和张謇齐名，是中国有名的实业家。1901—1914年陆续创办茂新第一、二、三面粉厂；1915—1916年在上海相继创立福新面粉第一、二厂；1916年后在济南、汉口等埠分设茂新四厂。在上海共有4厂，合计工厂14处。荣宗敬成为中国面粉业巨子，有“面粉大王”之称。荣宗敬不但从事面粉工业，还发展纺织工业。1915年在上海白利南路设立申新第一纺织厂，后又在无锡、汉口各地共设9处分厂，成为中国棉纺织业巨子，有“棉纱大王”之美誉。同时荣宗敬在金融界也具有极大操纵势力，为中国银行理事。[③]

华商纱厂联合会其他董事及会员代表中，还有不少著名棉纺织企业家。如薛文泰，1905年在上海创办益泰轧花厂，1917年又在上海创办振华纱厂、厚生纱厂，1919年在上海参与创办维大纺织公司。[④] 再如郭顺与兄长郭乐，1907年创办香港永安百货公司，1918年正式创办上海永安百货。不久郭氏兄弟开始投资纺织工业，1922年永安第一棉纺织厂在杨树浦建成投产，1925年廉价收买大中华纱厂并改名为永安二厂，1928年又收买鸿裕纱厂并改造为永安三厂，1932年在二厂旁边新建了1间永安

① 穆家修:《穆藕初与科学管理》,《浦东开发》2010年第1期。
② 钟祥财:《穆藕初的经济思想》,《上海经济研究》1991年第4期。
③ 张若谷:《荣宗敬（人物与事业）》,《人言周刊》1935年6月1日，第2卷第12期。
④ 陶水木:《近代浙商名人录》，浙江人民出版社，2005，第70页。

四厂，1933年兼并了纬通纱厂。[①] 华商纱厂联合会员代表的身份和影响力可见一斑。

华商纱厂联合会会员在入会时需要缴纳相当金额的会费，这也是《纺织时报》经费的主要来源。甲乙两种会员缴纳会费标准不同。直接入会的各厂为甲等会员，甲等会员会费由各厂自己缴纳；由某区域联合团体公举入会的各厂为乙等会员，乙等会员会费由该联合团体缴纳，且会费为前者一半。无论是甲种会员还是乙种会员，加入该会的新厂都要一次性缴纳入会费100两，且出会时入会费及常年会费概不退还。[②] 从会费缴纳标准大致可判定《纺织时报》经费相对充足。

① 孔令仁、李德征主编:《中国近代企业的开拓者》下，山东人民出版社，1991，第257–262页。

②《华商纱厂联合会议事录（第六区机器棉纺织工业同业公会）——民国六、七年》，上海市档案馆藏，档案号：S30–1–35。《拟改〈华商纱厂联合会章程草案〉》，《纺织时报》1929年4月15日，第591号，第2版。

第二节《纺织时报》的创办

在《纺织时报》创办之前，华商纱厂联合会还创办过2种刊物——季刊《华商纱厂联合会季刊》（1919—1934年）和日刊《花纱报告》（1919—1923年）。《华商纱厂联合会季刊》是最早正式出版的纺织期刊，主要刊载纺织时事论述文章、技术专著及重要信息。1923年4月16日，华商纱厂联合会在上海创办《纺织时报》，主要是为了弥补《华商纱厂联合季刊》发行周期长、报道内容单一等不足，而随《花纱报告》附印的纺织新闻是《纺织时报》的雏形。严格意义上说，《纺织时报》是近代上海第一份报道内容较为全面的纺织行业报刊，也是中国近代重要的纺织类报纸。

一、发刊缘起与宗旨

《纺织时报》1923年4月16日创刊，1937年8月12日终刊。创办者为华商纱厂联合会，创办地点在上海，出版周期为一周2期，每周一、周四出版。

《纺织时报》的创办与《华商纱厂联合会季刊》有很大关联。

《华商纱厂联合会季刊》同样由华商纱厂联合会创办，是第1份正式出版的纺织期刊。1914—1918年第一次世界大战爆发及爆发后的一段时间里，“西方列强忙于欧洲战事，对亚洲殖民地和半殖民地经济的渗透和控制无暇顾及，中国民族资本企业的压力一时减轻，市场扩大，企业在经营中遇上了被人民称为‘黄金时期’的发展好时机”[①]。《华商纱厂联合会季刊》正创始于这个时期。1919年9月20日《华商纱厂联合会季刊》开始发行，1934年12月终刊，前后共12卷。《华商纱厂联合会季刊》刊载纺织时事论述文章、技术专著及重要信息，专门研究植棉、纺织、漂染学术。[②]该刊风行一时，首期出版时印1 000册，后又再印1 000册。[③]

《华商纱厂联合会季刊》已经初步具有行业报刊的功能，这从《华商纱厂联合会季刊》的发刊缘起中可略窥一二。张謇在该刊弁言中引用荀子的言论，阐明《华商纱厂联合会季刊》沟通业界消息的功能：“荀子言：农精于田，而不可为田师，贾精于市，而不可为贾师，工精于器，而不可为器师，有人焉不能以此三技而可使治三官。日精于道夫，所谓道者，将毋通其意，能三事，前后左右之导相乎。季刊其亦类是乎，以导以相，其立之诚矣乎。”[④]也就是使农、工、商业者互通消息，相互促进，共同发展。聂云台在《本报发刊缘起》中提到创办《华商纱厂联合会季刊》的必要性：“在欧美各国，凡一技一艺之微，莫不有专门记述之定期出版物，以备专门人士之切磋观摩者，为效至钜。吾国此种记载，曾不数观，于棉业尤属创举，区区之志，将以本报论述世界变迁大势，国内需给情形，暨夫弊实所在，改良所急，学理技术之研求，调查讨论之资料。凡关斯业，必期网罗而毕举之，以成斯界之公言……以定其是

① 熊月之主编：《上海通史》第8卷引言，上海人民出版社，1999，第1页。

② 中国近代纺织史编委会：《中国近代纺织史》上卷，中国纺织出版社，1996，第245页。

③《上海市志·纺织业卷》编纂室编、汪时维主编：《上海纺织工业一百五十年》，中国纺织出版社，2014，第35页。

④ 张謇：《弁言》，《华商纱厂联合会季刊》1919年9月20日，第1卷第1期，第1页。

图1 《华商纱厂联合会季刊》第1卷第1期封面

资料来源:《华商纱厂联合会季刊》1919年9月20日，第1卷第1期。

非，正其趋向。”[①]聂云台看到行业报刊的重要性，尤其是发展较快的棉纺织业亟须行业报刊沟通业界消息、制造舆论。从张謇和聂云台的文字中可以看出，《华商纱厂联合会季刊》（见图1）已经初步具有行业报刊的功能，报道国内外纺织业动态，供专门人士切磋观摩、调查讨论，形成纺织业界舆论，维护行业利益。

但是，《华商纱厂联合会季刊》是华商纱厂联合会学习欧美创办行业期刊的第一次尝试，难免存在局限性。《华商纱厂联合季刊》的发行周期和报道内容不断缩减，发行时间也存在延迟，时效性不足。最初为每季度1期，1931年6月第9卷第1期改为半年刊；至于报道内容，从刊载纺织时事论述文章、技术专著及重要信息，缩减至仅发表纺织理论。《华商纱厂联合季刊》第8卷第1期称："本期季刊系本年二月发稿，且系一次发出，以为定可从速出书。不料延至昨今始行印出。致其中几篇稍带时间性之文字，都已变成历史。"[②]《华商纱厂联合季刊》由季刊改为半年

① 聂云台:《本报发刊缘起》,《华商纱厂联合会季刊》1919年9月20日，第1卷第1期。
② 《编辑室杂志》,《华商纱厂联合会季刊》1930年1月，第8卷第1期，第1页。

刊，内容不断缩减且缺乏时效性。随着我国纺织业的不断发展，与国外纺织业的联系日益密切，《华商纱厂联合季刊》远不能满足中国纺织界的需求，纺织界亟须一份报道内容更全面、出刊周期更短、时效性更强的纺织行业报纸。《纺织时报》应运而生。

《华商纱厂联合季刊》由盛转衰的过程，在钱贯一[①] 1932年的回忆中展现得淋漓尽致。1932年1月，他在《纺织周刊》第2卷第5期上回忆了《华商纱厂联合季刊》的创办过程："我记得季刊的创始，当时纱厂联合会还只有三四位办事人员。张则民先生向各方面征求文稿，叶铸侯先生向各洋行征求广告，我在内部担任编辑、校对和其余的一切工作。创刊号的发刊词，也是张先生和我两个人合作起草而成。"[②]钱贯一还提到《华商纱厂联合季刊》创办初期的影响力："第一期出版之后，居然得了社会欢迎。曾经再版一次，还是售完了。如此经过了一年，报纸的销数确属不坏。会中又延请了纺织专家来担任主编，我还是从旁帮着忙。"[③]但是最终《华商纱厂联合季刊》由于不能按期出版，影响力减弱："因为主编的人改换了多次——最初为陆辅舟先生，后调李伯弢、严楹书、罗玉成诸先生，最近是吴欣奇先生。出版不能准期，外间的信仰渐渐地衰

---

① 钱贯一（1897—1985），原名成甫，浙江绍兴人。早年肄业于绍兴府中学堂，17岁进中华书局编辑部为练习生。1917年华商纱厂联合会筹建，钱贯一脱离书局，入该会工作，参加了我国最早的纺织期刊《华商纱厂联合会季刊》及最早的纺织报纸《纺织时报》的编辑业务。1930年中国纺织学会在上海创建，钱贯一是发起人之一，被推为总干事。初时，学会的活动消息由《纺织时报》报道。1931年钱以私人名义创办《纺织周刊》，除刊载学会活动消息外，并编发时事评述、企业动态及技术专论等稿件，在纺织界产生较大影响。钱贯一在《纺织周刊》撰写了大量评论文章。他主张发展良棉种植，多办纺织学校，尊重技术人才，呼吁团结起来与外资厂竞争，反抗侵略者。许多言论得到很大反响。难得的是，在学会及有关人士的支持下，钱以个人的力量，从组稿、编辑、印稿、出版到发行，坚持每周发刊，从不间断，维持达六年之久，积存了大量纺织史料。后因人力、物力不继而停刊。1946年1月，《纺织周刊》复刊，由中国纺织学会出版，仍由钱贯一主编。

② 《俱乐部》，《纺织周刊》，1932年1月29日，第2卷第5期，第42号，第25版。

③ 同上。

了。”[①] 于是，钱贯一开始创办《纺织时报》，以弥补《华商纱厂联合季刊》在时效性和内容全面性方面的不足。

随华商纱厂联合会日刊《花纱报告》附印的纺织新闻是《纺织时报》的雏形。遗憾的是，笔者未找到《花纱报告》原版或完整电子版，只能从《民国日报》《华商纱厂联合季刊》《纺织时报》的转载内容中寻到一些痕迹（见图2）。

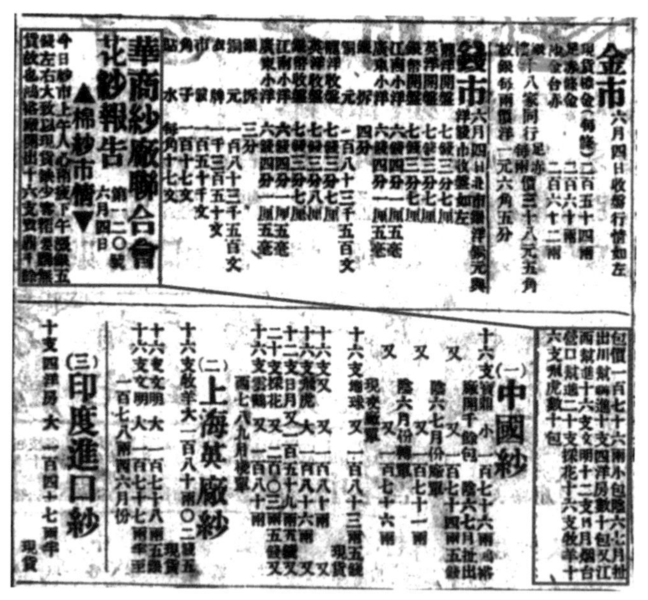
金市 六月四日收盤行情如左

錢市 六月四日北市錢洋收盤如左

華商紗廠聯合會 花紗報告 第一二〇號 六月四日

▲棉紗市情▼

(一)中國紗

(二)上海某廠紗

(三)印度進口紗

图2 《民国日报》转载的《花纱报告》部分内容

资料来源：《华商纱厂联合会花纱报告：棉纱市情》，《民国日报》1919年6月5日，第1208号，第11版。

《民国日报》经常转载《花纱报告》的棉纱市情内容，《华商纱厂联合季刊》也常引用《花纱报告》。[②]《纺织时报》每期最后一个板块一般

① 《俱乐部》，《纺织周刊》1932年1月29日，第2卷第5期，第42号，第25版。

② 《上海棉纱市价》，《华商纱厂联合会季刊》1923年6月，第4卷第3期。

刊载棉市、纱市情况，其中数据多引自《花纱报告》。①《纺织时报》脱胎于《花纱报告》，这在《纺织时报》1923年4月16日第1期《发刊启事》中有所说明："本会前随花纱报告附印之纺织新闻，因印刷不善，读者憾焉。兹自本日起，改用铅字排印，并更名纺织时报。"②

《纺织时报》创办以后，《花纱报告》即停止发行，但《华商纱厂联合季刊》并没有停刊，而是与《纺织时报》并行刊发，在报道内容上各有分工。《纺织时报》主要报道纺织新闻，《华商纱厂联合会季刊》主要刊载技术性文字。1930年，由于《华商纱厂联合会季刊》出版愆期，社会对《纺织时报》的需要更加强烈，《纺织时报》将原属《华商纱厂联合会季刊》报道的部分纺织技术性文字也纳入报道范围（见图3）。尽管两份报刊并行不悖，但影响力对比已发生变化。③

沿製棉業商榷書簡明表說

張孝若

家父草商榷世界實業宜供求統計中國實業宜應供求之趨勢書成。以示家伯父。伯父謂文篇長而表在後。閱者不能耐性尋繹。即不能深長思慮。若比較事實。分節爲表。庶幾便閱。家父顧孝若曰。汝試爲之。孝若敬起。諾。夫爲此書之宗旨與論議。家父書昭昭著已。小子椎魯薄植。不能贊一辭。茲謹順先後之序。明條縷之辨。究歸納之終。以說引表。以表證說。編次如下。

家父書世界民生重衣食住。三者之中。衣之棉。食之稻麥爲重。衣之中棉用廣。而棉尤重。今先言人所需之棉織品。棉織者布。不織者絮。書固言界說。當別歐美與中日爲二。大約布無論歐美中日。無人不用。用絮則日多於歐美。中多於日也。孝若中國人。以中國爲主。據海關貿易册。凡經過海關之洋布土布數。次十年內棉織品表。

▲近十年內經過海關之棉織品表

（年份）	（輸出土布）兩	（輸入洋布）兩	（總數）（輸出與輸入）兩
民國元年	缺	二六·四七七·八八五	二六·四七七·八八五
民國二年	二·五七七·五七九	二一·〇〇七·四五五	二三·五八五·〇三四
民國三年	一·九六五·一四九	二二·九九四·四六一	二四·九五九·六一〇
民國四年	二·九五六·〇四三	八一·九四〇·八六一	八四·八九六·九〇四
民國五年	三·六五七·五二八	七四·三六三·七四二	七八·〇二一·二七〇
民國六年	三·五六五·九四六	九五·二八四·〇七〇	九八·八五〇·〇一六
民國七年	四·三八四·九四二	九七·五三〇·七〇八	一〇一·九一五·六五〇
民國八年	四·九六二·四四六	一三五·六七七·八六五	一四〇·六四〇·三一一
民國九年	四·九四九·七三四	一五八·二七二·一三二	一六三·二二一·八六六
民國十年	五·八七二·六一七	一三八·二三七·二九六	一四四·一〇九·九一三

（附註）（一）本表內土布與洋布各數係將原表內棉紗一項除去後計算所得故與原表稍異（二）價值統以關平銀兩計算（三）輸出一項統指輸至國內各埠及國外而言

觀右表可約知中國人用棉織品之數。布熟貨也。絮介生熟間之貨也。絮之數不可推。約言之則布外皆絮。故不另列表。而以布外之數爲絮之數。布非紗不成。紗非棉不成。

(11)

图3 《华商纱厂联合会季刊》中的纺织技术文字

资料来源：《沿制棉业商榷书简明表说》，《华商纱厂联合会季刊》1923年4月，第4卷第2期，第11页。

① 《纱花市价》，《纺织时报》1925年11月9日，第260号，第4版。

② 《发刊启事》，《纺织时报》1923年4月16日，第1号，第1版。

③ 钱贯一：《敬告读者》，《纺织时报》1930年6月2日，第701号，第2版。

《纺织时报》创办初期，就宣称“既非营利性质，亦无宣传作用”，其宗旨为“沟通斯界消息，供省览，便检阅”。[①]（见图4）尽管《纺织时报》将这一宗旨贯穿始终，但办报思想存在变化。随着报刊读者的不断增加，1930年6月2日，《纺织时报》改版。该报主任钱贯一期望使其成为业界公开讨论的平台：“以此珍贵篇幅，供我纺织界人士作为公开讨论之园地。”“本报为斯界公物，同人固莫得而私，尤愿读者善用此公物也。”[②]自此《纺织时报》开始接受读者来信，“凡属关系斯界之寄稿，除完全不具时效者外，本报无不乐为披载”[③]。

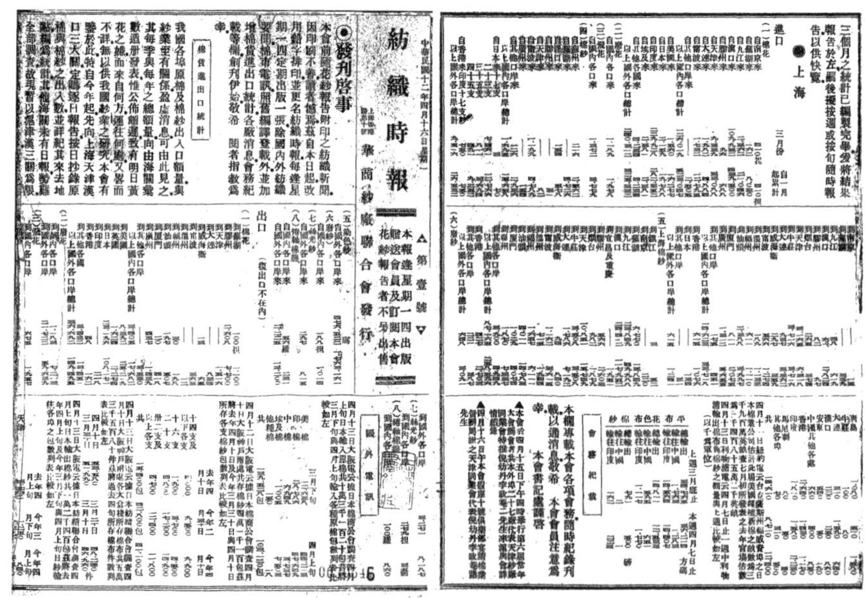

紡織時報

中華民國十二年四月十六日星期一

華商紗廠聯合會發行

△第壹號▽

◉發刊啓事

本會前隨花紗報告附印之紡織新聞。因印刷不善。讀者憾焉。茲自本日起。改用鉛字排印。並更名紡織時報。每逢星期一四定期出版一張。除國內外紡織要聞。棉市電訊。照舊編譯登載外。並加增棉貨進出口統計。各廠消息。會務紀載等欄。創刊伊始。敬希閱者指教爲幸。

棉貨進出口統計

我國各埠原棉及棉紗出入口額量。與紗業至有關係。盈虛消息。可由此見之。其每季與每年之總額量。向由海關彙數造册發表。惟公佈遲遲。致有明日黃花之嫌。而來自何方。運往何處。又略而不詳。無以供我國紗業之研究。本會有鑒於此。特自今年起。先向上海天津漢口三大關。定購逐日報告。按日抄錄原棉與棉紗之出入數。並詳紀其來去地點。編爲統計。其他海關未有日報。勢難全部調查。故現暫以滬津漢三關爲限。

图4 《纺织时报》第1号

资料来源：《纺织时报》1923年4月16日，第1号，第1—2版。

① 钱贯一：《敬告读者》，《纺织时报》1930年6月2日，第701号，第2版。

② 同上。

③ 同上。

钱贯一主持时期与钱贯一离开之后，《纺织时报》办报思想发生重要改变。钱贯一主持《纺织时报》时期，该报以报道业界消息和提供讨论阵地为主要职责。1931年4月19日，钱贯一离开华商纱厂联合会和《纺织时报》，独自创办《纺织周刊》。自此，《纺织时报》不但报道业界消息，还成为维护华商纱厂主利益的舆论阵地，钱贯一创办的《纺织周刊》则成为纺织技术从业者的舆论工具。钱贯一为什么要离开《纺织时报》呢？“任何大众传播组织都有其政治、经济和意识形态背景，它们必须要为特定的利益服务。”[①] 钱贯一并非纱厂主，先后参与创办《华商纱厂联合会季刊》《纺织时报》和《纺织周刊》，用他自己的话说是“性之所近”，也就是关心中国纺织业前途。[②] 他主张发展良棉种植，多办纺织学校，尊重技术人才，呼吁纺织界相互团结，与外资纺织厂竞争，反抗外国的侵略。但《纺织时报》由华商纱厂联合会创办，代表的是华商纱厂主的根本利益，往往忽视技术工人们的利益诉求以及社会公共利益的表达。钱贯一认为在《纺织时报》上不便发表批评纺织资本家的言论，因此离开该报，自创《纺织周刊》。[③]

二、定价与广告

钱贯一认为经营定期出版物困难之一为经济问题：“要想以营利为目的而办刊物，除各大日报馆外，迨如凤毛麟角不可多得，要以纺织界的刊物而营利，更不用妄想，所以办纺织界刊物，第一非有相当充裕的经

① 周庆山：《传播学概论》，北京大学出版社，2004，第161页。

②《俱乐部》，《纺织周刊》1932年1月29日，第2卷第5期，第42号，第25版。

③ 富泽芳亚：《20世纪30年代中国纺织技术人员对日本纺织业的认识——中国纺织学会与日本的关系》，朱婷译，《近代中国》2003年00期。

济不可。”[①]《纺织时报》创办之时宣称“非营利性质”，但是并不表示完全免费，《纺织时报》也收取若干报费、邮费及广告费。

最初《纺织时报》“赠送会员及订阅本会华纱报告者，不另出售”[②]。1925年4月13日报纸改版后，不再赠送，开始收取报费及邮费：“预定全年一百期，报费大洋二元，邮费本埠五角，外埠一元，国外二元，在会各厂职员如欲订购，除邮费照算外，报费对折，每年仅取一元以示优待。”[③]1925年4月27日后，不再区分我国本埠外埠的邮费价格，同为五角，对外埠订购报价也开始优惠，凭汇票邮票有折扣：“邮费国内五角，国外二元，概不另售，外埠订购请用汇票邮票代价作九五折。”[④]1926年4月19日开始，报费不变，邮费改为“国内五角，国外二元，日本邮费与国内同”[⑤]。自1931年7月23日开始报费不变，邮费改为“国内五角，国外三元，日本邮费与国内同”[⑥]。自1933年第1001号开始更换印局，报题样式略有变更。报费不变，邮费不变，但日本不再有特殊优待，与国外相同。第1085号开始国外邮费改为五元，其他不变。

1925年开始收取报费邮费，揆厥所由，与报纸影响力的增强有一定关系。创刊初期，出于为同行业服务的目的，赠送给本会会员。后因索阅《纺织时报》的会员增加，且中国纺织业规模扩大，报纸内容改版至4个版面。因此《纺织时报》开始收取报费及邮费。对本会员优惠，仅收一元报费，加上邮费。本埠会员每年共收取一元五角，外埠会员每年共收取二元，国外会员共收取三元。可以略窥《纺织时报》为本行业提供服务的行

① 《俱乐部》，《纺织周刊》1932年1月29日，第2卷第5期，第42号，第25版。
② 《纺织时报》1923年4月16日，第1号，第1版。
③ 《纺织时报》1925年4月13日，第201号，第1版。
④ 《纺织时报》1925年4月27日，第205号，第1版。
⑤ 《纺织时报》1926年4月19日，第301号，第1版。
⑥ 《纺织时报》1931年7月23日，第816号，第1版。

业报纸特点。至于本外埠统一售价，说明《纺织时报》虽创于上海，但其逐渐流行于我国其他各地。将日本邮费与欧美各国区分开来，且与国内相同。一方面由于日本与中国地理位置靠近，另一方面应该是来自日本的订购数量比较多，说明来自日本的读者数还是比较可观的。1933年后又不再对日本优惠，除了因更换印局、报体样式外，政治因素是主要原因。20世纪30年代日本不断侵占我国领土，中日关系白热化。

除了收取报费及邮费外，自1925年4月13日开始开辟广告栏目，“位置适宜，取价低廉”[①]。但没有具体说明广告费用问题。1925年4月16日，《纺织时报》上刊登第一则广告：中国铁工厂广告。开辟广告栏目，主要为便利纺织厂运营，因此仅收取低廉广告费。

> 本厂专门制造纺织厂应用机件，自本年起，力求整顿，除添聘高等技手，悉心监制外，并特设专员检验，出品以期力求精良。于货价方面复特别低廉，以副雅意。现本埠英日各厂对于敝厂出品採（采）用甚多，同声赞美。尚希海内各纱厂源源赐顾，无不竭诚欢迎。[②]

从《纺织时报》的定价及收取广告费用情况来看，该报基本上还是以服务纺织行业为宗旨，仅收取少量费用以维持其自身生存和发展。

三、版面与栏目

《纺织时报》版面有一个由少至多、由粗糙至精致的过程。

最初《纺织时报》仅2个版面，单面排印（见图5《纺织时报》第

① 《纺织时报》1925年4月13日，第201号，第1版。

② 《中国铁工厂广告》,《纺织时报》1925年4月16日，第202号，第4版。

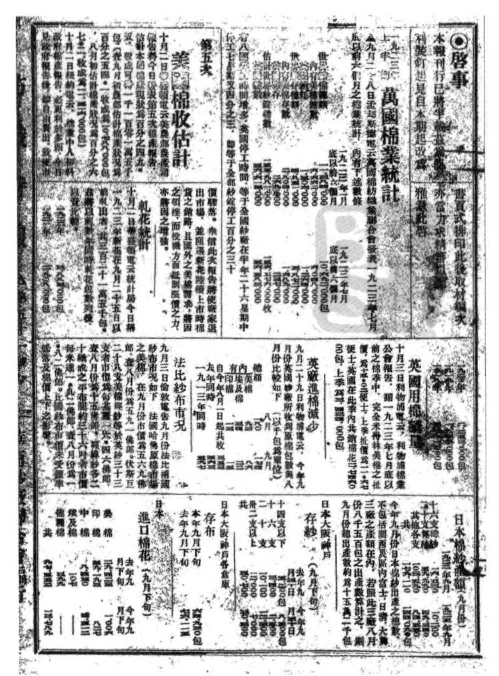
◉啓事

萬國棉業統計

第五次美國棉收估計

軋花統計

英國用棉

英歐進棉減少

法比紗布市況

日本棉紗

日本大阪存紗

存布

進口棉花

图5 《纺织时报》第51号

资料来源:《纺织时报》1923年10月8日，第51号，第1—2版。

51号）。半年后（1923年10月8日）“为便利装订起见，改为书页式排印，此后取材编次亦当力求精审，以附雅意此启。”[①]

两年后（1925年4月13日）《纺织时报》拓至4个版面：“略拓篇幅，增益内容，于取材编次，亦稍稍改善，藉副读者雅望，倘荷指谬，曷胜企幸。”[②]拓版原因为读者的增加和中国纺织业规模的扩大。

1930年6月2日开始，《纺织时报》基本固定为8个版面，如遇特殊时期亦可随时增刊，如新年特刊等。“本报自本期起，刷新体例，改良纸张，稍稍改善，期副雅望，爰有数义，愿得为读者陈之。”[③]此次改版

① 《启事》,《纺织时报》1923年10月8日，第51号，第1版。

② 《编辑小谈》,《纺织时报》1925年4月13日，第201号，第1版。

③ 钱贯一:《敬告读者》,《纺织时报》1930年6月2日，第701号，第3版。

主要原因在于中国纺织学会的成立："本报为华商纱厂联合会所刊行，近更得中国纺织学会指定为公布机关。其意不仅在记载会务，固将为全体会员发表研究讨论之文字，除长篇专门著作外，本报均当随时编载，以公于世。"[①]《纺织时报》作为两个纺织团体的喉舌，必须拓展版面。自701号至1000号，第一版版头都标注"中国纺织学会指定公布之报纸"这几个字。

《纺织时报》的报道内容也经历了一个由浅入深、由简入繁的过程。最初报道内容"除国内外纺织要闻、棉市电讯，照旧编译登载外，并加增棉货进出口统计、各厂消息、会务记载等栏"[②]。第201号开始增加了《编辑小谈》《纺织界时闻》栏目，《编辑小谈》栏目主要内容是《纺织时报》编辑对一些国内外纺织界消息发表的评论性文章，《纺织界时闻》栏目内容即最新国内外纺织界新闻。第301号开始增加了《通讯》《介绍》2栏。"通讯一栏，专供阅者投函，对于纺织界发表意见，讨论事理学术之记载"[③]，因为"本报为沟通消息之机关，而利用此沟通机关者实惟读者。思想为成功之母，事理学术必经相互讨论而益明。我纺织事业之进展发皇，有待于当业思想丰富才力优秀分子提倡号召甚亟。而本报实为诸君提倡号召良好工具。诸君如有所感想心得，愿以公于社会，实诸同志，则写一纸付邮足矣。凡所惠函，无论事之巨细，文之修简，均当依次排刊"[④]。"介绍一栏，凡关于纺织界出版之书籍杂志及学说研究之作，业中人士均有涉览必要，而事实上或不可能，本会所得此类书报比较为多，则将以搜罗所及，或举其概要，或为之月旦，以介绍读者。"[⑤]701号开始增加了

① 钱贯一：《敬告读者》，《纺织时报》1930年6月2日，第701号，第3版。

②《发刊启事》，《纺织时报》1923年4月16日，第1号，第1版。

③《今后之本报》，《纺织时报》1926年4月19日，第301号，第1版。

④ 同上。

⑤ 同上。

《棉业家传记》《商标小志》2栏。“棉业家传记，凡我从事于斯业人士，均在采编之列。每期一人，兼载小影，不仅供同舟尚友，亦以为后起景仰。惟或因搜辑不及，致不能按期刊登，敬希读者予以赞助，就所识斯界人士写寄事略影片，庶可随时披载。”“商标小志，拟将国内各种棉纱布疋类商标，用照相缩印原图，加以说明，按期披露，不特使当业人士得普遍明了各种同业商标，亦可为市场稽考辨别解释误会之助。”①

这些栏目的设置有些出于临时需要，有些属于《纺织时报》的固定报道内容，总体来说，《纺织时报》版面日益增加，栏目越来越丰富，呈现不断进步的良好趋势。直至1937年淞沪会战，《纺织时报》被迫停刊。

四、发行量及受众

报纸发行量统计一直是民国时期报纸研究的一个难题。根据笔者对《纺织时报》的考察，该报发行机构没有明确统计过报纸发行量，目前也没有查到可证资料，因此从发行量来考察报纸影响力比较困难。但就《纺织时报》对该报受欢迎程度的报道，可以从侧面大致把握该报影响力。

1925年4月13日，《纺织时报》在《编辑小谈》中提及该报发行两年后，受到读者欢迎的情形：“本报出版，兹已两载，始意仅在汇集可供斯界研究之资料，以为我会员参考之需。而索者纷起，颇以搜辑便览见许，因此此时以罗举众闻期便研讨为务。”②为满足读者需求，《纺织时报》在篇幅、内容和取材上还作了改进：“辄荷读者订阅，良用欣愧，兹更略托篇幅，增益内容，于取材编次，亦稍稍改善。”③

① 钱贯一:《敬告读者》,《纺织时报》1930年6月2日，第701号，第3版。
② 《编辑小谈》,《纺织时报》1925年4月13日，第201号，第1版。
③ 同上。

《纺织时报》记者甚至抱有该报在纺织界“均能人手一纸，且有非阅不可之势”的愿望，从中可以窥探《纺织时报》的野心及信心。

> 1. 至少自各地方以至全国全世界，关系纺织事业的消息，都要搜罗起来，能够使从事纺织事业人们，除特别有所研究注意之外，见了本报，不必再阅其他报纸；2. 凡从事纺织事业人员，以至直接间接关系纺织事业者，均能人手一纸，且有非阅不可之势——当然，其内容材料必须有研究参考的价值；3. 能在无形中成为纺织界势力的中心，不但当使纺织界人人有发表意见造成舆论之机会，更须有当业名人贤士常常披露些健全的言论，鲜明的主张，领导事业界向光明之途发展。①

使《纺织时报》成为纺织界势力中心，尽管这只是该报记者的愿望，但字里行间能看出他对《纺织时报》的信心。

至于《纺织时报》受众，主要包括华商纱厂联合会会员内部成员（华商纱厂会员为各纺织厂或团体）及中国纺织学会会员（中国纺织学会会员为个人）。本书在介绍华商纱厂联合会时，已详细分析华商纱厂联合会会员构成。中国纺织学会会员是《纺织时报》另一主要受众群体。

中国纺织学会，由钱贯一等1930年4月20日在上海创办，系中国纺织业学术团体。中国纺织学会原名中国纺织研究会，于1930年1月16日，由钱贯一在《纺织时报》第665号上初次发起成立，1930年2月26日，中国纺织研究会正式成立，钱贯一任临时书记。1930年3月10日改名为中国纺织学会。

《纺织时报》系中国纺织研究会（后改名为中国纺织学会）的临时

---

①《编者闲话》，《纺织时报》1930年12月1日，第753号，第2版。

通信机关。自《纺织时报》1930年6月2日第701号至1933年7月3日第1000号，版面首页“纺织时报”大标题下标注“中国纺织学会指定公布之报纸”[①]。钱贯一在中国纺织学会成立之时宣称该报“将永为全国纺织家发表贡献之喉舌，沟通消息之中枢”[②]。1930年5月12日中国纺织学会秘书处也发布启事：“兹为节省手续起见，所有本会对于会员间应行通知事项，一律均在纺织时报公告，非属必要，不另行文。”[③]中国纺织学会还为其会员按期支付《纺织时报》邮费。因此，考察《纺织时报》在行业内的流通情况，除研究华商纱厂联合会会员成员构成外，对中国纺织学会会员的研究也必不可少。

据附录3，截至1930年4月18日，中国纺织学会会员共275人，他们的年龄构成与区域分布、教育背景与职业分布都相对集中。

年龄构成与区域分布。在275名会员中，有明确年龄的有264人。各会员平均年龄约31岁，年龄最大的有53岁，年龄最小的为21岁。其中：年龄在21~29岁（包括21和29岁）的有94人，占有明确人数的36%；30~39岁（包括30和39岁）的有156人，占59%；40~49岁（包括40和49岁）的有12人，占5%；50岁以上（包括50岁）仅2人。在这275名会员中，籍贯明确的有270人，其中江浙籍人数最多，各有72人和85人，分别占有明确籍贯人数的27%、31%，加上上海13位会员，江浙籍和上海籍会员约占有明确籍贯人数的63%。1930年左右中国纺织学会会员主要生活于上海、南通、无锡、汉口、武昌、天津等地，其中，仅上海一地集中了全部纺织学会会员的60%，无锡、南通及附近地

① 钱贯一：《敬告读者》，《纺织时报》1930年6月2日，第701号，第2版。
② 钱贯一：《编辑者言》，《纺织时报》1930年4月20日，第689号，第1版。
③《中国纺织学会秘书处启事》，《纺织时报》1930年5月12日，第695号，第1版。

区集中了全部会员的17%。[①]

从年龄构成和地域分布来看，中国纺织学会会员是主要生活在上海及其他纺织业较发达地区的青年。中国纺织学会会员年龄分布范围较广，小则21岁，大则53岁，但30岁上下最为集中，尤其是30~39岁的会员占全体会员一半以上，说明青年人是中国纺织学会会员的主体。从籍贯和所在地来看，中国纺织学会会员籍贯遍布江西、安徽、湖南、四川、江苏、浙江及上海等地，其中江浙籍和上海籍最多。中国纺织学会会员生活所在地分布则更加集中。上海是中国近代纺织工业中心，集中了全国最多的纺织厂和纺织业职工，1928年上海共有纺织厂450家，1931年上海纺织业工人人数占各业工人人数的60.1%。[②]因此，上海集中了大半中国纺织学会会员。南通、无锡、汉口、武昌、天津也是中国纺织业较为发达城市，这些地区同样拥有不少纺织学会会员。

教育背景与职业类型。中国纺织学会会员是一批受到较高纺织专业教育的纺织技术人才。据附录3统计，有明确教育背景的有258人。其中具备国外学习经历的有50人，占有明确教育背景人数的19%：于日本学校毕业的会员有26人，占国外教育背景人数的52%；于法国学校毕业的会员有13人，占26%；于美国和英国学校毕业的会员各7人、4人，共占22%。曾在日本学习的26人中，15人毕业于东京高等工业学校；在法国学习的13人中，7人毕业于法国东方纺织专门学校；其他人毕业于柏林高等纺织专门学校、法国纺织高等专门学校、日本桐生高等工业学校、美国麻省纽毕德佛学院纺织工程专业、法国国立高等纺织工艺学校、英国利兹大学染科、法国鲁贝高等工业学校、法国里昂纺织学校、美国罗威纺织专门学校、日本京都纺织专门学校、曼彻斯特纺织专

① 《中国纺织学会会员名录》,《纺织周刊》第2卷第3期（1932年1月15日）—第2卷第13期（1932年4月8日）。

② 刘大钧:《上海工业化研究》，商务印书馆，1940，第62、65页。

门学校、英国利兹大学等。[①]

东京高等工业学校是日本最早的工业专科学校，于1881年创办（图6）。东京高等工业学校初名东京职工学校，1890年改名东京高等工业学校，1929年改为大学，名为东京工业大学。东京高等工业学校为官立的单科专门学校，培养日本工业化的工业技术骨干和工业管理领导干部；改为东京工业大学后，设机械、电气、化工、土木、建筑等学科，为日

图6 1923年之前的东京高等工业学校

资料来源：徐苏斌：《东京高等工业学校与柳士英》，《南方建筑》1994年第3期，第10页。

本高等工业教育重点学校。[②]

在国内接受教育的会员有208人，占有明确教育背景人数的81%。其

① 《中国纺织学会会员名录》，《纺织周刊》第2卷第3期（1932年1月15日）—第2卷第13期（1932年4月8日）。

② 顾明远主编：《教育大辞典》11卷，上海教育出版社，1991，第429页。

中：从江苏学校毕业的有124人，占国内接受教育人数的60%；从浙江学校毕业的有33人，占16%；从上海学校毕业的有25人，占12%；从湖南学校毕业的有11人，占5%；从无锡、北平、广东、天津学校毕业的会员共有15人，占7%。[①] 124名江苏学校毕业的会员中，有101人毕业于南通纺织专门学校，占江苏学校毕业生的81%，占国内接受教育人数的49%；其他人主要毕业于浙江公立工业专门学校、各大养成所、日本东京高等工业学校、大同学院、棉业传习所、浙江公立工业专门学校、北平工业大学、湖南工业专门学校、河北省立工业专门学校纺科等。[②]

南通纺织专门学校是中国第一所纺织高等院校，1913年张謇在江苏

图7 南通大学校门

资料来源：徐苏斌:《南通大学校门》,《纺织之友》1931年4月第1期。

① 其中朱公权毕业于浙江和江苏两地，分别是杭州工业学校和南通纺织学校。避免重复计算，仅算作江苏学校。

②《中国纺织学会会员名录》,《纺织周刊》第2卷第3期（1932年1月15日）—第2卷第13期（1932年4月8日）。

南通创办（图7）。南通纺织专门学校初名纺织染传习所，1913年唐闸新校舍落成后定名为南通纺织专门学校，1927年改称南通纺织大学，1928年南通农科大学、南通医科大学、南通纺织大学3所学校合并称南通大学，1930年改称南通学院，分设医科、农科和纺织科。[①] 张謇创办南通纺织专门学校，体现了他“父教育，母实业”，以实业辅助教育，以教育改良实业的职教思想。这所学校培养了一大批优秀的工程技术和管理人才，被誉为“中国纺织工程师的摇篮”。[②]

中国纺织学会会员以纺织技术者（包括技术管理人员）为主，也有少量纺织厂主和政府官员。据本书附录3统计，有明确职业的会员有229人。纺织技术者共计217人，占有明确职业会员的95%。[③] 其中：工程师24人（包括总工程师、副工程师。1人工务长兼工程师，1人工程师兼主任）；技师36人（包括总技师、准备技师、技工。1人兼主任，2人兼稽查，1人工务长兼技师）；工务长12人（包括副工务长和工务处长，1人兼任工程师，1人兼任技师）；稽查、监工、考工、机务员、保全员、参事、顾问及服务33人（2人兼技师，1人兼试验员）；部长及经理12人（包括副部长、副经理和协理。1人董事兼部长，1人主任兼部长，1人兼厂长）；主任74人（包括副主任）；科长及科员34人（包括副科长）；总管及领班5人。除此之外，中国纺织学会会员中还有少量厂主、政府官员及学校人员，共计12人，占有明确职业会员的5%。其中：浙江政府官员3人；浙江大学染织科主任和湖南第一工校校长各1人；上海丰田会社社长1人；申新七厂、崇信纱厂、永豫纱厂、宝兴纱厂、丽

① 王毅：《张謇与南通纺织职业教育》，载马斌《张謇职教思想研究文集》，东华大学出版社，2007，第7–12页。

② 张廷栖、王观龙：《张謇创办南通纺织专门学校的历史贡献》，载张廷栖《学习与探索——张謇研究文稿》，苏州大学出版社，2015，第13–21页。

③ 为避免重复计算，将兼职数量减去。

新染织厂、天津裕元厂、华新卫厂厂长共7人。[①]

从教育背景和职业类型来看，中国纺织学会会员是一群接受过较高教育的纺织技术者。他们大多毕业于专门的纺织学校或攻读纺织专业，甚至有相当一部分人接受过国外的纺织技术教育。凭借所学的纺织技术，他们往往在纺织厂内担任纺织技术者或纺织技术方面的管理人员。

总体而言，中国纺织学会会员多为青年技术骨干，在上海及各大纺织厂集中地区担任工程师、技师、工务主任等职务。1930年中国纺织学会成立后一段时间，《纺织时报》成为该会向会员发布通知的唯一媒介，中国纺织学会为该会会员按期支付《纺织时报》邮费。因此这些青年纺织技术者成为《纺织时报》的重要读者。

据对《纺织时报》受众群体不全面统计，我们可以大概把握《纺织时报》在纺织行业内的流通情况。遗憾的是，囿于资料的不足，行业之外的受众没有办法统计，目前也没有查到可证资料，因此从受众来全面研究和考察其影响力比较困难。但就其报纸主办者、行业内流通状况等来看，《纺织时报》的影响力不可小觑。

五、新闻来源

《纺织周刊》创办者钱贯一认为，资料问题是经营定期出版物的关键："纺织两字是多么枯燥而狭小的问题，定期刊物要按期出版，最感困难的便是说来说去总是那些老生常谈，资料容易枯竭，若是缺乏兴奋的内容，便会惹人厌恶。"[②]《纺织时报》资料的获取主要有4个途径：转载

① 《中国纺织学会会员名录》，《纺织周刊》第2卷第3期（1932年1月15日）—第2卷第13期（1932年4月8日）。

② 《俱乐部》，《纺织周刊》1932年1月29日，第2卷第5期，第42号，第25版。

表1 《纺织时报》作者分析

作者	篇数	身份	作者	篇数	身份
禅愚或禅	33	翻译作者①	陈　达	12	国内研究劳工问题专家
朱仙舫	31	纺学会创始人	程振钧	6	浙江建设厅长
欣奇或欣	29	翻译作者	蒋迪先	9	纱联会干事
迪轩或迪	27	从事统计工作②	梦　蕉	10	记者
唐孟雄	24	纺学会会员，永安一厂科长	陈纪藻	8	上海商品检验局人员，棉花栽培及棉花品质研究者
无锡纺织厂联合会	23	纺织团体	钱贯一	11	纱联会书记，纺学会创始人，《纺织周刊》创办者
朱公权	21	纺学会会员，永安三厂总技师	陆绍云	11	纺学会理事，宝成一、二厂工程师，宝成三厂总工程师、厂长，大成厂厂长及总工程师
唐　嵩	20	纺织技术者	王兴周	7	棉产估计人员
徐玉辉	16	棉业调查人员	平	8	纺织技术者
南亩或南	16	记者③	纱联合	6	纺织团体
天津棉业公会	14	纺织团体	张世文	6	农村调查人员④
毕相辉	14	研究员⑤	张方佐	6	纺学会会员，申新二厂技师
方显廷	12	著名经济学家⑥	陆辅舟	7	纺学会会员，《季刊》主编

资料来源：根据全国报刊索引数据库中关于《纺织时报》作者统计数据编制。纱联会即华商纱厂联合会；纺学会即中国纺织学会；《季刊》即《华商纱厂联合会季刊》。连载文章算多篇。

① 禅愚的供稿主要为翻译外文文章，其在第468号上发表的文章《欢迎各商会代表词》中提及“记者不文，对此盛会，敢以个人资格，谨进一词，聊表欢迎之悃”，表明禅愚应为翻译作者。

② 迪轩在《纺织时报》中的《统计琐谈》上提到自己“从事于统计工作既久，有感于中之事件遂多拉杂，记之而成琐谈。本会第十一次中国纱厂一览表已出版，记者近方整理一稿，题名最近之中国棉纺织业”，说明迪轩为记者。

③ 南亩在《漫游识小》(第659号)一文中说“记者近游北省经历武汉……”,《新年之贡献》(第762号)中说“记者搜索枯肠，亦苦无善颂善祷之资材，为读报诸君新年进颂祝”。因此南亩应为记者。

④ 张世文在《纺织时报》上发表的文章为《定县土布业的输出》(第1148、1151、1152、1153号)、《定县农村纺线调查》(第1115号)。

⑤ 毕相辉为南开经济研究所研究员，主要研究棉花、棉纱、棉布和茶叶等经济问题。

⑥ 方显廷时任南开经济研究所研究主任兼文学院经济系经济史教授。

或转译、通讯员供稿、国内外纺织业团体或其会员供稿、海关贸易资料等。

根据全国报刊索引统计资料显示,《纺织时报》资料来源中,明确标注团体名称、个人姓名或笔名的作者如表1所示:

尽管以上统计数据只包括明确标注姓名或笔名的《纺织时报》作者情况,不能反映《纺织时报》全部资料来源,但从中仍能大致把握《纺织时报》稿源的主要构成。各界供稿共387篇,其中:来自翻译作者的文章有62篇,占总数的16%;棉业统计、棉花研究和社会调查人员的文章有64篇,占17%;纺织业团体、团体成员及其他从事纺织业人员的文章有191篇,占49%;其他行业人员如经济学家、劳工问题专家或政府官员供稿44篇,占11%;其他供稿26篇,占7%。

《纺织时报》稿源主要来自纺织业团体、团体成员及其他从事纺织业者的文章,这与《纺织时报》行业报的特点有关。以团体名义投稿是《纺织时报》重要资料来源,如各地纱厂联合会、中国纺织学会、各地棉业公会等投稿。这些团体主要为《纺织时报》提供大量的统计资料。如华商纱厂联合会每年调查全国纺厂状况,编印《中国纱厂一览表》,发表于《纺织时报》上。[①] 各国棉业公会也通过电报形式发至《纺织时报》,再经《纺织时报》译者翻译报道。《纺织时报》上翻译的外国团体电报如来自大阪、神户、横滨、纽约、华盛顿、孟却斯德、利物浦、伦敦、孟买、喀尔喀特、柏林等关于纺织业统计资料。《纺织时报》中《译闻》一栏即专门报道这类外国电报。图8是《纺织时报》第240号第4版纱花市况统计资料,可略窥《纺织时报》纺织统计资料的来源情况。1925年8月中旬纱花市况来源于3家团体报告,即华商纱厂联合会花纱报告、无锡纺织厂联合会报告及天津棉业公会报告。

---

①《最近中国纱厂统计概况》,《纺织时报》1931年4月30日,第793号,第2版。

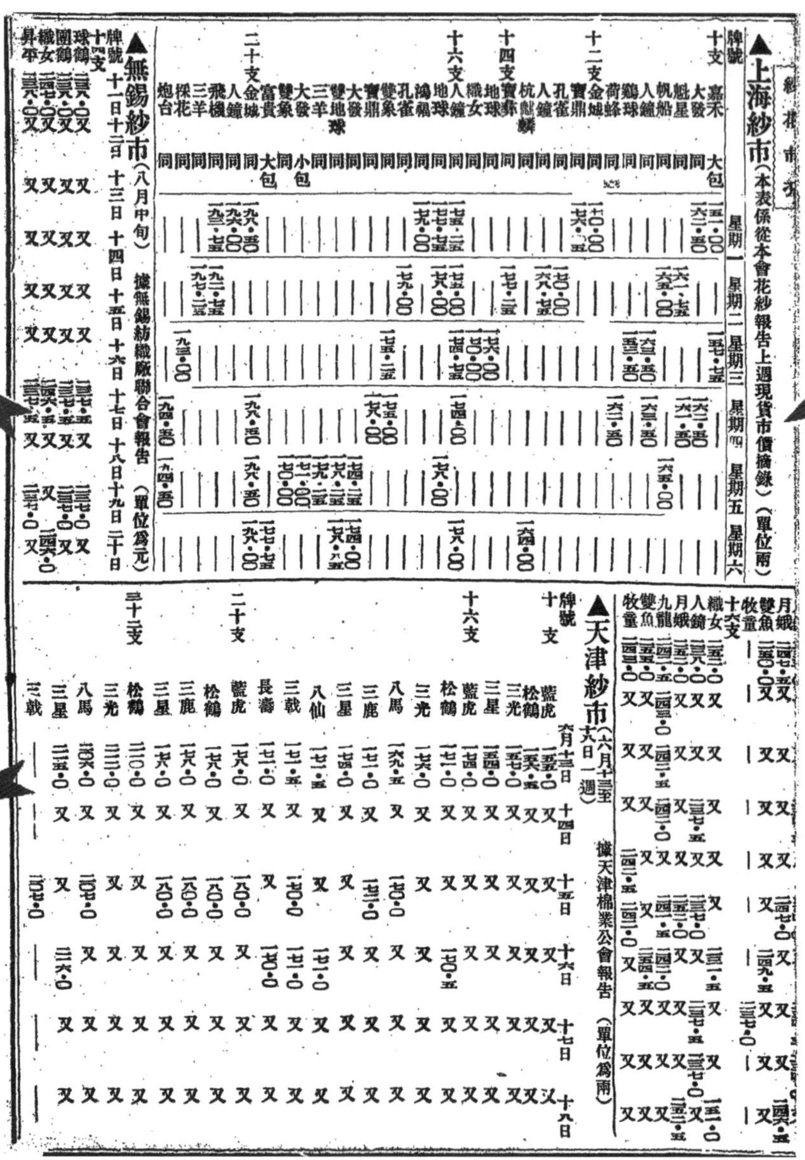

▲上海紗市（本表係從本會花紗報告上週現貨市價摘錄）（單位兩）

▲無錫紗市（八月中旬） 據無錫紡織廠聯合會報告（單位爲元）

▲天津紗市（六月十三至十八日一週） 據天津棉業公會報告（單位爲兩）

来源于华商纱厂联合会花纱报告

来源于无锡纺织厂联合会报告

来源于天津棉业公会报告

图8 1925年8月31日纱花市况

资料来源:《纱花市况》,《纺织时报》1925年8月31日，第240号，第4版。

不仅纺织业团体向《纺织时报》供稿，上海及全国各纺织厂职员的文章也是《纺织时报》的来源之一。华商纱厂联合会招聘上海及全国各纺织厂职员为通讯员，通讯员条件如下：

1. 凡从事纺织业人员，文字清通者均可担任；

2. 通讯员除赠阅本报外，并酌量赠送本会出版书报，又寄稿邮费当另行津贴；

3. 投稿得由本会酌量删登；

4. 各厂职员之担任通讯员者对于各本厂消息当负责任；

5. 不尽职之通讯员本会得随时解约；

6. 投函请寄上海爱多亚路五十号本会纺织时报部收。[①]

《纺织时报》主要流通于华商纱厂联合会和中国纺织学会会员间，且该报旨在互通纺织界消息，故各会员团体、团体成员及其他从事纺织业者的文章成为该报主要稿源再自然不过。

各省主持棉产估计、棉纺调查及棉业研究人员也是本报主要作者，他们向报社提供各地棉花种植和供需等情况。就棉业调查人员徐玉辉向《纺织时报》投稿情况来看，1935—1936年间徐玉辉共投稿16篇，涉及山东省多地棉业情况。如1935年12月19日，《纺织时报》使用4个版面报道徐玉辉的文章《青岛市棉业调查报告（一）》；1936年1月间共使用

① 《本报启事》，《纺织时报》1924年4月28日，第108号，第1版。

8个版面连续报道了《青岛市棉业调查报告》3篇续文。[①] 自1936年2月6日至3月2日，《纺织时报》连续6期报道徐玉辉撰写的济南棉业调查情况。[②] 另外，山东省棉业调查报告也陆续在《纺织时报》上发表。

来自国内外其他报刊报道的转载、转译文章，也是《纺织时报》重要资料来源。被《纺织时报》转载的国内其他报刊有《申报》《大公报》《中央日报》《时事新报》《民国日报》《新闻报》《银行周报》等；被《纺织时报》转译的外国报刊主要为日文报刊和英文报刊，如日文《上海每日新闻》《大阪每日新闻》《上海经济新闻》、英文《纺织月报》《孟却斯德指导报》《泰晤士报》等。

经济行业专家、劳工问题专家及政府官员等也为《纺织时报》提供文章。如经济史研究专家方显廷和毕相辉，劳工问题研究专家陈达、浙江建设厅长程振钧等。方显廷时任南开经济研究所研究主任兼文学院经济系经济史教授，毕相辉时任南开经济研究所研究员，主要研究棉花、棉纱、棉布和茶叶等经济问题。两人在《纺织时报》上发表数篇专业文章，如《由宝坻手织工业观察工业制度之演变》（方显廷和毕相辉合写），《我国工厂法与纱厂业之关系》（方显廷撰写）等。[③]陈达在《纺织时报》上共发表文章12篇，主要讨论中国工厂法问题，如《我国工厂法的讨

---

① 徐玉辉：《青岛市棉业调查报告（一）》，《纺织时报》1935年12月19日，第1245号，第4–8版；《青岛市棉业调查报告（二）》，《纺织时报》1936年1月9日，第1251号，第4–8版；《青岛市棉业调查报告（三）》，《纺织时报》1936年1月13日，第1252号，第6–7版；《青岛市棉业调查报告（四）》，《纺织时报》，1936年1月16日，第1253号，第4–5版。

② 徐玉辉：《济南棉业调查报告（一）》，《纺织时报》1936年2月6日，第1257号，第5–6版；《济南棉业调查报告（六）》，《纺织时报》1936年3月2日，第1264号，第4–5版。

③ 方显廷、毕相辉：《由宝坻手织工业观察工业制度之演变（一）》，《纺织时报》1936年3月16日，第1267号，第5–6版。方显廷：《我国工厂法与纱厂业之关系》，《纺织时报》1933年11月20日，第1039号，第5–6版。

论》《我国工厂法的施行问题》等。[①]程振钧为政府官员，在该报上发表的文章主要是关于实业合理化的讨论。[②]

其他如海关贸易资料也是《纺织时报》数据来源之一。《纺织时报》整理了大量海关贸易资料，如《棉货进出口统计》《纱花进出口统计》以及年关时期海关进出口棉布、棉花的国别与种类统计等。《纺织时报》记者称“海关报告在欧早属要典，而在我国不但一般人士未加注意，即从事于经济问题之流，亦复漠不关心，如此情形，中国之经济状况，又焉得而不造成如今日之一塌糊涂哉……记者对于海关报告棉货之部，欲谋整理已久，拟定计划，抑且十年，又尝拟编《中国棉业史》一书……终以人少事繁，心余力绌，故惟就我人所需，临时作小范围之整理”[③]。《纺织时报》中的统计表格很多来源于海关贸易报告，资料准确性相对较高。

六、报刊价值

《纺织时报》具有重要传播价值和史料价值。从当时的角度看，该报以沟通行业消息为宗旨，是近代纺织行业从业者获取行业信息、交流行业经验的重要平台；从当下的角度看，该报为纺织史研究提供了丰富的资料。

一方面，该报以沟通行业信息为宗旨，关注国内外纺织行业发展状况，以更具宏观的角度辅助经营者做出更高质量的决策，促进了近代纺织工业的发展。例如为纺织经营者提供大量市场信息，并进行精准定量

---

① 陈达:《我国工厂法的讨论》,《纺织时报》1931年5月14日，第797号，第2-3版。陈达:《我国工厂法的施行问题》,《纺织时报》1931年8月3日，第819号，第4-5版

② 程振钧:《实业合理化（一）》,《纺织时报》1930年9月15日，第731号，第2-3版。

③《最近三年海关进口棉布棉花国别与种类统计》,《纺织时报》1933年1月1日，第952号，第19-20版。

分析。该报的数据信息近乎占据每期半壁版面，基本每周发布1次棉花、棉纱进出口数量与价格情况，及时更新世界主要棉产国和棉纱消费国相关数据资料，尤其注意整理海关贸易报告。这些数据大多准确、可靠，偶有录入错误也会及时订正后发布。

再如通过译介各国纺织企业、团体机构电报及外国报刊相关行业新闻与市场信息，成为纺织行业从业者了解世界的窗口。在该报中，经译者翻译的外国电报来源地包括大阪、神户、横滨、纽约、华盛顿、孟却斯德、利物浦、伦敦、孟买、喀尔喀特、柏林等，企业与团体机构包括世界各国纺绩公司、日本纺绩联合会、英国贸易局、东洋纺绩公司、孟却斯德之纺绩公司等，主要刊登在《译闻》《国外电讯》一栏。被转译的外国报刊主要包括日文报刊和英文报刊，如日文《上海每日新闻》《大阪每日新闻》《上海经济新闻》、英文《纺织月报》《孟却斯德指导报》《泰晤士报》等。

此外，《纺织时报》还尝试吸引留学科技人员归国共谋发展。自近代以来，中国公费或自费出国留学者不在少数，其中不乏纺织业界人士，这些人是纺织工业发展的骨干力量，《纺织时报》极为留意这部分人才的需求与动向，尝试引导他们为中国纺织科技发展效力。该报将国内纺织行业状况散布到国外，满足国外关心中国纺织业界人士的信息需求。根据订阅情况可知，《纺织时报》不仅在国内发行，还远销国外。出国留学者一面学习西方先进纺织技术和管理理念，一面通过该报了解国内纺织行业情况，为学成归国继续效力积蓄经验。该报还专辟一栏，为归国人士作宣传报道，以鼓励更多有志者回国发展。①

另一方面，该报发行时间连续，期数多，刊载内容丰富，涉及地域广阔，为报刊史、纺织史、科技史、近代史等相关研究者提供了不可

① 《介绍：归国技士》，《纺织时报》1926年8月26日，第338号，第2版。

多得的一手资料。该报中大量反映20世纪二三十年代上海乃至中国纺织业市场动态的信息，有些来源于华商纱厂联合会调查数据，有些转自海关报告，资料详实、可靠。目前不少国内外学者利用该报开展研究工作，国内如著名经济学家方显廷和严中平，他们分别在著作《中国之棉纺织业》《中国棉纺织史稿》中大量引用该报报道资料。国外以日本、韩国学者为主，日本学者森时彦尤其注意使用该报数据统计资料，采用定量分析方法编写《中国近代棉纺织业史研究》，韩国学者金志焕在《棉麦借款与宋子文的日本登岸》中也引用该报部分内容。然而，他们主要深耕于民国纺织行业经济领域，关于该报所反映的科技传播、行业资讯、时事新闻等关键议题，仍有很大挖掘空间。挖掘该报的史料价值，对丰富目前报刊史、纺织史、科技史和近代史的研究内容具有重要意义。

从《纺织时报》的价值可以略窥行业报刊的价值。行业报刊是经济发展的产物，反过来又促进了经济的发展。在行业内部，行业报刊往往作为业界人士必读之物，以期获取最新行业动态。对雇佣者来说，行业报刊是准确了解行情、制定经营策略的重要参考资料。对被雇佣者来说，行业报刊介绍国内外最新机器或技术，为他们提供了便捷有效的技术指导。行业报刊也会报道一些业界重要人物的典型事迹或故事性较强的娱乐性文字，为本行业内部人员营造一种温馨和谐的氛围，有利于增强业界向心力和凝聚力，促进本行业长久、有序发展。

小 结

《纺织时报》的经营与报刊影响力，与华商纱厂联合会的会员会费、创办宗旨及团体活动等息息相关。二十世纪二三十年代，中国棉纺织业发展迅速，华商纱厂利润丰厚，华商纱厂联合会入会费相对较高，这为《纺织时报》的稳定经营提供了保障。这一时期上海及其他地区纺织厂规模迅速扩大，从事纺织业者逐渐增多，还出现了若干大型企业集团以及有影响力的企业家。这些企业家及纺织行业从业者往往成为华商纱厂联合会会员代表或会员成员，他们也是《纺织时报》的读者，这进一步扩大了该报的影响力。

《纺织时报》作为一份重要的民国纺织行业报刊，在纺织业界传播先进纺织技术、机械设备和管理经验，发布精确有效的市场信息，刊载最新行业相关新闻，在民族纱厂求生存、谋发展的历史过程中发挥了积极作用。其丰富的内容也作为资料保存下来，供研究者翻阅利用，史料价值显著。需要指出的是，尽管《纺织时报》在历史上和现在都具有重要的价值，但由于受发行量和受众面的限制，考察其影响力时不可过高估计。

第二章

比较视野下《纺织时报》的报道风格

传播内容是传播的中心环节。传播者在传播信息时具有选择性，报道哪些信息，不报道哪些信息，怎样报道，都是传播者把关的结果。因此，传播内容所反映的世界，并不是真正的完全的世界。面对同一事件，不同办报群体所办报刊会进行不同的报道，形成该报刊独特的报道风格。通过比较不同的报道文字，可以发现传播者的意图和观念。

本章首先根据报刊报道的一般性文字及排版等，分析《纺织时报》的报道风格。其次，以1925年5月爆发在上海并很快席卷全国的重要政治事件——五卅运动为例，比较《纺织时报》与商业报刊《申报》、党派机关报《民国日报》、金融行业报《银行周报》的报道差异，分析《纺织时报》报道背后的利益取向。最后，以一·二八淞沪抗战为例，比较《纺织时报》与《纺织周刊》的报道差异。

第一节《纺织时报》的报道特点

根据报刊报道内容的一般性文字及排版等，可以大致分析其特点。比如综合性报刊面向整个社会发行，不偏重某一阶层或某一行业，报道内容广泛，主要刊登有价值的社会新闻以及对新闻报道的评论。专业性报纸以特定范围的读者为发行对象，主要发表反映某一行业、某一系统或某一阶层的新闻和评论。《纺织时报》属于第二种，报道内容具有专业性较强、文字表述严谨和倾向于维护行业利益的特点。

一、专业性

《纺织时报》作为纺织行业报纸，专门报道国内外纺织行业消息。具体而言，包括三方面，一是宣传政府有关纺织行业的方针、政策、法令、法规；二是刊载有关纺织行业的当前动态、最新成就和现实问题等，如棉纺业要闻、棉市行情、棉货进出口统计资料、国内外电讯等；三是报道国内纺织业会议，国外纺织业生产与贸易概况等。

1. 宣传政府有关纺织行业的方针、政策、法令、法规

纺织行业发展受政府经济政策影响显著，《纺织时报》密切关注政府相关政策，为纺织行业从业者提供便利。该报尤其关注实业部消息。1931年5月18日，报道了一则关于实业部增设实业机关的政令，表示实

业部为力谋实业发展，近期派员筹备10种实业机关，包括实业专门委员会、中央蚕丝试验场暨附设蚕种制造所缫丝厂、江浙区实业管理局、矿业指导所、实业合理化研究委员会、工业标准研究委员会、世界动力协会、特许局、国际贸易局、驻美欧日南洋等商务专员。[①] 6月29日，《纺织时报》又报道一则实业部筹办机器制造厂的消息，称实业部为发展国内基本工业，拟办8种工厂，先筹办中央机器制造厂，经费预定为310万元，从英庚款中拨用。[②]

因纺织行业长期受厘金制度的困扰，《纺织时报》围绕厘金制度，对各商业团体恳请政府废除厘金制度、宣布实行裁厘政策进行了一系列报道。早在1924年8月，《纺织时报》就报道了一则关于棉花免厘的新闻："财政部提出阁议华商纱厂应用棉花免征内地税厘三年，已于本月十二日阁议通过照办。"[③]1927年7月21日，《纺织时报》利用首版报道政府公布裁厘及宣告关税自主的布告："国民政府布告：九月一日裁撤厘金，同日宣布关税自主，并公布'裁撤国内通过税条例'，'国定进口关税暂行条例'及'出厂税条例'。"[④] 1927年9月12日，《纺织时报》又报道了一则关于中华民国政府暂缓裁厘加税的布告："关税自主加税裁厘一案，原定九月一日实行，现因种种关系，令先从粤桂两省施行，苏浙皖闽四省暂缓举办。"[⑤] 1930年1月20日，《纺织时报》报道中华民国政府布告，称"自本年十月十日起，所有全国厘金及类似厘金之一切税捐，一律裁撤"[⑥]。

---

① 《实业部增设实业机关十种》，《纺织时报》1931年5月18日，第798号，第1版。
② 《实业部筹办机器制造厂》，《纺织时报》1931年6月29日，第809号，第4版。
③ 《阁议通过棉花免厘》，《纺织时报》1924年8月14日，第137号，第1版。
④ 《政府公布裁厘及宣告关税自主》，《纺织时报》1927年7月21日，第425号，第1版。
⑤ 《国民政府展缓裁厘加税布告》，《纺织时报》1927年9月12日，第440号，第2版。
⑥ 《明令双十节裁厘》，《纺织时报》1930年1月20日，第666号，第1版。

结果，1930年9月4日的《纺织时报》再次公布上述的裁厘计划实难实现，原因是裁厘委员会办事处分发至二十二行省的裁厘预测表“遵限呈缴者仅鲁、苏、赣、闽、粤五省，故该种统盘计划，毫无根据，实难拟具，本年十月十日实行下令裁厘尚难实现”①。1930年11月20日《纺织时报》公布中国国民党第三届中央执行委员会第四次全体会议确定1931年元旦实行裁厘：“民国二十年一月一日实行裁撤厘金及类似厘金之交通附加捐等，各省不得以任何理由请求展期。”②自此，阻碍我国纺织业发展的厘金制度在中国社会基本消亡。《纺织时报》在此过程中一直承担着向纺织界人士宣传政府有关方针、政策、法令、法规的角色。

2. 报道国内外有关纺织行业的最新动态、最新成就等

这类报道主要体现在《纺织界时闻》《棉货进出口统计》《花纱市况旬报》等栏目上。《纺织时报》基本上每周发布一次棉花、棉纱的市场供需、价格等情况以及进出口数量统计，以供纺织界人士参考，及时向华商纺织厂主提供纺织业的市场信息，以使其获取利润最大化。《纺织时报》不仅关注国内的纺织界新闻，还重视国外纺织业信息，及时向国内纺织界人士传递国际纺织界信息，如来自利物浦、纽约、华盛顿、大阪、喀尔喀特、伦敦、孟却斯德、加尔各答、孟买等国际主要棉产国或棉货销售市场地区的电讯。民族工业不能“闭门造车”，国际因素已融入国内因素之中，并起到至关重要的作用。《纺织时报》不仅起到联络上海本埠及国内其他各埠的纽带作用，还发挥了互通国内外原料、市场信息的桥梁作用。

3. 报道国外的先进纺织机器以及管理经验

1931年4月，《纺织时报》发表了一篇纺织业专家唐孟雄介绍立古林

① 《全国裁厘双十节难实现》，《纺织时报》1930年9月4日，第728号，第4版。

② 《四中全会确定明年元旦裁厘》，《纺织时报》1930年11月20日，第750号，第5版。

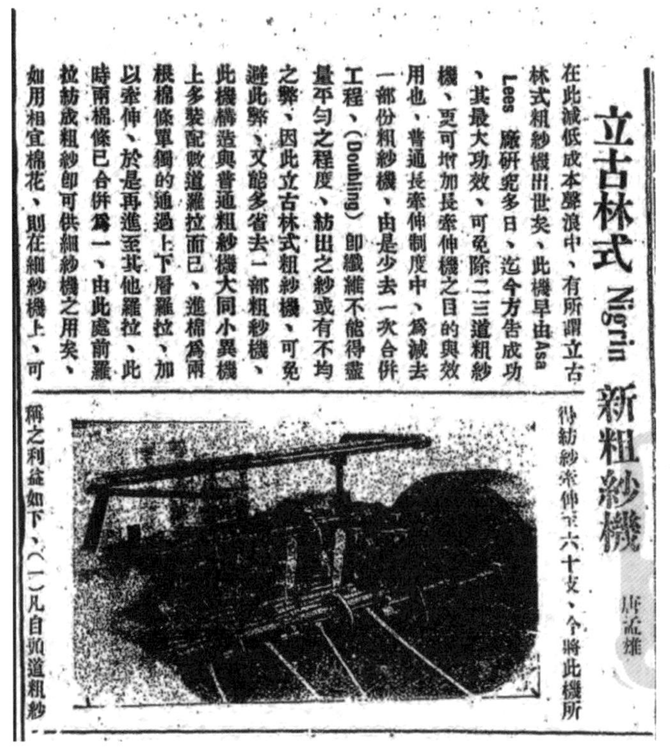

立古林式 Nigrin 新粗紗機

唐孟雄

在此減低成本聲浪中、有所謂立古林式粗紗機出世矣、此機早由Asa Lees 廠研究多日、迄今方告成功、其最大功效、可免除二三道粗紗機、更可增加長牽伸機之目的與效用也、普通長牽伸制度中、爲減去一部份粗紗機、由是少去一次合併工程、(Doubling) 即纖維不能得盡量平勻之程度、紡出之紗或有不均之弊、因此立古林式粗紗機、可免避此弊、又能多省去一部粗紗機、此機構造與普通粗紗機大同小異、機上多裝配數道羅拉而已、進棉爲兩根棉條單獨的通過上下層羅拉、加以牽伸、於是再進至其他羅拉、此時兩棉條已合併爲一、由此處前羅拉紡成粗紗、即可供細紗機之用矣、如用相宜棉花、則在細紗機上、可得紡紗牽伸至六十支、今將此機所稱之利益如下、(一)凡自頭道粗紗

图9 立古林氏 Nigrin 新粗纱机

资料来源:《纺织时报》1931年4月6日，第786号，第4版。

式Nigrin新粗纱机的文章，如图9所示。

《纺织时报》如是介绍立古林氏Nigrin新粗纱机:“此机早由AsaLees厂研究多日，迄今方告成功，其最大功效，可免除二三道粗纱机，更可增加长牵伸机之目的与效用也。”优点有四:“1. 凡自头道粗纱机以下各机均不更动; 2. 以现有之粗纱机与细纱机均可改装，无须另添新机; 3. 改装工程颇简，无须皮革，特别之罗拉等件，又无积花，不费马力，且能耐用; 4. 二三道粗纱机省去后，则工资、马力、地位等亦由此而减省。”[①]

① 唐孟雄:《立古林式Nigrin新粗纱机》,《纺织时报》1931年4月6日，第786号，第4版。

类似的报道不计其数。1930年9月，《纺织时报》报道了一篇美国人发明的连续式清花机介绍文章。作者黄炳奎称，美国人对于纺织机之改良较为先进，近来沙谷洛尔厂发明一种独程清棉机，确有独到之处，可使细纱机断头减少，特为介绍。[①] 1931年7月，唐孟雄再次向《纺织时报》读者介绍一种机器——斜锭式纺机，该机以走锭式原理，合制于钢领式机上，弥补了钢领式机的缺点，具有“转而松、力亦强、出数高、工资廉、占地省”的优点。[②] 具有国外学习经验的纺织业专家在《纺织时报》上发表有关国外先进纺织机器及先进管理经验的文章，一定程度上促进了我国纺织业技术的进步。

二、严谨性

《纺织时报》主要功能在于沟通纺织界消息，以便于从事纺织事业者从报纸中获取准确的纺织业信息，故《纺织时报》报道内容在文字表述上相对严谨、准确。尤其在报道统计数据时，更加强调准确性。《纺织时报》记者意识到海关贸易报告的重要性，认为“各国对于海关贸易报告，认为研讨经济问题最重要之资料，考究严密，分析尤详”。但是，海关贸易报告繁密琐碎，不易整理，使用者不多。该报记者尝试整理海关贸易报告：“对于海关报告棉货之部，欲谋整理已久，拟定计划，亦且十年，又尝拟编《中国棉业史》一书，大别为纺织棉产及贸易三部，贸易一部，海关报告之分析，亦其一种，故友秦心农君，尤为潜心于此，终以人少事繁，心余力绌，故惟就我人所需，临时作小范围之整理。”[③]

① 黄炳奎：《沙厂机器之新发明》，《纺织时报》1930年9月18日，第732号，第3版。
② 唐孟雄：《斜锭式纺机之报告》，《纺织时报》1931年7月2日，第810号，第4版。
③《最近三年海关进口棉布棉花国别与种类统计》，《纺织时报》1933年1月1日，第952号，第19-20版。

《纺织时报》统计数据大多来自相对准确可靠的海关资料和各团体调查资料，偶有录入错误或其他错误，也会在后文中订正。

关于《上海之棉纱与纱业》一书的讨论，在一定程度上也能够反映《纺织时报》文字表述的严谨性。1932年3月21日，《纺织时报》报道一篇张则民关于上海商业储蓄银行调查部所写《上海之棉纱与纱业》的书评，称该书所言与实际情况不符："有推崇日厂过甚，致多溢誉之辞，有责善华厂过切，致不觉有诋毁之嫌。以最优之日厂，及技术较次之华厂较，日厂诚较优良，但日厂未必尽优，而华厂亦未必尽逊于日厂。若视日厂为天人，视华厂若草芥，是曝吾之短，不讲餒吾进取之气乎。"[①]并从棉纱品质、营业、资本、产额、工人等方面一一驳斥《上海之棉纱与纱业》中的观点，坚持认为华厂未必次于日厂。

4月14日，《纺织时报》披露一则上海商业储蓄银行调查部针对张则民言论的来函，称张则民的书评"具见爱护国货之热忱，捧读之下，曷胜钦仰。惟对于敝刊内容似略有误会。谨作下列之声明，幸贵刊及张先生垂鉴焉"[②]。针对张则民提出的几方面问题一一回复，称"张先生所述五点（即品质、营业、资本、产额、工人），敝刊均有权威可稽，并非武断"[③]。同日，《纺织时报》在上海商业储蓄银行调查部来函后发表了张则民回复文章，与来函针锋相对。张则民从调查范围和资料来源两个方面指出《上海之棉纱与纱业》内容不准确、不可靠："原书为《上海之棉纱与纱业》名，调查范围，自以上海为限，调查者虽非纱业中人，然既负调查使命，且以调查所得，编辑成书，公诸于世，则罗列之事实，必

① 张则民：《读〈上海之棉纱与纱业〉书后》，《纺织时报》1932年3月21日，第871号，第1版。

②《关于《上海之棉纱与纱业》之讨论》，《纺织时报》1932年4月14日，第878号，第4版。

③ 同上。

于上海各纺织厂实际相适合。”[①]关于《上海之棉纱与纱业》的激烈讨论，体现了《纺织时报》注重调查资料的真实性和准确性，以及文字表述的严谨性。

三、倾向性

“任何大众传播组织都有其政治、经济和意识形态背景，它们必须要为特定的利益服务。”[②]即便有些报纸宣称无宣传作用，也只是在有意标榜一种不偏不倚、客观公正的态度。《纺织时报》作为华商纱厂联合会创办的报纸，虽自诩“既非营利性质，亦无宣传作用”，但实质上仍以维护华商纺织厂主利益为报道倾向。在民族利益、国家利益与华商纺织厂主利益相冲突时，《纺织时报》优先考虑维护华商纺织厂主的利益，其次考虑民族利益和国家利益。该报的倾向性特点具体可见本章第二、三节。

① 张则民：《为讨论〈上海之棉纱与纱业〉答上海银行调查部》，《纺织时报》1932年4月14日，第878号，第5版。

② 周庆山：《传播学概论》，北京大学出版社，2004，第161页。

第二节《纺织时报》视野中的五卅运动：与其他类型报纸比较

运用报刊研究五卅运动已是学界研究聚焦的热点。这些研究包含了报刊中的五卅运动和五卅运动中的报刊两种研究路径。前者主要利用报刊研究五卅运动，代表性的如《福尔摩斯》报中的五卅惨案家属抚恤金问题，《上大五卅特刊》对五卅运动的总结与反思，《向导》周报中的五卅运动，从《民报》看冯玉祥对五卅运动的态度等。[①]后者主要从报刊本身出发，看五卅运动中报刊的特点、价值、发展变化等，代表性的如五卅运动中《申报》的媒介批评与史料价值、《热血日报》的创办、五卅运动中的《东方杂志》、五卅运动中《民众文艺周刊》的转型等。[②]新闻学界多从事件看报刊发展史，历史学界大多将报刊作为一种史料，而并非研究主体本身。这些研究都大大拓展了对于五卅运动的研究。

① 洪煜：《〈福尔摩斯〉报“五卅惨案”家属抚恤金问题报道札记》，《史林》2011年第2期；黄云龙：《〈向导〉周报与五卅运动》，《郧阳师范高等专科学校学报》2011年10月第5期；谢志强：《〈上大五卅特刊〉对五卅运动的总结与反思》，《近现代史与文物研究》2014年第1期；熊建华：《从〈民报〉看冯玉祥对五卅运动的态度》，《近代史研究》1986年第5期。

② 胡正强，周红莉：《论媒介批评对传媒的政治规制——以〈申报〉五卅运动中的表现为例》，《今传媒》2001年第2期；曾成贵：《从对五卅惨案的报道看〈申报〉的史料价值》，《武汉文史资料》2007年第11期；陈绍康、朱少伟：《瞿秋白在五卅运动中办〈热血日报〉》，《新闻记者》1985年第5期；赵志坚、李芬：《五卅运动中的〈东方杂志〉》，《编辑学刊》1997年第4期等；袁先欣：《文化、运动与“民间”的形式——以“五卅”前后的〈民间文艺周刊〉》为中心，《文学评论》2017年第3期。

但从《纺织时报》的报道过程来研究五卅运动的发展，并探讨纺织企业资方群体在五卅运动发展过程中的态度变化，尚是一个值得讨论的视角。《纺织时报》是由华商纱厂联合会创办的一份行业性报纸，它对五卅运动进行了全程报道，根据报道内容可知，其对事件的反应是不断变化的，这种变化在同时期其他报刊中或多或少也有体现，但因各类报纸报道的立足点不同，报道的面向和细节方面都会存在差异。比较同时期的商业性报纸、党派机关报以及其他行业性报纸，从报道风格和倾向性文字方面可以窥见，《纺织时报》的报道无论如何变化，维护华商纱厂利益的根本立足点是不变的。《纺织时报》对于五卅运动的全程报道，在某种程度上为我们揭示了纺织行业资方群体在事件过程中的心路历程。

一、《纺织时报》对五卅运动的报道

考察五卅运动爆发前、五卅运动前期和五卅运动后期这三个时段，《纺织时报》对此事件的反应和报道并不相同。这样的变化背后始终存在一个不变的基点，即华商纱厂的利益，这也是这份行业报纸的根本立足点。

1. 五卅运动爆发前

五卅运动爆发前，《纺织时报》已开始关注上海日商纱厂工人运动。1925年2月，上海工人运动发生历时3周，这场涉及上海日商纱厂35 000余名工人的同盟大罢工被称为五卅运动的预演。[①] 1925年2月12日，《纺织时报》首次报道内外纱厂罢工风潮。至5月15日顾正红案发

① 沈以行、姜沛南、郑庆声主编：《上海工人运动史》上卷，辽宁人民出版社，1991，第194–199页。

生，《纺织时报》关于工潮的报道和评论共29篇。[①] 其主要内容是转载外文报纸相关报道，秉持中日纱厂应当维持友好合作关系的立场，其报道倾向主要可归类为3个方面。

其一，转引外文报纸，美化日商纱厂是其主要报道倾向。1925年2月19日，《纺织时报》转引《字林西报》关于内外棉株式会社总理对二月罢工的评论，表示该会社没有料到会发生罢工风潮，因为内外棉纱厂的华工待遇很好，“吾人对于待遇华工之事件，固常常设法增进，务求若辈能得安宁”[②]。华工待遇具体表现为工作时间短，工资高，房租低，有受教育机会：“本会社之工作时间，较之上海其他各纱厂，实较为减少，每一星期中，更可得完全之休息。而工资又较其他各纱厂为优厚。吾人又预备低价之房屋，给若辈居住，房屋约有二千间之多，每一所二层楼之房屋，每月只收租金四元，一层楼者收二元。更设立免费之学校，给若辈之子女读书，且依从中国之教法。总之，对于华工之待遇法，均合于人道。”[③]

其二，附和外文报纸，认为工潮由中国共产党引起。《纺织时报》转引日本公使的抗议文字，称此次事件不是单纯的工人罢工问题，中国共产党才是工潮的“罪魁祸首”，“此种外力之煽惑，固不仅此次罢工为然，即年来东西各国之罢工风潮，几无不含蕴多少此种的实味。彼等之动作，表面似为协助劳工，实则从中取利，故其结果，工人方面之大牺牲，适以制成若辈之幸运”[④]。1925年4月30日，《纺织时报》编者对于此风潮受中国共产党“煽惑”感叹道：“果尔则劳工供人利用，不独为资本

①《纺织时报》，1925年2月12日—1925年5月15日。

②《日厂工潮愈见扩大》，《纺织时报》1925年2月19日，第186号，第1版。

③ 同上。

④《日厂工潮与赤化关系之异闻》，《纺织时报》1925年3月23日，第195号，第1版。

家之不幸，亦非劳动家之福。记者深望所传。”[①]

其三，宣传中日亲善，加强与日本合作。1925年4月，《纺织时报》发表内外棉纱厂社长对罢工风潮意见书，为日本纱厂辩护，宣传中日纱厂亲善，中日纱厂是利益共同体。日本纱厂资本增加则中国纱厂和农民得利："日厂之增加，中国棉产由二百万包一跃而几千万包，农民之利益亦不少。""华厂之因利导与刺激而获有形无形之利益者亦复不少。"如果日厂不用华棉，华棉产量过剩，华农利益受损："设无日厂，中国工业或当反形退步亦在意料中。"[②]同月，日华厂经理喜多氏来沪赴宴，宴会上喜多氏和矢田总领事发表关于中日必须亲善的演说。矢田总领事称："中日亲善已为现在之流行语，然实际上中日关系颇深，非亲善不可。日华纱厂在中国经营，发达颇速，多得中国各界之协助，实深欣幸。"[③]华厂大丰纱厂徐庆云同意喜多氏和矢田总领事的看法，称"中国纱厂同人，颇希望贵国纺绩［织］界诸君能携手共进。日本纱厂界之盛衰，中国纱厂界亦有间接影响。故能力所及，无不予以援助。"[④]

《纺织时报》美化日商纱厂、丑化中共、宣传中日亲善的文字，反映了此时该报反对罢工、谋求中日纱厂"友好合作"的态度和意图。

总之，在五卅运动爆发前，工人运动尚在酝酿之中，社会各界反日舆论尚未形成规模。当时，"我国棉花出口十分之八运往日本"，1913年日本输至中国的棉纺织品占中国进口棉纺织品的29.81%，1929年占63.85%。[⑤]这些数据表明中日纺织企业利益休戚相关，因此《纺织时报》

① 《编辑小谈》，《纺织时报》1925年4月30日第206号，第1版。

② 《内外棉纱厂社长发表对于前此罢工风潮之意见》，《纺织时报》1925年4月20日，第203号，第1版。

③ 同上。

④ 《欢迎日华厂喜多氏之宴会》，《纺织时报》1925年4月23日，第204号，第2版。

⑤ 方显廷：《中国之棉纺织业》，商务印书馆，2011，第67、311页。

无视酝酿中的工人运动，坚持美化日厂、宣传中日纱厂亲善。

2. 五卅运动前期

1925年5月15日顾正红案发生，至1925年6月底7月初，工部局停止电力供应，《纺织时报》每日使用大半个版面追踪报道，总计约刊出30篇文章。此时这些报道不再转载外文报纸，改转载《民国日报》，报道立场也部分转向反帝爱国，痛陈日厂暴行，同情纱厂工人，宣传抵制外货、提倡国货，但不主张全体罢工。从5月18日发表《内外纱厂三次罢工酿成惨剧》，至6月1日发表《内外棉厂罢工酿成惨剧案五志》，共计有5篇相关报道和评论，详细揭露顾正红案发生经过。这些报道不再转发美化日厂的外文报刊，而改转发上海《民国日报》。上海《民国日报》是国民党在上海的党派机关报，当时为左派所掌握。转载文章是广州中国国民党中央执行委员会的一份通电，严重抗议日本纱厂杀人举动："上海日本纱厂日人，无故枪杀华工三人，重伤数十人，阅之不胜愤慨。本党对于日人在中国境内，自由枪杀中国人民之暴举，表示严重抗议。对于困苦无告之工人的经济要求，认为绝对正当。并议设法予以援助。更有进者，外人枪杀华人之暴举，须根本取缔。故尤须人民一致奋起，废除外人借以作恶之一切不平等条约如领事裁判权等。"① 认为上海日本纱厂日本人无故枪杀华工，必须受法律制裁。显然报道立场部分转向反帝爱国。

此时的报道还主张限制使用童工，揭露日厂暴行。纱厂童工工作不算轻松，工资却很低，1天只有两角多；而且因年纪小、经验少，最容易挨打。工厂非法使用童工一直为社会所诟病。② 1925年3月9日至6月1日，《纺织时报》连续报道限制童工案。4月13日发表《纱厂家赞成限制童工》，并于6月1日儿童节这一天发表同情童工的社评，称童工因

① 《内外棉厂罢工酿成惨剧案五志》，《纺织时报》1925年6月1日，第215号，第2版。

② 朱邦兴、胡林阁、徐声：《上海产业与上海职工》，上海人民出版社，1984，第52页。

生计所迫入厂工作，不但牺牲身体健康，还无法接受教育；主张限制使用童工，仅允许童工从事一部分“轻易无危险之工作”，同时普设义务公学，“使不入工厂及受伤工厂之儿童，均得受普通教育”[①]。《纺织时报》不但在使用童工一案上转变立场，还揭露青岛日厂武力解决罢工工人造成的诸种惨状。5月29日夜间，日军开火猛攻罢工工人，“工人有爬入地沟者，日人乘间用破棉麻袋等物塞住地沟两端之口，所有爬入该沟之工人十余名，均因空气不通，闷死沟中。前日阴雨，恐阻水道，始将尸首拖出葬埋”。还有十四五名工人潜伏在厂内棉窖中，“日人佯为不知，用锁封闭经过五日，始启其门，未成年之工人饿毙三名，其余均已昏倒，尚无性命之忧”。该厂被围之后，“有一工人思逾垣墙逃命，正在墙顶骑坐，突被陆战队瞥见，用力猛刺其胫及其臀，致伤四五处，该工人于痛苦难忍之际，遂急向内下，终以墙高坠地而死”。总计不下20名工人死于非命。[②]

为表达对去世工人的悲悯之情，《纺织时报》在这年端午节停刊了一次：“近有定于端阳节为全国总罢业志哀者，昔屈大夫以伤时不遇，自沈阳罹。此次国人感于异族凌虐，怀愤蹈海，亦不乏其人，身世悲伤，志士同慨，矧当外患如棘，内侮未已，奋厉之士，以身为效，亦岂得已哉。本报次期谨停刊一次，以致哀感。”[③]这与五卅运动爆发之前宣传中日亲善、反对工人罢工的态度形成了鲜明对比。

随着抵制外货的浪潮日益扩大，《纺织时报》编辑呼吁中国实业界应当利用时机，力求振作，以争国货之光。此次抵货对象主要是日本和英国棉货，这对中国纺织业来说，既是重大责任，也是机遇：“数年

①《编辑小谈》，《纺织时报》1925年6月1日，第215号，第1版。

②《青岛日厂武力解决后发现非命惨死多人之悲剧》，《纺织时报》1925年6月14日，第219号，第2版。

③《编辑小谈》，《纺织时报》1925年6月21日，第221号，第1版。

来困苦敝疲之纺织业，转机其在斯乎，其在斯乎。”①申新纱厂总理荣宗敬发表提倡国货宣言：“凡在本公司范围以内之同仁，一律不购买舶来品。苟能持以恒心，守以毅力，庶舶来品绝迹市场，而国货得以推行尽利。”②华商纱厂联合会重新修订中国纱厂一览表，区别外货与国货：“现当提倡国货之际会，各界欲知我国自办纺织厂现状者尤多。本会因拟以最速时期，刊行新表，以资宣传。”③经过这一宣传，崇信纱厂、三新纱厂、永安纱厂等纷纷加入华商纱厂联合会，向社会证明自己的华厂身份。崇信纱厂本为华商所开，因挂英商牌号，由法兴洋行经理，五卅运动发生后，该厂立即取消英商牌号，各股东凑集捐款3 000元，天祥股东独出1 000元，各工友募集1 000元，各职员伙友端午节宴资100元，一并捐助上海总工会。④三新纱厂很早由武进盛氏独资创立，民国后挂名英商，未加入华商纱厂联合会，五卅运动后，抵制风潮日甚，国人多有误会，因此由会员聂潞生先生介绍加入华商纱厂联合会，与永安入会并案通过。⑤

尽管《纺织时报》痛陈日厂暴行，同情纱厂工人，支持工人运动，但并不主张工人全体罢工。5月30日，五卅惨案发生，《纺织时报》连续报道纺织界相关新闻，共11篇。该报编辑悲叹“以枪杀一工人之故，竟至浸成大流血惨剧，震动全埠，增恶中外情感，孰非日人一念之差恃强行凶致之哉”⑥。最初“华商除恒丰停工外，他家尚无消息”⑦，不久“约有溥益第一厂、申新第二第五、纬通、厚生、永安第一、三新、振华、

① 《编辑小谈》,《纺织时报》1925年6月11日，第218号，第1版。
② 《申新厂主提倡国货》,《纺织时报》1925年6月14日，第219号，第2版。
③ 《修订中国纱厂一览表广告》,《纺织时报》1925年6月11日，218号，第1版。
④ 《崇信纱厂罢工》,《纺织时报》1925年7月2日，第223号，第2版。
⑤ 《三新纱厂入会》,《纺织时报》1925年8月24日，第238号，第2版。
⑥ 《编辑小谈》,《纺织时报》1925年6月4日，第216号，第1版。
⑦ 《上海全市罢业中纺织消息（一）》,《纺织时报》1925年6月4日，第216号，第1版。

华丰、及统益一部分，至罢业工人中”[①]。该报编辑对华厂罢工行为表示“在国人同情上固不能厚非，然就消极抵制之目的而言，实无一致停工必要。凡属华商实业工厂均应有此观念，故认清界限尤为此次对外要着，否则徒事牺牲，无益实际，识者不为也”[②]，认为全体罢工劳民伤财，徒增牺牲，实在没有必要，应该理性罢工。

综上观之，五卅运动爆发后，《纺织时报》意识到反日运动势在必行，且有不断扩大之趋势，故不再转引日文报纸中鼓吹中日亲善的报道，摒弃反对工人运动的言论，转而揭露日厂暴行，同情纱厂工人及支持工人运动，鼓励抵制外货，提倡使用国货。这一时期，企业利益与国家利益基本一致，支持工人运动既刺激了国货的生产与消费，实现国难时期发展实业的目标，又维护了国家、民族利益，为华商纱厂赢得良好的社会声誉。

3. 五卅运动后期

1925年6月底，工部局停止电力供应。上海工部局掌控着当时中国最大的发电厂，上海各工厂用电，特别是纱厂用电，均仰赖于此。[③] 停止电力供应后，华商纱厂遭受严重损失。这一时期，《纺织时报》谅解中日纱厂暗中贸易的行为，强调华商纱厂在罢工运动中损失惨重，对五卅运动持消极态度。

随着抵制日货运动日益高涨，中国棉纱尤其是细纱市场供不应求，《纺织时报》中出现同情华商纱厂暗进日英棉纱的言论，对日货改换商标以充国产之事也表示谅解。该报编辑指出，因国人抵制外货，日英棉纱不能进入中国市场，致使中国棉纱供不应求，纱价高昂。如此，华纱

---

① 《上海全市罢业中之纺织界消息（二）》，《纺织时报》1925年6月8日，第217号，第1版。
② 《编辑小谈》，《纺织时报》1925年6月8日，第217号，第1版。
③ 方显廷：《中国之棉纺织业》，商务印书馆，2011，第24页。

与日纱价格相差太大，“则暗进日纱或改换商标以充国产之事，又必不免”[①]。华商纱厂在细纱生产方面技术严重落后，中国对高支纱[②]的需求“几完全仰给于日英之输入”，日英制品优良，价格低廉，“则不能禁布厂之不用外货”[③]。《纺织时报》实质上希望工人停止罢工，以维持华商纱厂正常运转。工会强制工人罢工，致使华厂迟迟不能开工，损失惨重。《纺织时报》编辑转载《字林西报》有关中国方面的损失概况，称：“甚愿好言爱国者勿复以仇视华厂，徒为渔人之利，自斩其脉于不觉为能事也。”[④]鉴于此，部分华商纱厂实行开工，但开工结果并不乐观，工人罢工运动势头依然高涨。该报认为工人本身是不愿罢工的，恒丰纱厂对待工人“待遇之优，感情之洽”胜于他厂，劳资关系很融洽，开工系“工人切愿工作”。[⑤]但因工会唆使工人坚持罢工，纱厂迟迟不能开工，损失严重，“工人之结势把持，无理取闹，凡有所不利，动辄暴发，一二人倡之，千百人和之。开会立誓，解囊相助，势非要求满足不可”[⑥]。各厂工人极愿上工，但“为工会所牵制，到厂者寥寥无几，致仍不能开工”。该报指责工会原以工人之意为意，今乃反其而劫持之，批判工会以对外手段对内，“不恤以国内实业供其牺牲”[⑦]。

归纳而言，《纺织时报》在五卅运动爆发前、运动前期、运动后期都有不同表现。五卅运动爆发前，反日舆论尚未形成规模，该报反对工人运动，继续宣传中日纱厂友好亲善。五卅运动前期，民众反对英日的爱国情绪高涨，该报开始变更报道立场，部分转向反帝爱国，并借机宣

① 《编辑小谈》，《纺织时报》1925年6月18日，第220号，第1版。
② 高支纱，即细纱。
③ 《编辑小谈》，《纺织时报》1925年6月29日，第222号，第1版。
④ 《编辑小谈》，《纺织时报》1925年8月3日，第232号，第1版。
⑤ 《恒丰聂君之声办书》，《纺织时报》1925年6月29日，第222号，第1版。
⑥ 《编辑小谈》，《纺织时报》1925年7月23日，第229号，第1版。
⑦ 《编辑小谈》，《纺织时报》1925年9月10日，第243号，第1版。

传使用国货，力图使企业利益与国家利益达成统一。五卅运动后期，罢工运动持续发展，以致工部局停止电力供应，华商纱厂利益遭到严重损失，《纺织时报》开始将矛头指向工会，认为工会不惜以国家实业为代价，唆使工人开展罢工运动，希望工人停止罢工。

二、与其他报纸报道的差异

不同的报刊由于主办方和投资方不同，立足点会有差别，也决定了它们对于信息的选择性原则会不同。如此，在报道同一重大事件时，报道的面相和描述方式都会表现出明显差异。《申报》是当时上海发行量很大的商业报纸；《民国日报》是重要的党派机关报；《银行周报》由上海银行公会创办，是近代中国发行最早的金融行业刊物。它们在报道五卅运动时，与《纺织时报》的话语表述迥然不同，与之相比，可以窥见《纺织时报》维护华商纱厂资本集团利益的基本立场。

五卅运动前后的《申报》由史量才执掌。他的办报理念不同于商人，较注重报纸改变社会、服务社会的功能。另外，由于《申报》与租界及上海外文报刊具有密切复杂的关联[①]，因此一定程度上受限于租界的压力。

在五卅运动期间，《申报》报业史上发生过一次“诚言”风波。五卅惨案发生后，英租界千方百计为自己开脱，自编自印了一份街头小报——《诚言》。《诚言》是英租界密谋以第三者面目编印的报刊，在内容编排上，文字刻意追求浅显，纸张粗劣，既无编辑名字，又无出版发行机构名称，貌似出自中国人之手。工部局派人到《新闻报》[②]和《申

① （美）顾德曼：《上海报业文化的跨国性与区域性》，王儒年译，《史林》2003年第1期。

② 《新闻报》，创刊于1893年2月17日，初期由中外商人合资兴办，1949年5月上海解放后，由中国人民解放军上海市军事管制委员会接管。1925年该报是上海发行量最大的报纸。

报》为《诚言》刊登广告[①]。1925年7月11日,《申报》在广告栏刊登《诚言》,称此次惨案近因是“日本工厂罢工,杀死华工”,远因是中国“每况愈下,民不聊生,举国不宁,以是人心浮动”。[②]该报一方面深知这是租界的意思,得罪不起;另一方面利用广告刊登该报道,客户出钱,报馆出让报纸版面,内容不代表报馆的观点,拿了钱又不必负责任。[③]

《诚言》一出,立刻遭到上海民众的反对,《申报》的读者大多数是工商业者和市民,亦得罪不起。史量才等人感到在这次事件中《申报》所犯错误的严重性,便在17日发表《辟诚言》,以示道歉。文中指出,外国资本家造成外商工厂中华工的不平等地位,从而激起工人运动,否认张伯伦指认此次爱国运动为排外运动,有攻击捕房嚷打嚷杀之事的错误言论。[④]“诚言”风波揭露了商业报纸经营目标与公共性目标的冲突。传媒的经济收益主要来自两个方面:一是广告收益;二是信息产品的销售收益。这意味着传媒面对的市场压力同样主要来自两个方面,即广告主和作为消费者的大众,但是这两者之间往往存在对立关系,大众的利益与广告主的利益并不是一回事。[⑤]租界方面利用《申报》在广告栏宣传租界报刊,向公众灌输不当言论。《申报》既可以攫取广告收益,又不用对不当言论负责,本是租界办报者的商业运作和经营策略,但这伤害了中国民众的感情,不符合史量才服务社会的公共性目标。最后,《申报》对“诚言”事件作出了应有的表态,说明商业报纸需兼顾经营目标

---

① 剑京:《英租界当局的谎言报——〈诚言〉》,《上海档案》1985年第3期;刑建榕:《满纸谎言的〈诚言〉》,《世纪》2005年第2期。

② 《诚言》,《申报》1925年7月11日,第18版。

③ 胡正强、周红莉:《论媒介批评对传媒的政治规制——以〈申报〉“五卅”运动中的表现为例》,《今传媒》2001年第2期;宋军:《申报的兴衰》,上海社会科学院出版社,1996,第116页。

④ 《辟诚言》,《申报》1925年7月17日,第7版。

⑤ 周庆山:《传播学概论》,北京大学出版社,2004,第160页。

和公共性目标来维持生存。

显然在对五卅运动的报道中，《申报》是迫于报纸本身的营销目的而完成政治转向的；而《纺织时报》是由华商纱厂联合会创办的行业报纸，是基于维护行业利益而变更舆论立场的。

《纺织时报》受众主要是纺织界人士及关心纺织界人士，经费主要来源于华商纱厂联合会会员会费。该会会员均为实力雄厚的华商纱厂，如申新纱厂、德大纱厂、厚生纱厂、振新纱厂、恒昌纱厂、裕通纱厂、广勤纱厂、恒丰纱厂、同昌纱厂、振华纱厂、杭州鼎新纱厂、太仓济泰纱厂、宁波和丰纱厂、苏州苏纶纱厂、浙江萧山通惠公纱厂、湖北武昌纱布局楚兴公司等。[①]《纺织时报》不同于《申报》,《申报》以营利和服务社会大众为目的而直接迎合社会大众,《纺织时报》更注重沟通纺织业界消息及维护华商纱厂利益。因此，在“诚言”事件中,《申报》从对外国妥协到坚决反帝爱国的立场转向，主要是迫于公众舆论压力、为了实现报纸本身营销。而《纺织时报》在五卅运动中不断变更舆论立场：五卅运动爆发之前，反对工人运动，希望与日厂合作，以获取纺织技术、管理经验等方面的支持；五卅运动前期，看到民众反对英日的爱国情绪高涨，立场部分转向反帝爱国，借机宣传使用国货、振兴实业；工部局停止电力供应后，华商纱厂受损惨重，希望工人停止罢工。其在不同阶段采取不同话语表述主要基于维护华商纱厂利益。

《民国日报》是国民党在上海的党派机关报，它在报道五卅运动时比《纺织时报》更具政治倾向性。当时的《民国日报》为左派所掌握，对工人表示同情，对罢工表示支持，尤其是该报副刊《觉悟》(有共产

① 《华商纱厂联合会议事录（第六区机器棉纺织工业同业公会）——民国六、七年》，上海市档案馆藏，档案号：S30-1-35。

党人参加编辑）的态度更为鲜明。[①] 对于二月罢工期间“赤化”舆论，《民国日报》十分愤恨：“在万层压迫底下的中国人民，稍稍有点自卫而反抗的动作，便推想到赤化，便加以赤化的名目。可惜中国人并无资格承受这个尊号。半生半死的国民于苦痛中呻吟一二声，已算大胆极了，那里敢谈到‘赤化’！”[②] 5月30日五卅惨案爆发，《民国日报》翌日发表星无的《流血记》，又于6月4日发表吴雨仓的《被捕者的一个报告》，分别报道了2人在五卅惨案中的亲身经历，呼吁“上海是中国人的上海”，极具感染力和震撼性，易激发劳苦大众的共鸣和愤怒。[③] 6月15日，《民国日报》副刊《觉悟》刊登悼念五卅烈士的诗歌，由岂凡编写，歌名《悼五卅诸烈士歌》，歌词如下：“昂首问天，满天惨淡，无一回言；低头问地，满地含愁，静不作声。吁——何天之漠漠？吁——何地之沉沉？热血沸腾，良心未灭，勉哉吾侪！仗烈士之威灵，作锄奸之后起。扫荡强邻，呜呼烈士志竟成，呜呼烈士目可瞑。山苍苍，水泱泱！钟毓此人杰，辉映乎先烈！呜呼！烈士！”[④] 字里行间透露着共产党人憎恶帝国主义、同情五卅惨案中遇难工人，以及鼓动民众起来反抗的激进情绪。外国列强肆意侵略中国，中国社会竟冷漠无言，唯有五卅烈士敢于流血牺牲，他们的英灵指引社会各界有良心的人士起来反抗。

显然，《民国日报》作为左派掌握的党派机关报，宣传中国共产党的主张，政治立场十分坚定，言论激进有力。而《纺织时报》立足于沟通行业信息、维护华商纱厂利益，其政治倾向性不强，对一些政治事件

① 上海社会科学院历史研究所：《五卅运动史料（第一册）》，上海人民出版社，1981，第422页。

② 《此次纱厂罢工工人是赤化了吗？》，《民国日报》（上海）1925年2月15日，第2卷第15期，第6版。

③ 上海社会科学院历史研究所：《五卅运动史料（第一册）》，上海人民出版社，1981，第653–655页。

④ 岂凡：《悼五卅诸烈士歌》，《民国日报》（上海）1925年6月15日，第6卷第15期，第6版。

往往发表中立言论，在民族、国家利益与行业利益基本一致时，往往采取灵活变通的报道策略。

同为行业报刊的《银行周报》在报道五卅运动时，与《纺织时报》也有所不同。

《银行周报》报道五卅运动相对滞后，对五卅运动早期事态鲜有报道，直到后期抵制英日货运动达到高潮之际，才对抵货和提倡国货运动发表评论。《银行周报》总结历次抵货运动失败原因在于国力不振，建议发展金融业和教育业，为小工商业提供资本和人才。它期望西方国家废除不平等条约，但不反对外国在华开展贸易，甚至希望加强中外贸易，从中可见其维护金融行业利益的办刊宗旨。五卅运动前期，当上海和全国各地人民掀起三罢斗争、抵制英日货之际，《银行周报》在最初半个月内一连2期均未作公开回应，直到6月16日，《银行周报》才开始连续6期报道五卅运动相关新闻评论。

当然，这也与周报时效性不强有关。但是，与《纺织时报》2月就已关注罢工运动相比，《银行周报》确实相对滞后。就报道内容来说，《银行周报》倾向于维护银行业利益。该报从增强中国经济实力，讲到培养人才和增强资本，再讲到发展教育事业和小工商业，加强中外贸易，层层推进，最终旨在促进金融行业发展。该报基本支持此次抵英日货运动，但认为抵货运动治标不治本，最根本的做法是增强中国的经济实力。抵货运动具有合理性，“经济绝交之呼声，洋溢中国，亦理有固然也”[①]。但只有政府态度强硬和国家经济实力雄厚，才能从根本上与西方国家竞争。历次抵货运动基本上是日本人侵略行为所致，政府往往忍辱负重，“惟有借抵货运动”才能暂时“微创对方”。抵货运动后外国物

① 静如：《历届经济运动失败之原因与国人今后应有之觉悟》，《银行周报》1925年6月23日，第9卷第23号，第18–20版。

美价廉产品无法进入中国，但是中国工业又不发达，制品粗劣，不能满足人们对日用品的需求，就会滋生部分奸商暗中与外商的合作，致使抵货运动不能长久进行。应认清抵货运动“为一时示威的方策”，不是“抵御外侮之唯一利器”，最重要的是提高本国经济实力。[①] 提高本国经济实力，最重要的是人才的培养和资本的增强。反观国内实业人才，往往借自外国。从事实业，“非巨资不可”，有创业之心，无集资之力，发展实业就是空谈。人才和资本的获得，唯有发展教育事业、金融事业以及小工商业，“金融界能供给资本于纯正事业，教育界能造就实业人才以开发事业”，发展小工商业可以规避中国资本和管理经验不足的问题。[②]

《银行周报》对在华外商态度相对理智。它不反对外国人在中国经营业务，中国地大物博、人口众多，各国在华开展贸易，“以有易无，互享其益”，甚至希望“政治趋于正轨，交通臻于便利”，这样各国在华贸易量就能大大增加。对于抵货运动，《银行周报》认为如果在华外商对中国不抱野心，放弃“昔日巧取豪夺而来之不当权利”，此种运动就不会发生。[③] 由此可见，《银行周报》不反对外国人在华贸易，中外贸易有利于商人互利共赢，若西方国家放弃不平等条约，抵货运动必能终止，外国人在华贸易能够更加顺利地开展。

同为行业报刊，《银行周报》和《纺织时报》所代表的行业不同，根本立足点也就不同，前者代表银行业利益，后者代表纺织行业利益。五卅运动对银行业来说，没有直接利益冲突，因此，《银行周报》只在抵货运动达到高潮时，才借机提出通过发展金融业和教育事业来增强民

---

① 裕孙:《抵货运动之悲观》,《银行周报》1925年6月30日，第9卷第24号，第17–19版。

② 静如:《历届经济运动失败之原因与国人今后应有之觉悟》,《银行周报》1925年6月23日，第9卷第23号，第18–20版；裕孙:《提倡国货与小商工业》,《银行周报》1925年7月14日，第9卷第26号，第11–12版。

③ 裕孙:《抵货运动之悲观》,《银行周报》1925年6月30日，第9卷第24号，第17–19版。

族实业的建议。1925年7月6日工部局停止电力供应后，华商工厂尤其是华商纱厂损失惨重，导致纱市混乱，纱布交易所赔偿巨大，赔偿及停市损失，“总数在四十万两左右”[①]，此时银行业才真正体会到五卅运动给本行业带来的直接震撼。五卅运动与华商纱厂具有直接关联，五卅运动的“火苗”最初就是在一家纱厂中点燃的，随着工人运动的兴起，火势最终蔓延至整个上海乃至全国各地华商纱厂。早在运动爆发之前，《纺织时报》开始关注上海纱厂工人运动，运动爆发后，《纺织时报》的报道贯穿始终。相对《银行周报》来说，《纺织时报》报道五卅运动较早，且具有持续性。当然，两份行业报刊报道风格也具有共性，那就是维护本行业利益。《银行周报》借抵货运动之机提出发展金融业和工商业，目的在于维护本行业经济利益。《纺织时报》在运动不同阶段具有不同反应，运动前期支持工人运动，借工人抵货运动提倡国货，运动后期工人运动严重影响华商纱厂经营，《纺织时报》转为反对工人运动，目的也是维护本行业经济利益。因此，这两份行业报刊的报道都具有维护本行业利益的特点。

综上，五卅运动研究已非新问题，各种视角的考察已较为丰富，但从《纺织时报》报道入手，追踪五卅运动中重要的相关群体——纺织企业资方群体态度变化来认识五卅运动，尚是值得进一步考察的问题。从纺织企业资方群体主办的《纺织时报》的报道内容，我们可以窥见纺织企业资方群体在运动发生、发展过程中，其观点和态度是在发生变化的，但万变不离其宗，其宗旨便是维护行业利益。纺织企业资方群体在五卅运动中的观点态度变化可通过两个面向观察获得：一是《纺织时报》自身对五卅运动的过程描述和报道。二是通过五卅运动期间其它各类报刊

① 裕孙：《工厂电力停止供给以后》，《银行周报》1925年7月21日，第9卷第27号，第11–14版。

的报道比较。五卅运动是当时上海的一件大事，影响甚大，同时期的报纸也多有报道，选择不同类型的《申报》《民国日报》，以及同为行业报的《银行周报》作比较，可以窥见报刊报道背后的利益趣向，也同时能突显《纺织时报》态度变化的原因。《申报》是迫于报纸本身营销完成政治转向，而《纺织时报》则基于维护行业利益变更报道立场;《民国日报》始终具有鲜明的支持工人运动的政治立场。《银行周报》与《纺织时报》同为行业报纸，但由于与事件关联度不同，五卅运动由纺织业而起，与《纺织时报》关系直接，因此《纺织时报》自始至终关注事件进展情况，并且随着事件的发展，报道立场变化较大。金融行业也有关联，但在时间上相对纺织业要迟缓，冲击力度也相对较小,《银行周刊》的报道也较迟缓。比较而言,《纺织时报》党派倾向性不强，不具有始终如一的政治立场，它的立场变化背后蕴含着华商纱厂利益和华商投资者的政治态度。

第三节 一·二八淞沪抗战背景下《纺织时报》与《纺织周刊》比较

前文考察了《纺织时报》报道内容与商业类报刊、党派机关报和银行业报刊的不同，本节将《纺织时报》与《纺织周刊》进行比较，考察纺织行业内部不同办报群体所办报刊的报道差异。1932年一·二八淞沪抗战爆发，引起社会重大反响，对纺织行业影响甚大，《纺织时报》和《纺织周刊》均进行了相关报道和评论。本节采取媒介研究的内容分析方法，对两种报刊的相关报道进行比较系统、客观的定量描述，比较两种报纸不同报道内容所占版面情况（包括版面次序及版面大小等），分析它们的报道侧重点。同时从文字排版、语言特色、情感表达等方面进行定性分析，比较两种报纸的报道倾向。

一、《纺织周刊》以及同时期其他纺织行业报刊

纺织业是中国近代重要的轻工业行业之一。近代中国出现大量与纺织相关的出版物，除纺织书籍之外，还有定期出版的纺织报纸与刊物。详见表2。

表 2 中国近代出版的主要纺织报刊[①]

报刊名称	起讫时间	编辑出版单位	备注
华商纱厂联合会季刊	1919-09—1937-08	华商纱厂联合会	1931年第9期改名为华商纱厂联合会半年刊，卷期续前
纺织时报	1923-04—1937-08	华商纱厂联合会	每周出2次，每次4版，1925年起扩大为8版[②]
纺织周刊	1931-04—1950	上海纺织周刊社	1937年后曾停刊，1946年1月复刊，卷期续前
人钟月刊	1931-09—1937-08	人钟月刊社	
纺织之友	1931-05—1940-06	上海南通学院纺织科学友会	月刊
纺织年刊	1931-05—1949-05	中国纺织学会	
杼声	1933-05—1948-03	南通学院纺织科学生自治会	半年刊，自1947年9月第10卷起改为月刊
纺织染月刊	1934-08—1950-04	上海中华纺织染杂志社	
染织纺周刊	1935-08—1941-08	上海染织纺周刊社	第3卷起改为月刊
纺织世界	1936-05—1937-08	上海中国纺织世界社	半月刊
棉业月刊	1937-01—1937-08	棉业统制委员会	
染化月刊	1939-03—1953	南通学院纺织科染化工程系同学会染化研究会	1941年起休刊，1946年复刊，改由中国染化工程学会出版
纺织染工程	1939-05—1953-07	中国纺织染工程研究所	初为季刊，第8卷起为月刊
纺织染季刊	1939-10—1949-05	苏州工业专科学校纺织染学会	1941年曾停刊，1948年4月复刊
纺工	1941-01—	南通学院纺工出版委员会	季刊
纤维工业	1945-11—1951	纤维工业出版社	
公益工商通讯	1947—1949-05	公益工商研究所	共出版50期

① 原文注：从有关资料中查知，我国纺织业最早定期出版的刊物为《染织新报》，但何时创刊、何时停刊，均不得其详。

② 《纺织时报》1925年开始扩大为8版不准确，应为1930年6月2日第701期开始固定为8个版面，如遇特殊时期亦可随时增刊，如新年特刊等，1930年之前出现8个版面一般是临时增刊情况。

续表

报刊名称	起讫时间	编辑出版单位	备注
纺织建设月刊	1947-12—1953-03	纺织建设月刊社	
纺建	1947-11—1949-01	中国纺织建设公司	半月刊
纺修	1947-09—1948-04	南通学之进修社院	月刊
纺声	1945-03—1948	上海纺织工业专科学校纺织工程系学友会	月刊，自1948年2月起改为半年刊
棉纺会讯	1948-08—1949-05	江苏、浙江、安徽、南京、上海区棉纺织工业同业公会	

资料来源：中国近代纺织史编委会：《中国近代纺织史》上卷，中国纺织出版社，1996，第250页。

由上表可知，除未知何时创刊的《染织新报》外，《华商纱厂联合会季刊》是最早正式出版的纺织期刊，《纺织时报》则是最早出版的纺织报纸，也是中国近代重要的一份纺织行业报纸。20世纪30年代后，由于我国纺织工业已达一定规模，纺织从业人员大量增加，纺织期刊出版事业有较大发展。其中，最具影响的是1931年4月创刊的《纺织周刊》；1937年《纺织周刊》停刊；1946年1月复刊，改由中国纺织学会出版，钱贯一继续担任主编；1950年《纺织周刊》再次停刊。[①] 除刊载学会活动消息外，《纺织周刊》还发表时事评论、企业动态及纺织技术性文字，在纺织界有较大影响。

囿于篇幅限制，本书不能将所有纺织报刊与《纺织时报》一一进行比较，之所以选择《纺织周刊》，主要有两方面的考量：

（1）两种报刊有一定渊源。《纺织周刊》创办者钱贯一原先是《纺织时报》主任，1931年4月19日钱贯一离开《纺织时报》，私人创办《纺织

① 中国近代纺织史编委会：《中国近代纺织史》上卷，中国纺织出版社，1996，第245页。

周刊》。钱贯一之所以离开，主要是因为他对《纺织时报》的利益倾向性不满。钱贯一认为《纺织时报》仅仅代表华商纺织厂主的利益，忽视技术工人们的利益诉求以及社会公共利益的表达。之所以独自创办《纺织周刊》，钱贯一于1932年回忆说："去年（1931年）我因故离开纱厂联合会，我自己觉得性之所近，还是不愿放弃这个工作，所以独立来创办《纺织周刊》，这是纺织界出版史上小小的一些故事。"① 钱贯一热爱纺织新闻事业，他担任《纺织时报》主任，不满足于仅仅将《纺织时报》办成维护华商纱厂主利益的行业媒介，还希望通过行业报表达对政治和社会的批判。钱贯一明白，《纺织时报》不可能满足他这一愿望，"在这样的情况下，纺织学会的情报交流载体，转换成由技术人员编撰的《纺织周刊》，从而有可能对中国的纺织经营进行严格的批评。"② 后来华商纱厂联合会对中国纺织学会及其会员既不提供经费支持，也不免费供应情况报刊物《纺织时报》，这也是钱贯一脱离《纺织时报》、自创《纺织周刊》的原因之一。

（2）《纺织时报》是二十世纪二三十年代出版得最早的纺织报纸，也是中国近代重要的纺织报纸；《纺织周刊》是二十世纪三十年代中国纺织工业得到较快发展后具有较大影响力的纺织报刊。从报刊的影响力上来看，《纺织周刊》是这一时期可以与《纺织时报》相较量的报刊。因此，笔者选择《纺织周刊》与《纺织时报》进行比较分析。

二、《纺织周刊》与《纺织时报》报道风格的不同

《纺织周刊》和《纺织时报》同为纺织行业报刊，二者有着类似的

① 《俱乐部》，《纺织周刊》1932年1月29日，第2卷第5期，第42号，第25版。

② 富泽芳亚：《20世纪30年代中国纺织技术人员对日本纺织业的认识——中国纺织学会与日本的关系》，朱婷译，《近代中国》2003年00期，第238页。

媒介功能，比如传播行业信息，增进会员间信息流通，促进纺织行业乃至整个社会经济的发展等。两种报刊的受众群体都相对明确，主要是行业团体会员及关心纺织界人士，包括极少数政界、文化界等领域人士。由于代表不同的利益团体，两种报刊存在较大差异。

根据两种报刊对一·二八淞沪抗战前后的报道情况，笔者将研究的时间限定在1932年1月14日—1932年4月8日。由于《纺织时报》和《纺织周刊》的纸质版本不易找到，笔者使用的是全国报刊索引数据库中的电子版本，将报刊长设置为8个单位，宽设置为11个单位，根据报道内容的不同进行分类，主要分为:（1）抵制日货，提倡国货;（2）中外纺织业受战争影响情况;（3）其他中外纺织业信息;（4）广告（国货；外货；报刊杂志宣传）;（5）对战争的报道和评论;（6）纺织技术研究。本文主要通过计算各类报道内容的总面积，比较两种报纸不同报道内容所占版面情况（包括版面次序及版面大小等），分析它们的报道侧重点，再详实考察报道具体内容，从文字排版、语言特色、情感表达等方面具体比较两种报纸报道倾向。

当然，统计数据存在不准确性，原因在于：将报道内容划分为6类，并不十分准确，有些内容没有囊括进去，有些内容存在交叉情况；在衡量版面面积时也存在不准确性，笔者尽量采取较为恰当的计算办法，大体能够反映报纸报道内容的侧重点。统计结果参见附录4:《纺织时报》（一·二八淞沪抗战前后）报道统计表；附录5:《纺织周刊》（一·二八淞沪抗战前后）报道统计表。

（一）《纺织时报》对一·二八淞沪抗战前后的报道

《纺织时报》对一·二八淞沪抗战前后的报道集中于在沪纺织厂的战后惨状，工人失业，部分厂物、机器被炸毁，职工伤亡，原料进口及产品出售遭遇困难等；指责中国老百姓崇洋媚外、崇尚奢侈，使得外货在中国市场盛销，华商纺织业受到外商纺织业的压迫和排挤，影响中国社会经济的发展，宣传抵制日货、提倡国货。但是对九一八事变以来，政府实行不抵抗政策，华商纺织厂不严格执行抵制日货政策等现象从未报道，对一·二八淞沪抗战的报道也不足200字。这样的报道倾向，迎合了华商纺织厂主们的利益诉求，宣扬国难时期华商纺织厂主们的不幸，博取关心纺织界人士的同情心和谅解。

根据附录4:《纺织时报》(一·二八淞沪抗战前后)报道统计表，笔者进一步计算出各类报道内容的报道次数、版面分布、版面总面积及所占报纸总面积百分比，结果如表3所示：

表3《纺织时报》(一·二八淞沪抗战前后)报道概况

报道内容	报道次数	版面分布	版面总单位面积	占报纸总面积/百分比
对战争的报道和评论	1	2	55.0	0.6
中外纺织业受战争影响状况	12	1、2	762.0	7.7
抵制日货，提倡国货	9	1、2	430.5	4.4
广告	48	6	1 582.0	16.1
其他纺织业信息	73	7	6 508.5	66.0

资料来源：据《纺织时报》整理而得，参见附录4:《纺织时报》(一·二八淞沪抗战前后)报道统计表。本表格选取《纺织时报》第863号(1932年1月14日)—876号(1932年4月7日)的内容，共14期，每期8版，每版88个单位面积，共9 856个单位面积。

根据以上表格可知，纺织业信息是《纺织时报》报道重点，即使国难之际，《纺织时报》的重中之重依然是报道一般纺织界消息，这是其行业报刊性质决定的。除沟通纺织业消息之外，行业报纸还有其他宣传功能。

1. 简单报道战争概况

据表3,《纺织时报》仅有1条关于九一八事变的报道和评论。1932

年1月28日一·二八淞沪抗战爆发时，《纺织时报》发表《上海市各同业公会针对东北事变发表共同宣言》。此后因战事发生，“本报印局，接近战区，无法工作，本报亦不能出版”①。直到1932年3月10日，“印局勉强复工，本报始能复印”②。

至于对一·二八淞沪抗战的直接报道和评论，更不明显，仅在报道战后棉业困境中略有提及：“本报上期出版之日，正吾人忍辱承受日人无理要求之时，以为可告苟安于旦夕，初不料是夜日军即攻我闸北也。十九军起而抗之，于是震动世界之中日战事，一发而不可收拾。迄今月余，十九军忠勇卫国，日人卒不得逞。迨三月一日之夜，日军忽袭击浏河，十九军以后援不继，恐腹背受击，徒遭损失，乃整师而退南翔太仓，再事抵抗。战事延至何日，殊无把握。沪上工商各业于一月二十九日停业。”③这篇报道表达了对日本1月28日提出的无理要求以及攻击闸北行为的不满，对十九路军奋勇抗战、保卫国家的称赞，并说明了工商各业因战事而致的停业情况。不足200字的简单报道，可以看出《纺织时报》对战事本身并不关心。

2. 强调在沪纺织业战后惨状

除去与战争基本无关的占据报道总面积66%的一般纺织业信息，《纺织时报》对战后在沪纺织业惨状方面的报道次数、版面面积，及所占报纸总面积百分比仅次于广告，版面面积占到7.7%，且集中分布在第1、2版。报道内容强调在沪纺织业受战争影响而损失惨重，以博取关心纺织业人士对在沪纺织厂的同情，以及对纺织厂主们不得不闭厂的谅解。

在沪纺织业受战争影响具体表现为在沪纺织厂停工，失业工人大幅

① 《沪战发生后之棉业》，《纺织时报》1932年3月10日，第868号，第1版。
② 同上。
③ 同上。

增加；各纺织厂受日炮攻击，损失惨重；棉花进口及产品出售困难等。

（1）在沪纺织厂停工，失业工人大幅增加。

1932年1月29日，“沪东一带纱厂，因在战区中，日人更大事残杀，未几沪西亦感不安，其时适值废历年底，各厂遂宣告停工”①。2月10日，“各厂为工人生计起见，陆续设法开工，但有数厂，或以近在战区，或以工人太少，未能开厂”②。2月21日，“沪东各厂，又告停工，沪西各厂在二十一日，以日飞机掷弹，颇形恐慌，亦有停厂者，但不久即行复工”③。到3月1日为止，“华厂开工者计18厂，纺锭占华厂总额数66.9%，停工者占33.1%。惟各厂因工人多半离沪，皆未能完全开齐云”④。由此可见，距离战争较近之工厂大部分停工，不久大部分华厂复工，复工纺锭占1/3，但是因工人多半离沪，未能完全开齐。

尽管华厂复工情况不算糟糕，但是失业工人很多。因为到3月1日为止，“以全沪纺锭计，则开工者占26.5%，停工者占73.5%”⑤。即外商纱厂大部分停工，尤其是日商纱厂“全部停工，公大等厂且作日军司令部，其余各厂，亦皆供日军居住及储藏军火之用。现闻各厂已极谋开工云”⑥。2月13日，内外厂工人请求市民地方维持会救济股设法维持生活，“经该会捐米六百担，由社会局派员散放”⑦。3月8日，150余名工人又至维持会请愿。由此可见，在沪纺织厂失业工人生计情况不乐观。

---

①《沪战发生后之棉业：上海纱厂停工与开工》，《纺织时报》1932年3月10日，第868号，第1版。

② 同上。

③ 同上。

④ 同上。

⑤《沪战发生后之棉业：日纱厂工人请求救济》，《纺织时报》1932年3月10日，第868号，第2版。

⑥ 同上。

⑦ 同上。

根据《纺织时报》报道，上海市社会局开展了工人失业之调查，本调查以产业工人为限，职业工人之损失尚不在内。1932年3月17日发表结果如图10所示。

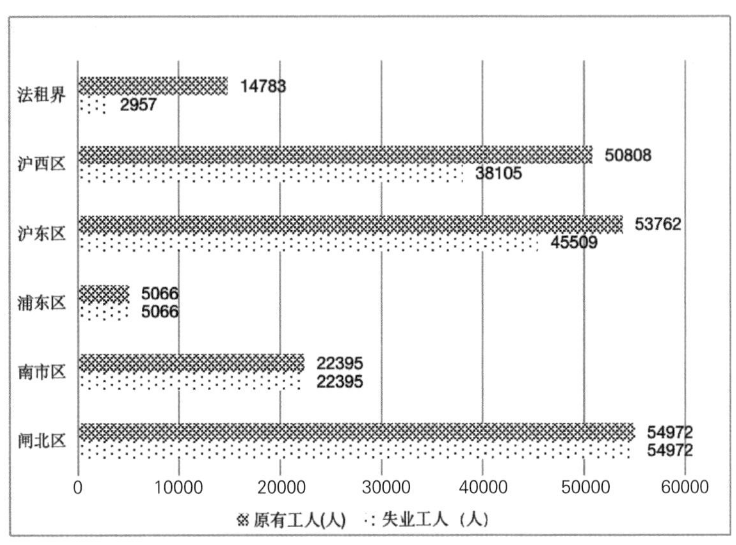

图10 华商工厂在一·二八淞沪抗战中工人失业情况

资料来源：根据《沪战失业纺工最多》中关于国人经营之工厂失业调查表格绘制而得，《纺织时报》1932年3月21日，第871号，第6版。

截至1932年3月17日，受一·二八淞沪抗战影响，华商经营的工厂工人失业情况如下：

从纵向看，浦东区、南市区及闸北区工人几乎全部失业；沪东区、沪西区失业工人数也不少，分别约占该地区原有工人的85%、75%；法租界工人失业较少，约占该地区原有工人的20%，但尽管受到租界的保护，工人也有一定数量的减少。从横向看，闸北区失业总人数最多；其次是沪东区、沪西区、南市区，失业人数都不少，均在万人以上，这些地区接近战区，受战争影响大；浦东区工厂较少，工人基数小，虽全部失业，但数量不多；法租界受战争影响小，失业工人也不多。

日商经营的工厂在一·二八淞沪抗战中工人失业情况详见图11，具体如下：

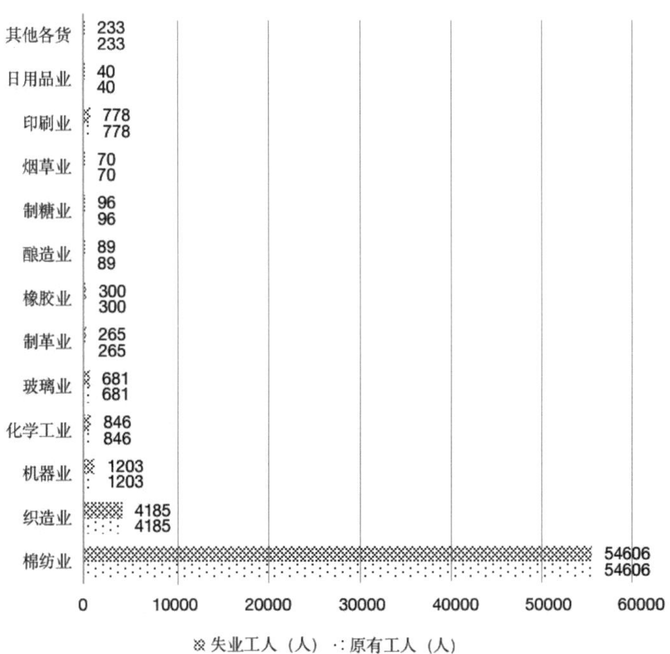

图11 日商经营的工厂在一·二八淞沪抗战中工人失业情况

资料来源：根据《沪战失业纺工最多》中关于日商经营之工厂失业调查表格绘制而得，《纺织时报》1932年3月21日，第871号，第6版。

从纵向上看，各厂全部停工，工人全部失业；从横向上看，棉纺业失业情况最为严重，失业人数绝对量最多，达5万多人，其次是织造业、机器业、化工工业及印刷业，其他各业的失业工人数量不多。究其缘由，与日商在华经营产业种类有关，日商在华经营产业以棉纺织业为大宗，“1926年以前，日本在上海工业主体部门棉纺织业中已取得霸主地位……1926年以后，日本因顾忌上海素为英美之势力范围，在投资上主要采取巩固和扩大在棉纺织业的垄断地位方针。这一时期，上海的日本

8大棉纺织系统无一不在原有基础上迅速发展”[①]。而织造业、机器业与棉纺织业相关度较大。日商在华经营之棉纺业，多雇佣中国廉价劳动力以减少成本。因此，日商在华经营之工厂工人失业，受影响最大的还是中国普通工人。

至于其他外商经营之工厂工人失业情况，与日商工厂相似，纺织业失业人数最多，具体情况如图12所示：

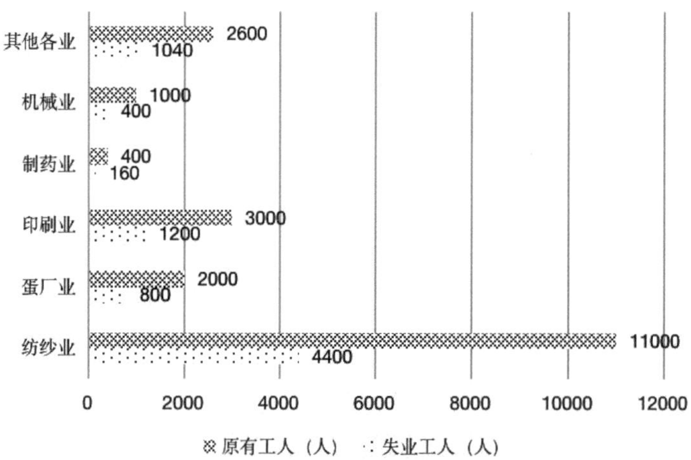

图12 其他外商经营的工厂在一·二八淞沪抗战中工人失业情况

资料来源：根据《沪战失业纺工最多》中关于其他外商经营之工厂失业调查表格绘制而得，《纺织时报》1932年3月21日，第871号，第6版。

日商之外的其他外商经营之工厂工人失业情况：从失业率上看，机械业、其他各业中失业工人均占原有工人的40%；从数量上，仍然以纺纱业最为严重，在几个产业中失业人数最多，达4 400人。综上，无论华厂、日厂或其他外厂，在沪失业工人均以纺织业最多。

① 熊月之主编：《上海通史》第8卷，上海人民出版社，1999，第131页。

（2）各纺织厂受日炮攻击，损失惨重。

《纺织时报》报道了永安二厂、三厂及统益厂等受损情况。永安二厂“为我国设备完美、锭数最多之一厂，此次吴淞之战，曹家桥一役，为日炮所击，损失真相，尚不可知，其东之日厂华丰纱厂，亦以炮击而被毁云”①。永安三厂“在沪西麦根路，二月十一日晨十时半，日飞机忽投掷炸弹二枚，纱厂工人二千三百二十二名方赴膳堂进食之际，摇纱间之工人百名，尚余二十一名未出。在东南角二层楼上，忽一炸性猛烈之炸弹击中该处，毁坏纱机一排。同时又有一硫磺引火之炸弹因机括不灵，故未发火，否则损害更大，棉花必会焚烧。损失机器约近二万辆，被毁电器马达一只，摇纱机五十二只，以及门窗玻璃等物。坠下之硫磺炸弹，其外壳重约一百磅，计死者五人，伤十六人，死者之中，三为妇人，一为十六岁之少女，一为男子”②。2月12日“永安第三厂正在工作之际，日方飞机抛掷炸弹，被毁厂屋数间，炸毙女工五人，重伤者十九人，全厂恐慌，秩序颇为混乱”③。统益厂“内由美兵驻防保护，二十日上午九时半，正在工作之时，忽有日军之炮弹自东而来。一弹落该厂南职员宿舍三楼，炸去南方一角。工作时职员均不在内，故无死伤。一弹落于货栈，壁上炸一尺余之大洞，以避免工人危险起见，暂行停工”④。

从以上报道可知，1932年2月11至12日，永安纱厂损失惨重。日机投掷炸弹共3枚，1枚在东南角二层楼上，在工人赴膳堂进食之际，1枚未发火，1枚投掷时间在工作之际。被毁厂屋数间，纱机1排，机器约

---

①《沪战发生后之棉业：日炮机炸击永安等厂》，《纺织时报》1932年3月10日，第868号，第1版。

② 同上。

③《沪战发生后之棉业：华纱厂被炸之抗议》，《纺织时报》1932年3月10日，第868号，第2版。

④《沪战发生后之棉业：日炮机炸击永安等厂》，《纺织时报》1932年3月10日，第868号，第1版。

20 000两，电器马达一只，摇纱机52只，及门窗玻璃等。10人死亡，其中妇女8人，少女1人，男子1人；35人受伤。统益厂受到美军保护却还是遭到2枚日军炮弹轰炸，日军甚至轰炸职员宿舍，幸好员工均不在内，无人员伤亡，但停工不可避免。溥益第二厂和大丰纱厂也受到日军炮弹轰炸，4人受伤，2小间厂屋被炸毁。[①]从《纺织时报》对各厂被日炮轰炸情况的报道来看，无论是直接的经济损失，还是人员伤亡，都使读者扼腕痛惜。

（3）棉花进口及产品出售困难。

1932年3月10日，《纺织时报》报道了战争导致进口棉花起卸困难，各纱厂除了损失大量进口原棉外，还需负担转运及兵险等费用，生产成本增加，给各纱厂带来不小的经济损失："自去秋以来，国内纱厂订购美棉，为数甚巨。现已陆续到沪，各洋行以起卸危险，遂有运至日本或（中国）香港等处者，同时函各厂请担负此项转运及兵险一切费用。各厂均未置复，拟俟时局平靖后再行协商云。"[②]1932年3月28日《纺织时报》又花了整整2个版面具体报道了一·二八淞沪抗战发生后之美棉进口费用问题的由来、问题的具体表现，以及解决方案：

首先报道了美棉进口问题的由来，国内棉花的歉收及美棉的丰收导致厂商进口大量美棉，受一·二八淞沪抗战影响，"上海工商完全停业，码头起卸，固感困难。而沪东一带之码头，尤形不便。未几又延至吴淞，遂至进口船只，亦发生戒心，而进口之美棉，当然随之而有问题"[③]。

厂商向洋行出货须缴付4项费用，即"1. 进口美棉之兵险费；2. 各

① 《沪战发生后之棉业：日炮机炸击永安等厂》，《纺织时报》1932年3月10日，第868号，第1版。

② 《沪战发生后之棉业：美棉进口困难与损失》，《纺织时报》1932年3月10日，第868号，第2版。

③ 《沪战发生后之外棉进口费用问题》，《纺织时报》1932年3月28日，第873号，第1版。

厂停业及阻碍不能出货之栈租利息等费；3. 有若干洋行因吴淞之危险，将运沪之棉花迳运他埠，如神户、香港等处，此项棉花增多之运费；4. 上海罢市，金融业虽营业，而仅有同业汇划，各厂对于洋行付款问题”[①]。战争引起的新增费用包括兵险费、栈租费、利息、运费、对洋行的付款等，这些费用是厂商（买主）出还是进口商（卖主）出或者两方共同解决就成了最大的问题。

美安洋行3月2日致函各棉厂，给厂商施加压力：“上海扰乱状况，现已延长月余，再延长一星期或六个月，亦未可知。”[②]首先亮出曾经签订的合同，向厂商发出通告：“1. 船到十天内必须出货；2. 如买主因任何理由不于船到后十天内出货，则十天后之栈租保险费及利息必须由买主担负之；3. 本合同担保之装船开船或交货如遇港工或船员之罢工，或其他非吾人力量所可及之原因，则须延期；4. 本合同须遵守利物浦棉业公会之规则，及利物浦售棉于欧陆口岸堆栈交货之合同。”[③]其次给出解决方案：“未出棉花所有之种种费用，如栈租利息保险额外费用，由香港与日本重行装船之费，及因展期装船而起之费用等，皆归尊处担任。”[④]美安洋行代厂商保兵险，“由尊处付费，险费每月百分之二，连火患兵灾暴动内乱在内。至三月二十六日为止，三月二十六日后险费将有变更”。[⑤]然后指明违背合同的后果：“本合同规定，买主必须于船到后十天内出货。如买主违背此合同，卖方有权依照利物浦棉花交易所之后规则，转卖所有定购棉花及国外汇兑，所有盈亏，概归买主。”[⑥]最后表明

① 《沪战发生后之外棉进口费用问题》，《纺织时报》1932年3月28日，第873号，第1版。

② 《沪战发生后之外棉进口费用问题》，《纺织时报》1932年3月28日，第873号，第1–2版。

③ 同上。

④ 同上。

⑤ 同上。

⑥ 同上。

此次通告“虽非所愿，实不获已，因尊处未能悉按合同条款办理”①。

分析这份通告，美安洋行表示己方此次通告行为出于被逼无奈，“虽非所愿，实不获已，因尊处未能悉按合同条款办理也”。将各项新增费用的压力抛给了在沪纺织厂商。其次美安洋行列出已定的合同，紧紧抓住其中一条：“买主必须于船到后十天内出货。如买主违背此合同，卖方有权依照利物浦棉花交易所之后规则，转卖所有定购棉花及国外汇兑，所有盈亏，概归买主。”②将另一条中的规定绝口不提：“本合同担保之装船开船或交货如遇港工或船员之罢工，或其他非吾人力量所可及之原因，则须延期。”③一·二八淞沪抗战即是“其他非吾人力量所可及之原因”④。

新增的费用到底由谁来承担，变得悬而未决。华商纱厂联合会于1932年3月16日、17日、18日连续召集各厂开会，与美安等各洋行协商对策，提出美棉进口问题的解决方案，决议如下：

> 一、发票价值加一成之兵险（此条增加价值一成，须经纱厂联合会许可，方生效力。）美安休密得批。厂商（即买主）对于在从一月二十九日起至二月五日止之上海事变时期中，运到或已在上海之棉花，缴付兵险费每月1.25％。在一九三二年二月六日以前运到或已在上海之棉花，其兵险费由厂商按照每月1.25％之价率，缴付两个月。在二月六日及以后运到之棉花，其兵险费由厂商（即买主）按照每月1.25％之价率，缴付一个月。在三月五日以后运到之棉花，厂商（即买主）不付兵险费。

① 《沪战发生后之外棉进口费用问题》，《纺织时报》1932年3月28日，第873号，第1–2版。
② 同上。
③ 同上。
④ 同上。

二、栈租火险与利息。无论在日本、中国香港或中国上海，自船到口岸之日起，至出货时止之全部栈租，由厂商付之。自船到上述任何口岸之日起，至出货时止全部火险，由厂商（即买主）付之。至出货时止照银行利率计算之全部利息，由厂商付之。从美国展期转运之费用，为每月十磅音，由厂商付之。

三、货在日本与中国香港起岸之起卸费、复装费及另加水脚保险费，以及在上海之起卸、运岸、收提等费。此种费用，暂时搁置，进口商将设法于可能时使航运公司付还此种费用。如航运公司不允付还，则此事将交利物浦棉业公会之公断委员会决定之。该委员会之决定，无论判定进口商或厂商应付此费用，须认为最后决定，而有拘束任何有关系方面之效力。

四、汇票契约。为延长汇票契约所必要之任何费用，由厂商担负之。(此条须经纱厂联合会许可，方生效力。)美安休密得批。

五、付款方法。付外人银行所承认之钱庄十天期庄票，不盖同业汇划图章，但由厂家在期票后面，盖该厂图章担保。如此庄票届时外人银行不能全数兑现，则该厂须负全责。立照该庄票所注明之全数，以现款付入外人银行。此条协定，须俟外人银行承认后方为有效。如不承认，则外人银行、厂商与进口商须开会讨论此事而布置之。上载协定，对于厂商与进口商所有之原定合同，均不得稍有妨碍。①

可以看出，这份决议倾向于保护各洋行的利益，厂商几乎需要担负一切新增的美棉进口费用。比如兵险费，尽管根据运棉入沪的不同时间段计算费用，看似顾及厂商（及买主）的利益，实际上所有费用仍由厂商一方承担。栈租、火险、利息及汇票契约，同样如此。货在日本与中

①《沪战发生后之外棉进口费用问题》,《纺织时报》1932年3月28日，第873号，第1–2版。

国香港地区起岸之起卸费、复装费、另加水脚保险费和在上海之起卸、运岸、收提等费问题暂时搁置，进口商将设法使航运公司付还这些费用。由进口商设法与航运公司沟通，让航运公司承担这些费用，本身就不太可能。就连在付款方法上也在给厂商施加压力，由厂商盖章担保，外人银行不能兑现，还得由厂商负全责。《纺织时报》报道该文，使读者既对外人银行及进口商的行为感到义愤填膺，又对华商纱厂受战争影响损失惨重深表同情。“际次外侮日亟，国难方殷，工厂为生产机关，尤感困难。兼之原料步涨，成本倍增，同业各厂，爰特集议以筹解决国货推广之方法。议决自即日起，各厂出品，平价售现，无论客帮本街，概用现款交易，庄票通用，支票不得抵用。倘遇货价涨跌，不得异议除价。”①战争引起生产成本增加，产品价格上涨，销售也就受到影响。

3. 抵制日货，提倡国货

根据表3:《纺织时报》（一·二八淞沪抗战前后）报道概况可知，关于抵制日货、提倡国货的报道占总报道面积的4.4%，且集中在第1、2版。除去占66%的其他纺织业信息，其所占比重不小。《纺织时报》具体从4个方面宣传抵制日货、提倡国货。首先，揭露日货仍畅销中国这一不利现象；其次，分析日货畅销中国的原因；最后，呼吁民众抵制日货，提倡布衣救国。

（1）日厂开工状况乐观，日货仍畅销中国。

《纺织时报》译载了一篇日本《每日新闻》的报道《日厂为抵抗排日而开工》，编辑称读此文章后感到“触目惊心”。②该文章首先阐述日商纱厂开工对本埠商业的带动作用：“自印刷业、机械业、运送业以及虹口

① 《棉织厂业平价售现》，《纺织时报》1932年3月14日，第869号，第1版。

② 《日报对于日纱厂开工之论调——日厂为抵抗排日而开工》，《纺织时报》1932年4月25日，第881号，第2版。

方面之小日商，莫不将沾受利润而起。”[①]其次，表达对排日运动持乐观态度：“虽开工之初，不无反动之气势，然稍经时日，即常趋于复兴之途矣。徒以排日为可虑而唱悲观之论者，实大误也……现因排日关系货物自不行销，但日厂新制品出厂后，占独舞台之华厂制品当受压迫，而价廉之日厂制品必能行销，此必然之势。现华纱（人钟）之跌价（前二月四日卖百八十七两者，现以日厂开工之空气浓厚而降至百七十二两）。此即华纱受日纱压迫之实证，即华纱将由日纱之出世而受压迫也。”[②]最后，介绍如何促进日厂制品畅销中国：“希望用日纱之地方，如常感棉纱不足之山东方面之织布厂，及喜用日厂制品之长江以北各地，一面仍暗中与日商进行交易，就此事实以观，殊无完全悲观心理之必要……一面抵抗排日而开工，一面努力于制品之销售，此为缓和排日之第一步。同时因原棉之消费，并可使对外贸易趋于旺盛。日商纱厂开工虽有此悲观乐观之两样见解，然急于使斯业复活之日人，对于此步伐齐整之开工，实抱莫大之期待。但全部开齐，则须视时局之如何，或须三四个月之时日亦未可知，来月底当可开足一半云。”[③]

《纺织时报》编辑将“虽开工之初，不无反动之气势，然稍经时日，即常趋于复兴之途矣”[④]“喜用日厂制品之长江以北各地，一面仍暗中与日商进行交易”“一面抵抗排日而开工，一面努力于制品之销售，此为缓和排日之第一步”[⑤]这几句加粗，一方面表明《纺织时报》对《每日新闻》就日厂开工一事报道的严重不满；另一方面告诫读者，日本人认为国人抵制

① 《日报对于日纱厂开工之论调——日厂为抵抗排日而开工》，《纺织时报》1932年4月25日，第881号，第2版。

② 同上。

③ 同上。

④ 同上。

⑤ 同上。

日货运动不会延续太久，表达了《纺织时报》希望国人能真正做到抵制日货。《每日新闻》认为“日厂新制品出厂后，占独舞台之华厂制品当受压迫，而价廉之日厂制品必能行销，此必然之势”[①]，对于抵制日货运动完全持乐观态度。山东方面之织布厂棉纱不足，进口日本棉纱；长江以北各地喜爱使用日本制品，暗中与日商交易。日本努力向中国销售制品，国人又喜爱使用日货，致使日商纱厂开工比较容易，对华商纱厂造成很大压力。

九一八事变后，青岛、天津商民仍订购日货，“连日日输满载日货进口，码头车站，堆积如山，奸商贩运如恒。昨日日光丸进口，又载来大批日货，数量竟达两万四千七百余件，其中以布疋、铁、纸、白糖，占大多数云。”[②]“天津为华北疋头市场之中心，查其近日来各牌货品之起伏，仍以日货经营范围最广。现此间市场显分两个区域，西洋货仍在华界，日货市场为取携便利，则在租界，而向各乡镇递运之法，多改紥小包，从邮寄出，于此时间，日货仍得盘旋人人左右者。”[③]与其他国家出品相比较，日厂产品占据很大市场，甚至与其他国家专长出品几乎抗衡，如华商厂家之市布粗布，荷兰绸、绉纱，俄厂花标等。仅西洋厂之府绸较日货为优。[④]

（2）日货仍畅销中国的原因。

首先，日货价格低廉。“因限于购买力之故，遂胥成日货雇主，是价廉实为日货畅销之主因，而质之坚韧与否已非所计。”[⑤]以下是西洋货与日本货进口同一名类货价对比表（表4），可见一斑。

---

① 《日报对于日纱厂开工之论调——日厂为抵抗排日而开工》，《纺织时报》1932年4月25日，第881号，第2版。

② 《对于棉货销路力谋振展》，《纺织时报》1932年4月4日，第875号，第4版。

③ 《日布疋畅销于天津》，《纺织时报》1932年4月18日，第879号，第6–7版。

④ 同上。

⑤ 同上。

表 4 西洋货与日本货进口同一名类货价对比表

货名	西洋	日本
贡缎每码	六钱五分	一钱九分
贡呢每码	六钱二分	二钱八分
里绸每疋（匹）	四两七钱	三两七钱
市漂每疋（匹）	十三两	七两四钱

资料来源:《日布疋畅销于天津》,《纺织时报》1932年4月18日，第879期，第6–7版。

根据上表，无论是贡缎、贡呢，还是里绸、市漂，日本货都明显比西洋货低廉很多，尤其是市漂，比西洋货每疋（匹）便宜近6两。

其次，日货花样多。无论是城市还是乡村社会，受全世界向美术化方面迈进之影响，对纺织产品的需求亦日益多样化，美观成为重要卖点之一。“日厂出品，花样每年翻新数次。如每码二钱左右之沙丁绸等，为英商纺织厂所无。英商棉织品种类甚少，花样陈腐，如改花样一次，因路途遥远之故，往返转折即须经年。”[①]花样的改良与翻新，既受到客观条件的限制，如现实距离、技术支持；也受到主观条件的影响，如思想观念。日厂了解中国市场需求，且中日两国相距不远，方便及时改良花样。

除了日货价格低廉、花样多等原因外，日货畅销中国，还有在华纱厂停业，日汇下跌、英汇渐高，使日本制品压倒英国制品等因素的影响。

（3）提倡布衣救国。

鉴于日厂开工给华商纱厂带来的压力，华商纱厂只好扬长避短，提倡布衣救国，呼吁国人使用国产布衣，抵制日本制品。

① 《日布疋畅销于天津》,《纺织时报》1932年4月18日，第879号，第6–7版。

指责国人崇尚外货，自暴自弃："同胞日用所需，无不以外货是求，衣服一项，尤为明显。试观各商店中之外货，如哔叽、直贡呢、华达呢、毛葛、印度绸、塌虎绸、东洋缎，以及各种人造丝、花洋布、麻纱布等，五光十色，应有尽有。除极少数真正爱国之士，及乡下老百姓与僧尼等，仍著布衣外，其余无不满身外货，且无不以著华丽而价高之外货为荣。外货既如是受外人欢迎，于是爱著国货者，亦不得不改变原来之思想，而惟外货之是求，于是相习成风。即提倡实业从事纺织业之当局与同人，亦不知不觉与俗同化。由此观之，无怪外货之源源而来矣……乃我同胞崇拜外货，信仰外人，自暴自弃之所致也。"①《纺织时报》认为国人喜爱使用外货，以穿外货为荣，而国产布衣使用者仅极少数真正爱国之士、乡下老百姓及僧尼等。外货占据中国很大市场，结果极少数爱穿布衣的国人也开始跟风穿外货。老百姓崇洋媚外的习惯，导致纺织厂主们不得不放弃布衣生产，模仿外国纱厂，依赖外国的原料和技术等，生产各色各样的纺织产品。因此，根据《纺织时报》报道，外货源源而来的根源在于老百姓崇洋媚外，与华商纺织厂主们无关。

呼吁国人尽用国货，抵制外货："凡属国人，此后当改变目光，抱定宗旨，对于日用所需，非国货不买，非国货不用。衣服一项，必须尽用国产棉布或丝织货品，再著外货者，认为公敌，人存此心，一倡百和，行见全国景从，引为同调，不独外货之来路渐绝，我国纱布之销路亦将愈增，而纺织业从此稳固，可望发展。"②《纺织时报》竭力呼吁国人"非国货不买，非国货不用"③，将使用外货者视为公敌，期望

① 《布衣救国之我见》,《纺织时报》1932年4月21日，第880号，第1版。

② 同上。

③ 同上。

用舆论的力量来推动老百姓使用国货。

报纸还引经据典，用印度甘地提倡手纺织业及魏孝文帝主张国人都穿布衣，来引导国人坚决抵制外货、爱护国家、崇尚节俭朴实：“印度甘地之提倡手纺织业，予英国以重大之损失。虽一再被拘，宗旨始终不灭，且其全党党徒，皆能继承甘氏主义而奋斗。不合作不抵抗之声势，已遍传世界。我国魏孝文帝，主张国人皆著布衣，命令颁布，全国争相景从，于是一返奢华浇薄之恶习，而为简朴敦厚之良风，民以殷盛，国以富强。今者国事蜩螗，人尚浮华，全国同胞亟应效法，否则无以救危局而挽人心。查布衣之为物，其价廉，其质坚，洗涤极便，著之适体，而又有崇尚俭朴，爱护国家之意，一举数得，利莫大焉。故提倡布衣，实为目前之要图。吾纺织业尤应首事提倡，以身作则，示国人以俭朴之风，其有益于国计民生者至大，愿与同人共勉之。”①

（二）《纺织周刊》与《纺织时报》报道风格的不同

《纺织时报》与《纺织周刊》同为纺织行业报刊，对一·二八淞沪抗战前后的报道有共性，即报道内容都是以一般纺织行业信息为主（见表5）。但是，在报道一些政治事件和社会事件时，两种报纸身为不同行业团体的“代言人”，存在较大的差异。对战争的报道力度、对政府不抵抗政策的态度、批判社会不良现象的目的、抵制日货提倡国货的宣传力度和目的都有差别。

① 《布衣救国之我见》,《纺织时报》1932年4月21日，第880号，第1版。

表5 《纺织周刊》（一·二八淞沪抗战前后）的报道概况

报道内容	报道次数	版面分布	版面总单位面积	占报刊总面积/百分比
对战争的报道和评论	15	3	1 393	6.8
中外纺织业受战争影响状况	17	14、18	1 908	9.3
抵制日货，提倡国货	14	4、5	8 799	43.0
广告	139	2	6 078	30.0
纺织技术研究	16	10、11	3 069	15.0
其他纺织业信息	47	6	5 313	26.0

资料来源：根据附录5:《纺织周刊》（一·二八淞沪抗战前后）报道统计表整理而得。本表选取《纺织周刊》第2卷第3期（1932年1月15日）—第2卷第13期（1932年4月8日），共11期，共232个版面，每版88个单位面积，共20 416个单位面积。

结合报纸报道的具体内容，两种报纸在以下3个方面呈现报道倾向上的差异。

1. 对战争的报道及评论不同

《纺织时报》对战争本身的报道和评论不多，对国民政府、商界、社会等在战争中表现的评论也付之阙如;《纺织周刊》同样作为行业报刊，对战争概况的报道也不多，但是相关评论性文字既多又激烈尖锐，共有15条，占6.8%，且集中分布在第3版上。尤其是对九一八事变之后，国民政府采取不抵抗政策、商界不坚持严格地抵制外货政策及中国社会对此置若罔闻等,《纺织周刊》发表了相当激烈尖锐的评论，希望通过制造舆论，向政府传达民众的呼声，希冀政府积极抗日。一·二八淞沪抗战期间,《纺织周刊》每期版面最少有14个，最多有28个，且《纺织周刊》的第1版和第2版的内容是固定的，分别为目录和德国大德颜料厂广告（见图13)，因此第3版基本就是头版头条。根据《纺织周刊》

目录可知，其对战争的报道及评论性文字除了是头版头条外，还加粗加大字体，以引人关注。

（1）战争报道力度不一。

《纺织时报》对战争的正面直接报道次数屈指可数，关于东北事变的报道仅有1条，即1932年1月28日，一·二八淞沪抗战爆发时发表的《上海市各同业公会针对东北事变发表共同宣言》。对一·二八淞沪抗战的直接报道更不明显，仅在报道战后棉业困境时略有提及，不足200字。可以看出《纺织时报》对战事本身并不关注。

《纺织周刊》对战争的直接报道也不多，但是对十九路军的英勇抗战精神赞不绝口，对日军残暴行径嗤之以鼻，分析中日战争在世界范围内的深远意义，鼓励全民奋发图强、一致御侮。（见图13）“（日本）欲实现其四小时可得上海闸北之幻梦，我十九路军将士愤不可遏，忠勇奋发，独起而与之抗。呜呼，此二十日来，东亚之国际最大市场，一切商工事业停顿摧残，人民生命财产化为劫灰，至今犹在炮火炸弹轰击烧毁之中。然彼破坏公法，灭绝人道之恶兽，曾不获稍逞，且无法自觅下台之计，以维持其世界一等强国之假面具。我国经此一战，而世界改易视听，上下共趋一致，政府迁都中原，作积极持久战斗之准备，人民踊跃输将，莫不有誓死御侮之心理……是惟战，方可以解决中日间一切纠纷。亦惟战胜日本，中国方有扬眉吐气之时。倘世界尚有公理，人类尚有正义，吾信最后之胜利必有所归。即不幸战而败，为民族精神而战，虽败犹荣。”[①] 其对战争的报道简单但具有号召力。

① 《人类正气之战》，《纺织周刊》1932年2月19日，第2卷第6期，第3版。

紡織周刊
本期目錄
人類正氣之戰
日人對上海侵略之主使者
多行不義必自斃
本社啓事
上海紡織周刊社發行
新通公司
瑞士卜郎比廠

紡織周刊
本期目錄
對日應正式宣戰
美國對日經濟絕交如何
上海紡織周刊社發行
新通公司
瑞士卜郎比廠

紡織周刊
本期目錄
忍辱負重之時期
中日戰爭之危機
如何打破當前的局面
上海紡織周刊社發行

紡織周刊
本期目錄
洋溢的和平空氣
上海日廠復工問題
日本紡織業傾向我東北
申新紡織公司的回顧和今後應取的方針
上海紡織周刊社發行
新通公司
瑞士卜郎比廠

图13 《纺织周刊》一·二八淞沪抗战期间部分目录

资料来源：《纺织周刊》1932年2月19日，第2卷第6期，第1版；1932年3月4日，第2卷第8期，第1版；1932年3月11日，第2卷第9期，第1版；1932年3月18日，第2卷第10期，第1版。

（2）对政府不抵抗政策的态度不同。

1932年1月8日，《纺织周刊》对九一八事变后国民政府中缺乏有作为有担当的领导人表示无奈与愤懑："中枢彷徨无主，各级机关纷乱停顿，已不知有国难。"[①]转载《大公报》的言论称"国则破碎，党则纷纭。以领袖人物自居者，或以隐退，或以病辞，均不负明白之责任，而事暗中之操纵。试问国人今日欲致希望于政府者，将系于何人"[②]。这里的领袖人物指的是蒋介石、张学良等人。1932年1月22日，又转载郑铁崖的一篇文章称"自辽沈陷落以还，亦几四月余矣，既不闻政府加以一矢，一任敌骑长驱"，"政府群公，方哓哓于算旧账，斤斤于分地盘"[③]。郑铁崖引用张学良复吴稚晖函中的话"会议终朝，谠言常闻，而曾无一旅而实边。呜呼，特恐不旋踵间将不遑为东北哀矣"[④]，大胆谴责政府及领袖人物的不抵抗政策。

1932年1月29日，一·二八淞沪抗战爆发翌日，《纺织周刊》责备上海当局"以治安重要，宁愿忍辱负重，被迫得做了屈服，再来一个不抵抗"[⑤]，并表达了愤怒又无奈的声音："你要抵抗，当然牺牲过大，毫无把握。但过去多少不抵抗的行为，何尝不是牺牲一念所造成。你要没有牺牲，又如何去（取）得胜利。我真不懂过去四个月来国人呼号奔走，奋力激昂，为的是什么，还是一个不抵抗。"[⑥]《纺织周刊》竭力呼吁，希望通过制造舆论，迫使政府有所行动。

与《纺织周刊》相比较，《纺织时报》对国民政府不抵抗政策的评

---

① 《过去一周中》，《纺织周刊》1932年1月8日，第2卷第2期，第3版。

② 同上。

③ 《读我国纺织业之两大责任后》，《纺织周刊》1932年1月22日，第2卷第4期，第4版。

④ 同上。

⑤ 《忍辱负重牺牲救国》，《纺织周刊》1932年1月29日，第2卷第5期，第3版。

⑥ 同上。

论付之阙如。究其缘由，《纺织周刊》由钱贯一私人创办，代表的是中国纺织技术者的利益，而《纺织时报》代表的是华商纱厂联合会的利益，华商纱厂联合会受国民政府约束较被雇佣的纺织技术者们要严重得多，华商纺织厂主的经济利益与国民政府的政策息息相关。因此，《纺织周刊》敢于对政府的不抵抗政策严加指责，而《纺织时报》对此不置言论。

（3）批判社会不良现象的目的相异。

《纺织周刊》不仅对国民政府发表激烈的言论，对战争时期中国社会萎靡不振也颇有微词。1932年1月8日的《纺织周刊》称："日人大举进犯，陷夺锦州，如入无人之境，于是东北数省，从此真非我有。不图辽吉仅存之片土，乃在此新年中断送于不知不觉中也。"[①] 批判中国社会"虚矫得可怕，幼稚得可怜，而一无知觉。少者不勤于读，壮者不尽其职。举世昏昏，惟事责人而不责己"[②]。以至于最后"如洪水猛兽之将至，充其极足以亡国而灭种"[③]。《纺织周刊》还讽刺中国社会的"三多"："多贪官污吏与军阀，多姨太太与大少爷，多洋奴与卖国贼。若此三多仍时多，则中国之领土将不多，子子孙孙亦不多。"[④] 认为国难时期中国社会缺乏有志之士，多贪官污吏与军阀、姨太太与大少爷、洋奴与卖国贼。

《纺织时报》对战争时期中国社会也发表了一些评论性文字，认为国难时期一些中国工人素质不高，无理取闹，发动工潮，严重影响了华商纱厂的有序运行。在抵制日货运动中，国人崇尚日本精美产品，对中国传统粗布嗤之以鼻，导致日货畅销中国市场，华商纱厂备受日商纱厂挤压。

《纺织周刊》报道社会不良现象，目的是呼吁全国民众团结起来，

① 《过去一周中》，《纺织周刊》1932年1月8日，第2卷第2期，第3版。
② 同上。
③ 同上。
④ 傅瀚声：《中国之三多》，《纺织周刊》1932年1月29日，第2卷第5期，第26版。

一致抗日。《纺织时报》对中国社会的批判，旨在维护自身行业利益，揭露华商纱厂经营受到工潮及国人崇洋媚外心态影响的情况。

2. 对于抵制日货、提倡国货的宣传力度和报道目的不同

与《纺织时报》相类似，《纺织周刊》也揭露了对日经济绝交政策实施过程中，民众及商界“抗日程度，尚不一致，未尝与暴日以创伤，未尝动暴日之悔祸，未尝达吾人救国始愿于万一”①，并列举了江海关1931年10月、11月进出口数量（图14，图15），以证明国人对日经济绝交政策并没有严格实施。

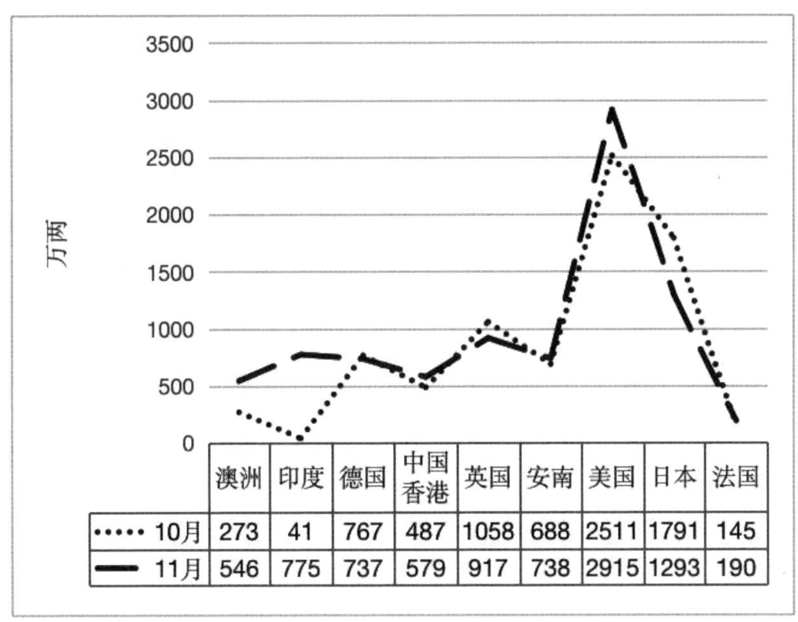

	澳洲	印度	德国	中国香港	英国	安南	美国	日本	法国
10月	273	41	767	487	1058	688	2511	1791	145
11月	546	775	737	579	917	738	2915	1293	190

图14 江海关1931年10月、11月进口数量

资料来源：根据《每周论坛：对日经济绝交之惰性》绘制所得，《纺织周刊》1932年1月8日，第2卷第2期，第6版。（图中表格数据单位为千两）

①《每周论坛：对日经济绝交之惰性》，《纺织周刊》1932年1月8日，第2卷第2期，第6版。

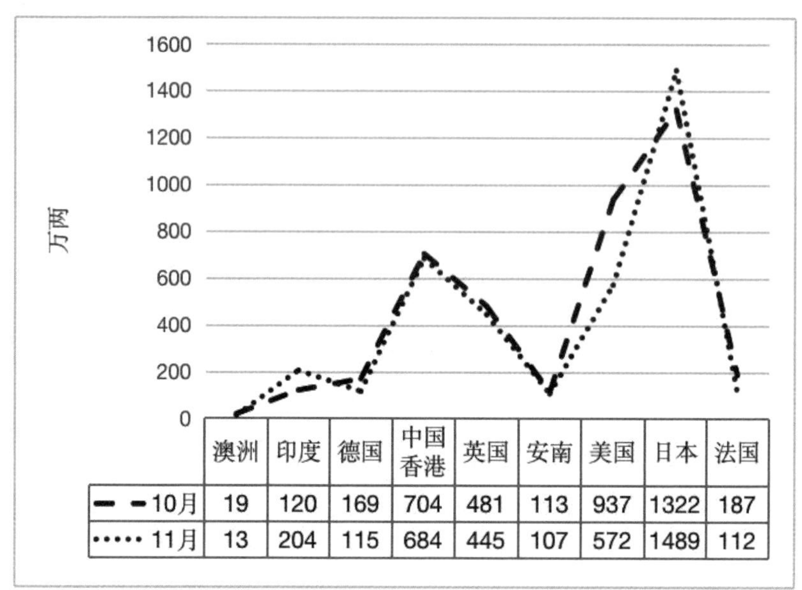

	澳洲	印度	德国	中国香港	英国	安南	美国	日本	法国
10月	19	120	169	704	481	113	937	1322	187
11月	13	204	115	684	445	107	572	1489	112

图 15 江海关 1931 年 10 月、11 月出口数量

资料来源：根据《每周论坛：对日经济绝交之惰性》绘制所得，《纺织周刊》1932年1月8日，第2卷第2期，第6版。（图中表格数据单位为千两）

根据以上2幅图可知，1931年10月江海关日本进口数量占据第二，近1800万两，超过英国、德国、安南、法国、澳洲、印度，以及我国香港地区，仅比美国少720万两。11月，江海关日本进口数量略减，但仍居第二位，近1300万两。至于江海关出口数量，日本远远超过其他各国，从10月到11月一直稳居首位。尽管在此中日经济绝交之际，中日间的贸易往来却并未减少。2种报刊在一·二八淞沪抗战前后都报道了关于国民抵制日货、提倡国货运动，但是其宣传力度和报道目的具有较大差异。

首先，宣传力度上的差异。从2种报纸对抵制日货、提倡国货的报道面积可略窥一二。

根据表3与表5，抵制日货、提倡国货的报道在《纺织时报》中占

4.4%，在各类报道所占总报道面积中排倒数第二；在《纺织周刊》中占43%，位居第一。除了报道面积上的差异，报道频率也有较大不同。《纺织时报》对中日经济绝交避而不谈，集矢于日货仍畅销中国及中国民众喜用外货这一现象，将矛头指向“崇洋媚外”之民众。《纺织周刊》短短一个半月至少8次强调对日经济绝交，如下：

（1932年1月15日）在中日问题未有解决以前，我国对日经济绝交，大概不能中止，日商在我国土所设纱厂，便为吾人人所认为极大之对象。[①]

（1932年1月15日）本刊屡言之，倡言经济绝交，而不能去除全部华人工作之敌商工厂，抵制日货，而日厂能开工出品不绝，均为甚不解之事。[②]

（1932年1月15日）我国人对此横暴之国家，经济绝交四个月，国人呼号奔走，亦未尝无敌忾同仇之慨。乃曾不能少损彼人经济侵略中最大势力，不能使日商在我国土之纱厂闭厂停机而去，乃至不能使日厂出品之纱布绝迹于市场，而仍为我国产出品之劲敌，此吾人所谓伤痛愧恨不获自解者也。[③]

（1932年1月15日）夫既曰经济绝交，而不能召回数万工人不使利用，不肯稍忍须臾之牺牲，为救国之更大努力，此诚吾人所大惑不解者也。[④]

（1932年1月22日）兹吾人所当深（彻）觉悟者，我事业界之大敌非他，国人日日言经济绝交，而不能排除敌人经济侵略之重镇，

① 《每周评论》，《纺织周刊》1932年1月15日，第2卷第3期，第6版。

② 同上。

③ 《何以惩日人冒牌华厂棉纱》，《纺织周刊》1932年1月15日，第2卷第3期，第3版。

④ 同上。

而必使敌人压迫服役同胞，激起纠纷，以图卸去雇主份内之责。今更招招（紧）逼，步步反攻矣。[①]

（1932年1月22日）数月来，中日国际间之形势，日趋严重，两国间以兵戎相见，已早处于敌对战乱之地位，所未破裂者国交未断耳。今外交当局已有宣告断绝国交之提议，国交断绝之后即为宣战，是宣告绝交必经审慎之讨论与十分之准备，不能断然行之。[②]

（1932年2月19日）自辽吉事件发生后，国人起为对日经济绝交，上海尤为此种爱国运动之中心。而日人在沪最大产业为纺织，其所受影响当然最深。[③]

（1932年3月4日）是故中日国际间之破裂，事实上已成势不并立，亟应正式宣告绝交，传檄应战。所有从前中日两国间一切纠纷悉告终止，一切基于不平等条约所起之权利义务，全部撤销，一概旧账均已清讫，绝无交涉余地，更无调解可言。[④]

九一八事变爆发之后，《纺织周刊》就开始畅言对日经济绝交，直到一·二八淞沪抗战之后，对日经济绝交宣传力度更甚，旨在催促国民政府当局竭力抵抗日本侵略，从而唤醒纺织厂主及民众的爱国热情，以及坚定抵制日货的决心和行动力。

其次，报道目的不同。《纺织时报》通过报道这种有名无实之经济绝交，来表明纺织厂主们除了受到战争的摧残，还受到来自日货的挤压。把纱厂闭厂的原因归结为日货物美价廉及国人崇洋媚外，致使日商

① 《中日国际间形势之严重事业界应有准备》，《纺织周刊》1932年1月22日，第2卷第4期，第3版。

② 同上。

③ 《日人对上海侵略之主使者》，《纺织周刊》1932年2月19日，第2卷第6期，第4版。

④ 《对日应正式宣战》，《纺织周刊》1932年3月4日，第2卷8期，第3版。

纱厂开工比较容易，对华商纱厂造成很大压力，只能闭厂，以期望得到读者的同情和谅解。

《纺织周刊》称："若不与日人往来及为日人工作，事实上证明亦极鲜。"[①]在沪日商最大势力之纺织工厂，职工几乎全部为华工；其他多数商业机关也有不少华工；还有不少华人为日本人在沪经营奔走。称这种经济绝交为"有名无实之经济绝交"[②]。1932年1月22日，《纺织周刊》转载郑铁崖的一篇文章，抨击华商纱厂联合会。文章中引用穆藕初先生的话："政府不良，由于人民自身无组织，无主张，不能监督政府，实由于人民自己放弃责任。"[③]政府已如此，需要民众组成一个清议团体，监督政府，"然而能有组织有主张能知东北之重要者，有几人"[④]。其实，华商纱厂联合会早在1918年就已正式建立，但"最近时局阽危，而该会亦未闻有所表示。呜呼，以此而言有组织有主张，毋那滑天下之大稽"[⑤]。揭露商界及民众未采取严格的对日经济绝交政策，抗日程度不够，尤其指责华商纱厂联合会未能起到行业团体监督政府的责任，呼吁各群体一致对外，坚定抗日决心。《纺织周刊》作为中国纺织学会的喉舌，抨击华商纱厂联合会，认为其没有尽到一个行业团体应该有的监督政府的责任，并希望华商纺织厂能"收容日厂全部工人，根本消灭其势力"[⑥]。《纺织时报》作为华商纱厂联合会的喉舌机关，自然不会将责任归结到自己身上，因此对此也只字未提。

总体而言，在报道内容和报道倾向性方面，2种报纸既有共性，也

① 《每周论坛：对日经济绝交之惰性》，《纺织周刊》1932年1月8日，第2卷第2期，第6版。
② 同上。
③ 《读我国纺织业之两大责任后》，《纺织周刊》1932年1月22日，第2卷第4期，第4版。
④ 同上。
⑤ 同上。
⑥ 《忍辱负重牺牲救国》，《纺织周刊》1932年1月29日，第2卷第5期，第3版。

存在差异。《纺织时报》与《纺织周刊》同为行业报纸，在报道内容上都具有专业性特点，以报道纺织行业信息为主。但《纺织周刊》注重对纺织技术的研究，而《纺织时报》在这方面几乎是没有重视的。《纺织周刊》的广告多于《纺织时报》，在一·二八淞沪抗战期间2种报纸广告版面分别占16.1％和30.0％。在报道一些政治事件和社会事件时，2种报纸身为不同行业团体的“代言人”，报道倾向存在较大的差异：《纺织周刊》基于爱国精神和民族情感，对政府实行不抵抗政策和中日仍然保持经济往来的现状发表激烈言论；而《纺织时报》为了保护本行业经济利益，对政府的不抵抗政策和中日继续友好合作置若罔闻。

2种报刊报道倾向性不同，主要受办报者和办报宗旨的影响。《纺织时报》是华商纱厂联合会的“代言人”，旨在沟通纺织界消息，维护纺织事业界厂主方面的利益，发展中国纺织事业。《纺织周刊》作为中国纺织学会的喉舌，“沟通斯界消息，供给研究资料，造成健全舆论，促进纺织事业之发展”[①]。其宗旨比较“纯粹高尚，贵有多数人，集思广益，以为研精技术之助”[②]。“华商纱厂联合会为我国纺织事业界厂主方面之唯一集团，其结合目的在发展事业、维护公益。中国纺织学会为全国纺织技术家及对于纺织学术有研究兴趣者之集团，完全一学术团体。华商纱厂联合会居于有实力主宰之地位，而中国纺织学会会员多数为厂方之雇员，此多数雇员又素来仅知努力技术与职守，不与社会相接触，以是在社会间之地位远不如厂主，其集团之势力遂亦不为社会所重。”[③]《纺织周刊》由钱贯一私人创办，代表的是雇员的利益；而《纺织时报》代表的是华商纺织厂主的利益，华商纱厂联合会受国民政府约束较雇员要严

① 《创刊号》，《纺织周刊》1931年4月19日，第1期，第5版。

② 《每周论坛》，《纺织周刊》1932年8月19日，第2卷第32期，第4版。

③ 同上。

重得多，华商纺织厂主的经济利益与国民政府的政策息息相关，华商纺织厂的经营与外国纺织厂的兴衰“唇亡齿寒”。因此《纺织周刊》敢于对政府的不抵抗政策严加指责，屡次畅言对日经济绝交政策，而《纺织时报》付之阙如。

3. 2种报纸发行广告不同

《纺织时报》广告版面较《纺织周刊》少，主要是受经费影响。《纺织时报》由华商纱厂联合会创办，多数为有实力之厂主，会员费就足以维持报纸的发行。《纺织周刊》最初由钱贯一私人发行，经费自然不敷，后不断有会员加入，稍有改善，但中国纺织学会会员多为纺织业界技术工人，实力自然不抵厂主。前2年“请于厂主集团之纱厂联合会，每年补助经费一千元”[①]，据钱贯一在《纺织周刊》1932年8月19日第2卷第32期上所说，该经费“至今未有以应”[②]。到底最初2年有没有补助1000元我们不能断定，但是此后数年中国纺织学会肯定是基本脱离了华商纱厂联合会的支持，《纺织周刊》也就基本没有了这个所谓的经费来源。在这种情况下，《纺织周刊》只好在其他方面寻求资金：（1）报刊价格上，“邮费在内，国内大洋五元，国外大洋七元，另售每册大洋一角。本社优待中国纺织学会会员，凭会证定报概作六折，外埠函订请由邮局汇款迳寄本社”[③]。1932年1月15日因“篇幅逐渐扩充”，国外定价加收一元，涨到八元。[④]（2）广告费上，“按方寸计，普通地位每期每方寸价洋一元，以六方寸起码。封面内外加倍，其他指定地位加半，长期登载另议。如用特种印刷纸张，或须代制面版，费用照加”[⑤]。而《纺织时报》的报费

① 《每周论坛》，《纺织周刊》1932年8月19日，第2卷第32期，第4版。

② 同上。

③ 《创刊号》，《纺织周刊》1931年4月19日，第1卷第1期，第5版。

④ 《纺织周刊》1932年1月15日，第2卷第3期，第26版。

⑤ 《创刊号》，《纺织周刊》1931年4月19日，第1卷第1期，第5版。

及邮费就低得多，最便宜的时候是报纸刚刚发行时，赠送会员，最贵的时候邮费为国内五角、国外五元。报费一直不变，为二元大洋，在会各厂职员如欲订购，除邮费照算外，报费对折，每年仅取一元以示优待。至于广告费，只说明“位置适宜，取价低廉”[①]，没有具体说明广告费用问题，广告基本以便利纺织厂运营为目的，顺带索取低廉广告费。

① 《纺织时报》1925年4月13日，第201号，第1版。

小　结

行业报刊具有专业性强的特点，以报道本行业信息为主。就《纺织时报》来说，它是中国近代重要的纺织行业报纸，报道内容包括政府有关纺织行业的方针、政策、法令、法规，纺织行业的当时动态、最新成就和现实问题等。该报在文字表述上比较严谨，力求准确，这大概是由于准确严谨的报道风格有利于从事纺织业者获取准确的纺织业信息。在与商业报、党派机关报、同行业报及其他行业报的比较中，《纺织时报》展现出不同的报道特点。

其一，该报倾向于维护华商纱厂主的利益。不同于以营利为目的的商业报纸、商业报刊，《纺织时报》不直接产生经济效益，宗旨在于沟通纺织界消息，经费主要来自华商纱厂联合会会费及少量报费，受众群体也相对确定，发行量的多寡不影响《纺织时报》的经营，行业利益的得失才是《纺织时报》变更舆论立场的主要考量标准。因此在五卅运动中，《申报》主要迫于报纸本身营销完成政治转向，而《纺织时报》基于维护行业利益变更舆论立场。

其二，该报政治倾向性不强。不同于党派机关报，《纺织时报》不具有强烈的政治倾向性，在五卅运动中，《民国日报》政治和意识形态立场坚定，《纺织时报》却发表温和的言论，来迎合舆论的力量，为本行业利益服务。

其三，不同行业报刊报道风格既具共性，也存在差异。同一事件对不同行业影响程度不同，代表不同行业利益的行业报刊在报道同一事件时，其报道热情和报道力度具有差异，因此在报道五卅运动时，《银行周报》和《纺织时报》虽具有维护行业利益的实用主义特点，但前者在报道五卅运动时具有滞后性，后者则具有前瞻性和持续性。

其四，同一行业内部，存在等级之分，因此即使是同一行业报刊，报道风格仍然存在差异，代表高层人士利益的行业报刊与代表底层人士利益的行业报刊报道特点不同。例如在一·二八淞沪抗战中，代表被雇佣阶层——纺织技术者利益的《纺织周刊》，基于爱国精神和民族情感，对政府不抵抗政策和中日仍然保持经济往来发表激烈言论；而代表雇佣阶层——纱厂主利益的《纺织时报》，为了保护本行业经济利益，对政府的不抵抗政策和中日继续经济往来置若罔闻。

第三章

《纺织时报》与纺织工业研究

美国著名新闻评论家和政治专栏作家沃尔特·李普曼有一个关于公众舆论的著名论断："新闻与真相并非同一回事，而且必须加以清楚地区分。新闻的作用在于突出一个事件，而真相的作用则是揭示隐藏的事实，确立其相互关系，描绘出人们可以在其中采取行动的现实画面。只有当社会状况达到了可以辨认、可以检测的程度时，真相和新闻才会重叠。"① 这是受传播者选择和过滤的结果。当然，对于历史而言，真相只能无限被接近。因此，报纸对历史事件的反映与目前历史学家对该历史事件的研究，都属于历史事实，而非历史真相本身。《纺织时报》中的有些纺织业文献是目前纺织史研究中所没有涉及的，有些是与目前纺织史的文献有出入的。

① 沃尔特·李普曼：《公众舆论》，阎克文、江红，译，上海人民出版社，2002，第283页。

第一节 1933年中美棉麦大借款事件

南京国民政府成立以来共向美国大规模借款2次：第一次是1931年中美美麦借款，该年7月，因为国内水灾，向美借贷小麦900万美元；第二次是1933年中美棉麦大借款，此年5月29日，南京国民政府代表宋子文与美国金融复兴公司签订《中美棉麦借款合同》，借款金额达5 000万美元，4 000万美元用于购买棉花，其他用于购买小麦，以全国统税收入与海关水灾附加税为担保，分期偿还，年息5厘。一般认为1933年中美棉麦大借款是1931年中美美麦借款的延续，借款金额远远大于第一次，在当时引起国内外诸多报刊关注，反响很强烈。

关于1933年中美棉麦大借款，学界已有研究多从事件发生的背景、内容和影响等展开[①]。马陵合从华商纱厂与政府关系的角度讨论这一事件[②]，为本书提供了重要借鉴。整个事件中华商纱厂所处舆论环境及事件起因、过程仍具研究空间。借款消息传出后，反对声音见诸报端，华商纱厂面临经济与舆论的双重压力。由华商纱厂联合会创办的《纺织时

---

① 郑会欣:《1933年的中美棉麦借款》,《历史研究》1988年第5期；仇华飞:《试论1933年中美棉麦借款的得失》,《近代中国》1997年第7辑；金志焕:《棉麦借款与宋子文的日本登岸》,《社会科学论坛》2005年第12期；王丽:《1933年中美棉麦借款再探》,《史学月刊》2012年第6期。

② 马陵合:《华资纱厂与棉麦大借款——以借款的变现及其用途为中心》,《中国经济史研究》2014年第2期。

报》，受众不仅有企业主和高层管理人员，还有政府官员和受过高等教育的青年纺织技术者，其观点对政府与社会具有一定影响力。在报道棉麦借款事件中，该报陷入支持棉麦借款与塑造企业形象的两难境地。本节通过梳理该报关于棉麦借款事件的相关报道，同时结合当时其他报刊资料，考察华商纱厂与政府、民众之间复杂的利益关系，以及华商纱厂的舆论困境与应对策略。

一、在支持与反对之间:《纺织时报》中的中美棉麦大借款事件

自1933年5月《中美棉麦借款合同》签订，至1934年4月南京国民政府减少美棉借款，中美棉麦大借款事件几乎一直出现在《纺织时报》头版。棉麦借款由华商纱厂促成，旨在低价获得美棉，应对国内棉贵纱贱的困境。但《纺织时报》始终没有明确表示支持棉麦借款，也鲜少提及低价获棉的愿望，对棉麦借款更多秉持中立甚至反对的态度。

借款消息传入中国之初，该报以借款真相不明朗为由，持中立和观望态度。6月5日，该报在首版左下角简单报道该消息，题为“政府向美借棉四千万元”[①]，客观介绍借款结果。借款消息传出后，报章所载新闻错杂纷纭，例如某报传言6月6日南京发布电讯，称:“实长陈公博六日否认外传实部为讨论根本救济棉纱问题，将召集沪各纱厂代表及银行界暨关系各机关在京开会，并向沪银行界借款二千万救济棉纱业。”《纺织时报》记者指出，自己对召集会议一事“毫无所知”，至于购棉数量，照目前市价，4 000万美金最多购70万包，而电讯中传可购90万包，实属错误。该报记者进一步指出，当前消息过于简略，无法估计棉麦借款

① 《政府向美借棉四千万元》,《纺织时报》1933年6月5日，第992号，第1版。

对中国棉纺织业的影响，自己相对接近棉麦借款事件，仍“不能明其真相”，其他报刊的报道则更“错杂纷纭，莫识究竟”，因此对棉麦借款事件不敢妄加评论。[①]

该报虽对借款持中立态度，但也积极向南京国民政府表达自身诉求，多次催促政府指定棉麦变现款项用途。6月12日，该报报道华商纱厂联合会与上海面粉业同业公会向南京行政院院长汪精卫的致电内容，建议将款项用于振兴实业，复兴农村，解决当前供棉不足的弊病。[②]19日，报道上海全浙公会给政府的函电，全浙公会担心大量美麦的购入影响中国粮食价格，损害浙农利益，恳请政府将棉麦分批运入中国，指定棉麦变现款项用途，以兴农村。[③]

6月19日，实业部拟就美棉支配原则，明确了支配美棉机构与原则、领用美棉主体、还款办法以及美棉变现款项用途。规定：支配美棉机构为支配美棉委员会，由财政部和实业部指派人员组成；支配美棉原则为满足各纱厂确切需要，以及保障国棉固有市场不受影响；领用美棉主体为“有健全组织之纱厂”；还款办法由支配美棉委员会拟定，并呈财政部和实业部转行政院核行，行政院拟定银行专款存储；美棉变现款项部分用于促成棉纺织业产销合作之组织，部分在政府指导下采取合作方式用作购买原料和推销成品的经费，部分用于实业部扩充及改良纺织业设备。[④]

但该报认为该原则过于笼统，缺乏具体有效的细节，应明确棉麦变现款项用途。该报报道了一篇胡汉民致立法院长孙科的函电，胡汉民从

① 《中央向美借款购买棉麦》，《纺织时报》1933年6月8日，第993号，第2版。

② 《本会及面粉业请中央指定棉麦借款用途》，《纺织时报》1933年6月12日，第994号，第1版。

③ 《立法院通过棉麦借款》，《纺织时报》1933年6月19日，第996号，第3版。

④ 《实业部拟美棉支配原则九项》，《纺织时报》1933年6月23日，第997号，第2版。

借款流程合法性、借款用途隐秘性和棉农生计3方面反对政府向美国借购美棉。首先，借款流程不合法。“凡举国债，必经立法院通过方能成立，何能由一部长擅行签字订约，举此大债，立法院不应放弃职权，不敢过问”。其次，借款用途不公开。“秘密借款二万万，用途如何，未闻宣布”，并反问政府是否将借款用于内战。最后，胡汉民担心大量美棉输入会破坏棉花市场，导致棉农生计不保。①该报通过报道反对借款的言论，继续向政府施压，要求明确借款用途。

第一批美国棉麦即将运到中国的消息传出后，该报认为借款已成既定事实，要求政府低价售棉，并进一步明确棉麦变现款项用途。该报指出，宋子文已经在大纲合同上签字，而美商“向认事实，不重理论”，借款不会因为某些社会团体反对而终止。②因此，当下的问题并非借不借款的问题，而是如何使用借款的问题。该报一方面要求政府低价售棉。马寅初提出，美棉价格较华棉高，希望政府可以8折价格向华商纱厂售卖美棉，并免去进口关税。③另一方面要求进一步明确借款用途。丘光庭建议，棉纺织工业关系民生问题，棉麦借款除用于农业生产外，应将部分用于发展基本工业，尤其是棉纺织工业。具体办法是：将部分借款转贷给纺织厂商，以及有纺织经验与办厂能力者，再以英庚款作抵，代向英国订购纺织机械。④

华商纱厂的要求遭到政府的驳斥。8月7日，汪精卫在报告中谴责华商纱厂低价获棉的要求，“他们（面粉厂）以为政府既借到大批美麦，便希望能够以廉价买得，或暂时赊用。于是对于国内产麦，便拒而不

① 《胡汉民反对向美借巨款》，《纺织时报》1933年6月23日，第997号，第2版。

② 《向美借款购棉仅签订大纲合同》，《纺织时报》1933年6月28日，第999号，第1版。

③ 《马寅初谈棉麦借款问题》，《纺织时报》1933年7月6日，第1001号，第1版。

④ 丘光庭：《美棉麦借款用途支配谈》，《纺织时报》1933年7月6日，第1001号，第5版。

销。同时产棉各地，亦接有相类的报告"[①]。在华商纱厂拒绝购买高价美棉的情况下，政府将美棉售与日商。

低价获棉的希望落空，《纺织时报》多次发文谴责政府将美棉售与日商的行为。一方面，指责政府借款购棉是一种欺骗行为，其承诺与实际操作不符，起初一再申述借款购棉是为救济国内华商纱厂，最后却将美棉廉价售给日厂。[②]记者将政府这一行为比作战争中官方电报，即宣称自己所在一方所向披靡，"无电不成血战，而实际上则日退千里，完全为对内的一种欺骗宣传而已"[③]。另一方面，讽刺政府售棉与日商是一种市侩行为，"理财之道，举世追无过于今之我国财政当局"，政府谋利的本事"实非愚鲁之厂商思虑之所能及"[④]。8月10日，《纺织时报》转载《事时新报》一篇社评，社评称政府向美国借款购棉，必然有异于商人操纵垄断的市侩行为，"政府非商铺，财长非买办，海外贷货非商行为"，应该直接将美棉供给厂家或工业团体。而国民政府将美棉售给日商是一种商人攫取利润的行为，非政府救济民生的行为。[⑤]

纵观《纺织时报》对中美棉麦大借款事件的报道，主要从中立者和受害者的角度，叙述政府与美商进行棉麦借款谈判、借款达成以及政府将美棉售给日商的全过程，并多次向政府提出明确棉麦借款分配原则与棉麦变现款项用途的要求。该报自始至终没有明确表示支持该项借款，也较少要求政府低价售棉。该报这样的报道倾向，实则是华商纱厂谨慎考量的结果，反映了华商纱厂在经济大萧条中的复杂处境和舆论困境。

---

① 《汪院长又报告棉麦借款问题》，《纺织时报》1933年8月24日，第1015号，第1–2版。

② 《借款购棉竟廉售于日厂欤》，《纺织时报》1933年8月3日，第1009号，第1版。

③ 《中央又申述用途，东京亦谓售与日商》，《纺织时报》1933年8月10日，第1011号，第2版。

④ 《异哉中央售美棉与日本诿为打破华厂之垄断与要挟》，《纺织时报》1933年8月7日，第1010号，第2版。

⑤ 《美棉支配之原则》，《纺织时报》1933年8月10日，第1011号，第1版。

二、华商纱厂的舆论困境：支持中美棉麦大借款与塑造企业形象

华商纱厂促成棉麦大借款的消息传到中国后，引起社会各界的强烈反对。华商纱厂面临经济与舆论的双重压力，一方面要支持棉麦大借款，摆脱经济危机；另一方面需顾及民众心理，塑造企业具有社会责任感的良好形象，保证棉纱市场的稳定。《纺织时报》作为华商纱厂的喉舌，其报道在支持棉麦大借款与塑造企业形象之间形成巨大的张力。

世界经济危机波及中国后，中国农村经济破产，以纺织工业为代表的中国民族工业面临棉贵纱贱等诸多困难。民国经济专家郑学稼对华商纱厂的困境有生动的描述："我们再从国际不景气来说，也使正在轻工业阶级中过活的中国民族工业，'陷于大泽'之中。既不能运用关税的壁垒，抵挡她的敌人，又有军事上的屈服，国内外国工厂的林立，五步一关十步一卡之'阿房宫式'的税卡，已经悲唱着'虞兮虞兮奈若何'。再加大阪和兰开夏棉纱的倾销，如无挽回的方策，他们只有'自刎乌江'。"①

华商纱厂迫切希望尽快摆脱经济危机。荣宗敬作为华商纱厂联合会会长及申新纱厂主，1933年引进棉麦借款前曾不断敦促政府举办借款。1932年6月，他要求政府用现货借款引进美棉。②同年10月，再次提出从美国引进借款的要求。③次年宋子文赴美之前，荣宗敬第三次与宋子文商量寻求一笔用于购买美国棉麦的借款。④宋子文抵美借款过程中，

① 郑学稼：《棉麦大借款》，生活书店，1933，第7页。

② 上海社会科学院经济研究所：《荣家企业史料》上，上海人民出版社，1980，第385-386页。

③《东洋贸易时报》8卷41号，1932年10月13日，第4页，转引自金志焕：《棉纺之战——20世纪30年代的中日棉纺织业冲突》，上海辞书出版社，2007，第86页。

④ 王子建：《美棉借款问题之检讨（六）》，《大公报（天津版）》1933年7月17日，第7版。

荣宗敬向宋子文进言“我国棉纺织厂日趋危殆，最大原因在本国原棉不敷，其价日昂，而生产品因外货倾销，其价日落。救济之道，请政府出面向美政府借购美棉60万包转售于华商纱厂，即以其款拨作救济农村推广棉区、改良品质之用”①。他认为，借款若能达成，国家、农民与棉纺织业无不受其利，农民收入将增加，纱厂原料无匮乏之虞，则营业自有振兴之望。②

但这与广大民众对棉麦借款的认知和判断产生冲突，举借外债触及了中国民众强烈的民族主义情感。中国近代史可以说是一部外债史，自1853年2月上海道台吴健彰为剿灭太平军举借第一批外债，至1948年中国向美国举借购船款项的最后一项外债，据《民国外债档案史料》统计，北洋政府共举借463项外债，南京国民政府共举借85项，抗日战争前就有52项。③这些外债大多以国家税权等作为担保，给西方国家操纵中国经济命脉提供了缝隙，引起国人强烈反对。因此，中国社会自近代以来形成强烈的抵触外债心理。

而1933年棉麦大借款又是中华民国政府借款金额仅次于1912年善后大借款的一次外债，争议之大可以想见。有人直接将1933年棉麦大借款称为第二次善后大借款：“最近袁世凯第二，独裁军阀蒋介石，又已秘密向美国签订五千万美金大借款之合同，其总额之钜，恰约等于善后大借款……其作用意义，实与袁氏善后大借款毫无二致。既亦用以消灭异己，镇压革命是也！此项借款，表面为向美购买棉麦，实则

① 宋子文在1934年3月26日全国经济委员会第二次委员会议上就此作过说明，参考《全国经济委员会第二次委员会议关于棉麦借款的报告书》，载于建嵘主编《中国农民问题研究资料汇编》第1卷下册，中国农业出版社，2007，第979页。

② 荣宗敬：《拟借美棉之羡以补华棉之不足节略》，《农村复兴委员会会报》1933年6月，第64页。

③《民国外债档案史料》第4–11卷，转引自吴景平：《关于近代中国外债史研究对象的若干思考》，《历史研究》1997年第4期。

南京政府将用此种棉麦，转售于纺织业、面粉业，以换取现金，藉供非生产之政治军事用途。”[①]纵观南京国民政府执政6年间发行公债情况，“无一钱用于生产建设与国防设备，而完全用之于制造内战与纳入个人的私囊之中”[②]。

除此之外，华商纱厂促成棉麦借款的根本动机乃低价获取美棉，摆脱当前棉贵纱贱的困境，这一要求也与棉业组织及棉农的需求背道而驰。当时华棉每包价格在46元左右，美棉每包约60余元。棉纱业工业家胡筠籁认为政府若以8折出售美棉，华商纱厂将踊跃购买。[③]荣宗敬却希望政府以每担40元，即优惠力度大于7折的价格将美棉售予华商纱厂。[④]甚至有华商纱厂经营者提出5折的要求。[⑤]这将使美棉价格低于华棉。华商纱厂期望政府低价销售美棉，而不顾对国内棉业市场可能产生的冲击。一大批棉麦进入中国市场，势必引起国内棉麦价格下跌，影响农民生计。在宋子文已经签订棉麦借款的情况下，稳定棉麦价格和控制输入数量成为民众的无奈之求。棉业组织希望政府稳定美棉价格，控制运棉数量，以防棉贱伤农，保护棉农生计。上海中华棉业联合会要求政府有关部门稳定美棉售价，“不至有影响国棉之虞”。同时控制单次运棉数量，延长棉麦运华期限，“例如一年内运入，其数量越过历年输入甚巨，国产销数，势必全被倾夺。今之患供不敷求者，后必将患供过于求。不如展长运华期限。俾国棉犹得生存于市场，不致遽成废物。而米

① 《第二次“善后大借款”》，《正论周刊》1933年6月17日，第3版。

② 立言：《反对中美棉麦借款：论中美棉麦借款对于中国政治经济利益之损害》，《正论周刊》1933年6月17日，第8版。

③ 郑学稼：《棉麦大借款》，生活书店，1933，第32页。

④ 荣宗敬：《拟借美棉之羡以补华棉之不足节略》，《农村复兴委员会会报》1933年6月，第64页。

⑤ 金志焕：《棉纺之战——20世纪30年代的中日棉纺织业冲突》，上海辞书出版社，2007，第96–97页。

粮价格，亦不致再跌。以稍减农民痛苦”[①]。

1931年美麦借款造成谷贱伤农的前车之鉴，加重了棉农及棉业组织对1933年棉麦大借款的抵触心理。以1931年美麦借款引起谷贱伤农为事例，抨击1933年棉麦大借款的舆论不少。1931年，国民政府向美国贷款购买美麦，再以比市价每百斤便宜七两的美麦价格，分配给面粉厂，面粉厂成粉则照市价结算给国民政府。茂新、福新等大面粉厂因掌握大量原料和大量成粉而操纵市场。[②]中华棉业联合会指出，此次棉麦借款在国内新棉即将登场时签订，“去年谷贱伤农之不幸，必又于棉业见之”。妇女杂志《女声》亦发表类似观点：棉麦借款对我们有害无益，政府救济棉荒显系臆造之词，救济麦荒更是荒唐，“去年谷贱伤农的现象，便是一个铁证；在丰年时借麦的弊处固然是显而易见的，即在荒年时，国内各地交通未构通前，虽有外来大批洋麦，亦无由输入”。[③]关于棉业组织与华商纱厂在美棉价格问题上的分歧，《纺织周刊》有直接的描述：“如利害切身之棉商，亦仅要求参加讨论，维持国产棉价……纱厂亦有不需要贵价美棉之意，可见此项借款与其目的根本实相矛盾也。”[④]华商纱厂与棉业组织、棉农在美棉价格问题上形成对立之势。

民众对华商纱厂的不满，不仅体现在举借外债、破坏民生问题上，还体现在华商纱厂与政府关系上。第一批美棉运抵中国前，社会上出现不少华商纱厂操纵棉麦借款的新闻。《救国通讯》杂志称：“我国政府对于棉麦借款的主要目的：是在赊入现货，以谋国内经济的周转，其用心不可谓不苦！可是国内有些奸商，反而趁机操纵，以致发生停滞的现

① 《棉联会全浙讳陈述意见》，《纺织时报》1933年6月19日，第3版。

② 福新面粉公司秘书部门职员钱寿春访问记录，1959年3月，参考上海社会科学院经济研究所经济史组：《荣家企业史料》上，上海人民出版社，1962，第373–374页。

③ 伊蔚：《美棉麦借款》，《女声上海（1932）》1933年第1卷第19期，第1页。

④ 《五千万美金借款购棉问题（三）》，《纺织周刊》1933年第3卷第26期，第811页。

象。因停滞而使农村经济破产！”[①]华商纱厂被社会舆论建构为勾结官员、操纵美棉的奸商形象。

华商纱厂一方面寄希望于政府救济企业，支持举办棉麦借款，另一方面畏于官商勾结的舆论压力，尽力保持自身的独立性和中立立场。早在1931年政府举借中美美麦借款时，《纺织时报》就表示希望举借包括棉花在内的外债。该年9月，南京国民政府以赈灾济民为名，同美国农商部签订约900万美元的美麦借款合同。[②]这些小麦大部分分配给茂新、福新等大面粉厂，使得这些面粉厂在粉业普遍困难的情况仍能获利。[③]鉴于此，华商纱厂对棉花借款能够帮助自己渡过经济危机充满乐观情绪。9月3日，该报呼吁举办包括棉花在内的棉麦大借款："二者（棉花和小麦）均为我生产歉乏之国家民生衣食所急需，以我为应联合全国上下，办一棉麦大借款……若是，则利益不胜枚举。"[④]棉麦借款达成后，该报却始终保持谨慎、悲观的态度，避免招致更大的舆论压力。1933年6月19日，实业部拟就美棉支配原则。该报称其为"空洞之谈""未见有具体之办法"。[⑤]6月底，报界传言政府支配办法已议决妥帖，第一批美棉麦即将运抵中国。该报却不以为意，它认为政府支配办法并不妥帖，"棉价之标准、麦价之统计、运费之折合"等尚未确立，美棉即将运抵中国的宣传"未免过早"。[⑥]7月10日，政府当局首次正式发表棉麦借款报告，该报又指陈该报告"空洞不得要领"[⑦]。

---

① 易公：《棉麦借款与我国农村》，《救国通讯》1933年9月12日，第2版。

② 国民党政府财政部财政年鉴编纂处：《财政年鉴》，商务印书馆，1935，第1422页。

③ 福新面粉公司秘书部门职员钱寿春访问记录，1959年3月，参考上海社会科学院经济研究所经济史组：《荣家企业史料》上，上海人民出版社，1962，第373–374页。

④ 俞寰澄：《举办棉麦大借款为救灾之最急政策》，《纺织时报》1931年9月3日，第2版。

⑤《实业部拟支配美棉办法原则》，《纺织时报》1933年6月23日，第2版。

⑥《向美借款购棉仅签订大纲合同》，《纺织时报》1933年6月28日，第1版。

⑦《行政院长借棉麦之报告》，《纺织时报》1933年7月17日，第1–2版。

支持政府棉麦大借款与广大民众的民族主义情感产生抵牾，要求政府低价售棉与棉农、棉业组织利益亦相违背，这两者均可能造成棉纱市场的动荡，加重棉贵纱贱的经济困境。据报道，华商纱厂在棉麦大借款事件发生后，方见起色的纱市“因此消息又复大落”[①]。华商纱厂陷入支持棉麦大借款与塑造企业形象的两难之中。

三、三管齐下：强调借款正当性、转移舆论矛头和为民众发声

为应对支持棉麦大借款与塑造企业形象的困境，华商纱厂通过强调借款正当性、转移舆论矛头和为民众发声的策略，使两者之间达到某种平衡。

首先，顺应民众心理，为棉麦大借款寻求某种正当性。

一方面，利用孙中山思想，赋予棉麦大借款合理意义。孙中山经济思想中很重要的一项便是利用外资，他就外债与生产的关系专门作过论述：“至中国一言及外债，便畏之如酖毒，不知借外债以营不生产事业则有害，借外债以营生产之事则有利。”[②]华商纱厂将孙中山的利用外资思想作为支持棉麦大借款的重要思想武器。时任申新纱厂主管朱仙舫指出：“利用外资开发中国富源，是总理物质建设的政策。”向美国借款购买美棉，对华商纱厂是有利举措。[③]马寅初也指出，在中国民穷财尽之时，“非借用外资不可，亦无违于总理遗教”[④]。华商纱厂因此被建构为总

① 《救济纱厂与借购美棉》，《纺织周刊》1933年6月，第3卷第24期，第754版。

② 《在南京同盟会会员饯别会的演说》（1912年4月1日）转引自中国社科院近代史所《孙中山全集》第2卷，中华书局，2006，2版，第322页。

③ 朱仙舫：《善用棉麦借款举办生产事业以利民生》，《纺织时报》1933年7月3日，第1–2版。

④ 马寅初：《棉麦借款问题（一）》，《纺织时报》1933年9月11日，第2版。

理遗教的践行者。

另一方面，将借款置于抗日救亡的主流话语体系中。九一八事变后，中国东北全境迅速落入日军之手，激起国人强烈愤懑，抗日救亡成为时代的主题。华商纱厂迎合时代潮流，将棉麦大借款赋予抗日救亡的重大意义。马寅初认为，此次借款虽为经济性质，但实际上暗含美国赞助中国抗日之倾向，美国"能在极度恐慌中，贷此巨款，弦外之音，自可想见"。而且此次借款可为抗日所必需的国家基本建设提供经费支撑，"创设及改进基本工业、发展交通、兴修水利、复兴农村经济，皆为目前政要，非钱不可。国内民穷财尽，内债价格仅在四五折之间，发行之难，已可想见。转而求之外国，势非得以"，故"我国与此项借款之关系，实为生死存亡关键所系。"[①]

其次，将舆论的矛头指向政府，减小自身舆论压力。

1933年6月，《纺织时报》相继披露上海棉花号业公会、上海中华棉业联合会和全浙公会等反对棉麦借款的函电。他们反对的理由主要是棉贱伤农，如上海棉花号业公会认为解决中国棉业问题的关键是改良植棉，"借债度日，终非久计"，且大量棉花进入中国市场，必然导致棉价下降、棉贱伤农，希望政府"收回成命"。[②]后两个团体向政府指出，大量美国棉麦突然进入中国市场，将使国内棉价和粮价下跌，进而波及棉农、粮农利益。[③]对于他们提出的棉贱伤农的反对理由，该报认为"未能举出真正之利害"[④]。言下之意，华商纱厂与棉业组织的利益诉求是一致的，都以政府为对立面。

7月10日，该报转载《国闻周报》上一篇批评政府举办棉麦大借款

① 马寅初:《棉麦借款问题（一）》,《纺织时报》1933年9月11日，第2–3版。
② 《又一棉号公会陈述意见》,《纺织时报》1933年6月23日，第2–3版。
③ 《立法院通过棉麦借款》,《纺织时报》1933年6月19日，第3版。
④ 《实业部拟支配美棉办法原则》,《纺织时报》1933年6月23日，第2版。

的文章。该文作者通过一个理发匠的故事，暗喻政府当局举借外债是在毁灭全民族。1828年，海涅在伦敦遇到一个理发匠，这名理发匠说：“一切祸害中的最大的便是债……英国全土，已经变成一个很大的监狱踏车，在这里，不分昼夜，人们都要不断地工作，为的是供养他们的债主……负债不仅要毁灭个人，且要毁灭全民族。”随后作者将矛头直指国民政府，认为国民政府对借债“交口称赞”。《纺织时报》记者大赞此文“直截了当，揭示借款之真相，实为自此事发生以来较在事实上立论之文”①，如此将舆论的矛头指向政府，同时纠正了一般人对企业唯利是图、官商勾结的刻板印象。

值得注意的是，政府也采取相同的策略将舆论压力转向华商纱厂。政府为了争取华商纱厂支持和寻求借款正当性，将棉麦大借款动因解释为救济华商纱厂。这从宋子文关于签订借款动机的说明中也能看得很明白。1934年3月26日，宋子文在全国经济委员会第二次委员会议上说，首先，在他赴美之前，实业部长陈公博发来电报称上海棉花库存不足，要求尽快引进美棉；之后，财政部次长发来敦促引进美棉的电报，荣宗敬关于华商纱厂原棉不足问题的报告也反映在该电报中。如此，宋子文把华商纱厂的要求解释为棉麦大借款的目标，大大淡化了自己的主观性。②从某种角度说，也转嫁了借款的责任。正如时评所言，“纱厂粉厂为国家罪人，政府转可卸责”。③由此可见华商纱厂与政府之间复杂的竞存关系。

最后，在维护企业利益的前提下为社会民众发声，塑造企业兼顾民生的好形象。

① 崔敬伯：《五千万美金棉麦借款问题》，《纺织时报》1933年7月10日，第1版。

② 转引自金志焕：《棉纺之战——20世纪30年代的中日棉纺织业冲突》，上海辞书出版社，2007，第90页。

③《救济纱厂与借购美棉》，《纺织周刊》1933年6月，第3卷第24期，第754版。

棉农与企业并非总是对立的，当棉麦大借款用于振兴棉业时，两者都能从中获利。例如当棉麦大借款已成既定事实后，棉业刊物《棉业》开始支持购入美棉，称购入美棉“对于纺织业是有利的”，对棉业经济亦“没有什么害处”。文章最后提出将变现款项用于振兴棉业的愿望：“我不希望此次贷款能真如中央所议全部用于生产事业，也不希望王院长所谓集中注意于农业建设完全可靠，只要棉花自给这小小问题能从借款中挪百分之一即二百万元来办到，已经是差强人意了。”[①]笔者揣测该报支持借款可能与借款已成事实有关，因此只能寄希望于合理使用借款。不可否认的是，在这一方面，华商纱厂与棉农的利益是相通的。

华商纱厂与棉农利益的一致性，为华商纱厂支持棉麦大借款，同时塑造企业兼顾民生形象提供了可能。朱仙舫在《纺织时报》中指出，合理借款购棉及使用变现款项，纱厂和棉农皆能从中获利。他称棉麦大借款一方面可为华商纱厂供给原棉，弥补最近华棉之不足；另一方面，美棉用于纺制细纱，华棉用于纺制粗纱，二者分工不同，对中国棉农并无伤害。同时在借款购棉时，规定棉花品种和单次运棉数量，尽量选择国棉产量不足或缺乏的棉花，以及根据国内纱厂需求量及本年国棉收获情况，“分批装运实际所缺数量”，以减少棉麦借款对国内棉价可能造成的不利影响。并且，将棉麦变现款项用于民生建设事业，复兴农村经济，发展交通事业，还可振兴棉业。[②]这篇文章没有提及美棉价格问题，只是建议政府在美棉数量、品种方面有所作为，巧妙地避免了华商纱厂希望低价获棉可能招致的舆论压力，同时表明华商纱厂并非置社会利益于不顾。这种报道，既没有放弃华商纱厂的根本利益，又可起到兼顾民生事业、塑造企业良好形象的作用。

---

① 周干:《棉麦借款的得失》,《棉业》1933年8月1日，第3页。

② 朱仙舫:《善用棉麦借款举办生产事业以利民生》,《纺织时报》1933年7月3日，第1–2版。

华商纱厂的应对策略一定程度上减少了舆论压力。最终，舆论的矛头几乎全部指向政府方面。当然，这并非完全是《纺织时报》倾向性报道的结果，更主要的是棉麦大借款事件本身发展使然。国民政府的目的不在于救济纱厂，而是获取财政资金与加强经济统制。1933年9月，全国经济委员会改组，新增棉业统制委员会，掌管棉麦大借款用途的审核、支配等权力。由于棉麦销售受阻，国民政府不得不要求美国减少债额。1934年2月，驻美公使施肇基等与美国商议，将美棉债额由4 000万美元减为1 000万美元，麦粉维持原来数目，期限予以展缓，即美国棉麦借款实为2 000万美元。最终，棉麦变现款项用于统制全国金融的数目约占40%，直接用于反共军事经费的占36%，用于国内经济建设的微乎其微。[①]华商纱厂的期望落空，政府成为棉麦大借款的直接获益者，民众反对声音自然集中到政府方面。

华商纱厂在棉麦大借款事件中的舆论工作，应被置于国际和国内历史大背景下加以理解。世界经济危机波及中国后，以纺织工业为代表的中国民族工业面临资金不足、产销失衡、棉贵纱贱等诸多困难。1933年棉麦借款，是华商纱厂旨在通过政府举借外债来低价获得美棉的求救活动。但中国民众自近代以来形成强烈的抵触外债心理，棉麦大借款又是民国以来政府举借款项仅次于1912年善后大借款的一次外债，舆论争议自然不小，这对棉麦大借款不可谓不是巨大阻碍。世界经济危机还造成中国农村经济破产，以1931年美麦借款引起谷贱伤农为前车之鉴，抨击棉麦大借款的舆论亦不少。这是华商纱厂陷入舆论困境的国内外背景。

华商纱厂在棉麦大借款事件中的舆论工作，反映经济危机中政府与企业的矛盾关系。实际上，政企之间在棉麦大借款问题上从未达成一致意见，他们在棉麦大借款事件中互相拆台，正如《纺织周刊》编者所

① 陆仰渊、方庆秋主编:《民国社会经济史》，中国经济出版社，1991，第263–265页。

言:“我国政府与商人,始终不能融为一体,不能互倾肺肝。”[①]政府举办棉麦借款别有用心,救济纱厂只是它为借款寻找的一个正当理由,实则希望尽快弥补财政不足。受世界资本主义经济危机影响,中国民族工业深陷泥潭,农村经济亦面临破产,加之战争破坏,国家财政收入大为缩减。而国民党加紧围剿苏区,又造成军费开支浩繁,国民党收支严重失衡。全国经济委员会成立后,各部门项目申请经费到3月25日已达10亿多元。[②]政府迫切期望将棉麦借款变现后,充当全国经济委员会活动资金和各地项目经费。政企之间的利益重叠与分歧,使华商纱厂的舆论环境更为复杂。

这个问题还反映出中国民族工业在大萧条时期的复杂处境。企业的发展离不开社会,企业的社会形象直接影响企业经营。当企业应对经济危机的行为与社会要求发生龃龉时,企业面临经济与道义的双重压力。这中间还有政府力量的干预,中国民族工业应对危机,除自身改善企业管理、打开内地市场等自救行为外,离不开政府的救助。政府的决策势必影响企业应对危机的结果。中国民族工业在经济危机中面临经济、政治和社会各方面的压力。

四、纺织行业史研究中的中美棉麦大借款

关于1933年中美棉麦大借款,学界研究已比较成熟,研究集矢于借款的内容,过程及对中、美、日三方的影响。近年来,一些探讨华商纱厂对1933年中美棉麦借款态度的论著也开始出现,如中美关系研究专家陶文钊先生的《反法西斯战争时期的中国与世界研究》、

① 编者:《救济纱厂与借购美棉》,《纺织周刊》1933年6月9日,第3卷第24期,第754–755页。

② 全国经济委员会编:《全国经济委员会会议纪要》第4辑,全国经济委员会,1940,第20页。

民国人物传记作家杨者圣的《国民党金融之父宋子文》，以及经济史学者马陵合的《华资纱厂与棉麦大借款——以借款的变现及其用途为中心》。陶文钊和杨者圣先生认为1933年正是中国原棉供不应求之际，华商纱厂面临棉贵纱贱之困境，大量美棉的购进有利于降低棉价，为华商纱厂解决原棉不足及棉价昂贵的问题。马陵合则分阶段讨论了华商纱厂主在事件中态度的转变，但仍与《纺织时报》报道中的事实不相一致。

陶文钊先生列举出诸多地方政治势力和团体组织表示反对意见，认为“在1933年棉麦大丰收的情况下去购买如此大宗的棉麦将对中国农村经济造成毁灭性的打击，并且将极不利于中国经济的振兴”。[①]进而列举出国民党西南执行部、以胡汉民为首的西南政务委员、西南各省国民对外协会、上海市政府、湖南全省商联会、北平市商会、河南省赈务会等政府和民间组织要求取消棉麦借款。反对声音最多的是与棉麦直接相关的行业——“以基层组织、小企业以及与棉麦直接相关的农业团体为主”，[②]例如上海中华棉业联合会、江苏全省农村协会等，他们主要站在农民的立场上，反对借款购棉麦。

在反对者中，陶文钊先生没有提及华商纱厂联合会，甚至指出“中央机关及部分大企业、商业团体持肯定态度，认为棉麦借款必能加快国内建设，提高农产品和农业原料的自给自足能力，并争先提出利用方案”[③]。其中最典型的就是华商纱厂联合会发起人之一的申新纱厂厂主荣宗敬先生。荣宗敬是中国最大棉纺织厂厂主，曾游说国民政府购入美棉。陶文钊认为这类大企业“虽然将理由着眼于加强国内建设，复兴农

① 陶文钊编:《反法西斯战争时期的中国与世界研究》(第6卷)，武汉大学出版社，2010，第42-43页。

② 同上书，第43-44页。

③ 同上书，第41-42页。

村经济，振兴民族企业，但其中私利自不待言”[①]。

与陶文钊先生观点相同的还有杨者圣先生，他在《国民党金融之父宋子文》一书中，认为宋子文是因为“偏听偏信”荣宗敬的错误信息才酿成了1933年中美棉麦大借款的苦，“借贷美棉及美麦的计划，最初就是荣宗敬提出来的”。1933年宋子文赴美，荣宗敬恳请政府向美国借款购棉，“宋没有想到美国人很大方，不但同意给予棉麦借款，而且将中方的借贷额由10 00万美元放大到5 000万美元，远远高于宋的计划”。宋便询问荣宗敬，国内市场是否需要这么多美棉，荣宗敬认为中国目前急缺棉花，库存仅够一月之用，申新纱厂每月要用棉5 000包，如果购入4 000万美元美棉，申新纱厂以前就可以“消化殆尽”[②]，催促宋子文尽快达成借款协议，尽早使华商纱厂得到这批棉花，宋子文才与美国签订中美棉麦合同。

《荣家企业史料》也详实介绍了荣宗敬支持中美棉麦大借款的相关史料，称其打算分沾棉麦大借款，但最后愿望落空。中美棉麦大借款成立后，荣宗敬“为之捧场”[③],1933年6月5日，其致电行政院政务处长彭学沛，称：

前奉台函，敬悉借用美棉一节，已由行政院议决进行。顷得路透消息，欣悉宋部长在美谈判，已有结果。此皆汪院长俯纳刍荛及台端赞助之力。以后复兴农村及关于建设事项，皆可次第实施，其

① 陶文钊编:《反法西斯战争时期的中国与世界研究》(第6卷)，武汉大学出版社，2010，第42页。

② 杨者圣:《国民党金融之父宋子文》，上海人民出版社，2011，第129页。

③ 上海社会科学院经济研究所经济史组编:《荣家企业史料》上，上海人民出版社，1962，第389页。

为福利，岂有涯涘，不特纺织业感级已也。[①]

荣宗敬对中美达成借款一事感到欣喜，对政府支配棉麦借款办法持乐观态度，认为政府必将利用棉麦借款复兴农业，发展生产建设事业。但由于美棉价格过高，难以全部销售，原定借4 000万美元购买美棉的计划变动，最后仅运华600万美元美棉。

马陵合倒不认定华商纱厂主始终支持棉麦借款。他认为华商纱厂主态度的转变有一个过程：最初积极响应并促成借款；借款达成后，期望低价获得美棉，分润巨额借款，并对这份期望持乐观态度；直到国民政府高价出售美棉，华商纱厂无力承购美棉，华商纱厂主才开始揭露政府的伎俩。

首先，华商纱厂主积极促成借款。马陵合认为，荣氏企业的态度即全体华商纱厂的态度。1933年棉麦借款的促成，是因为以荣宗敬为代表的一部分民营棉纺织企业希望以政府信用来获取企业所需的流动资金，以增强民营企业的竞争力。荣宗敬希望政府能通过特殊的外债方式，用所获得外债款项直接在美国购置美棉，以此来救济棉业。其他华商纱厂也赞同这一主张，认为此举可使大多华商纱厂受益。[②]

其次，借款达成后，华商纱厂主对低价获得美棉持乐观态度。上海华资纱厂积极呼吁，期望低价获得美棉。马陵合引用《大公报》和《前途杂志》上关于华商纱厂联合会持乐观态度的报道："中美借款成立，有益于华纱，原料价较低，华纱有复兴之象。"此次借款"华纱始得于奄奄一息之中，获复苏之机，是不啻美棉借款于无形中间接救济华纱"。

① 上海社会科学院经济研究所经济史组编:《荣家企业史料》上，上海人民出版社，1962，第389页。

② 马陵合:《华资纱厂与棉麦大借款——以借款的变现及其用途为中心》,《中国经济史研究》2014年第2期。

马陵合也关注到部分华商纱厂主的顾虑，他引用《大公报》上一则报道："政府虽为救济棉业引进棉麦借款，但能否以低廉价格被纺织工厂接受，不能乐观。"①

最后，直到政府实行棉业统制政策，华商纱厂主才意识到借款非治本之策。1933年10月，棉业统制委员会成立，中国棉花改进事业进入政府统制棉业时期。至此，棉麦借款难以直接惠及华商纱厂，使得华商纱厂开始清醒地意识到，棉麦借款并非治本之策，只有改进管理、降低成本、提高质量，才能从根本上解决中国纱厂危机。

这与《纺织时报》报道中呈现的华商纱厂主态度具有差距。据《纺织时报》报道，在政府尚未公布棉麦借款与美棉的明确用途之前，华商纱厂主对此事件未作评价，既不支持也不反对，而不是迎合荣氏企业家、积极促成借款；并且在借款达成之前，华商纱厂就已意识到借款购棉并非治本之策，最根本的做法是要改进管理、降低成本、提高质量。借款达成之后，华商纱厂主最关心的是美棉用途，期望将美棉用于民生事业，对于能否低价购得美棉绝口不提。华商纱厂主对借款的态度在不同文本中呈现不同的面相。

① 马陵合:《华资纱厂与棉麦大借款——以借款的变现及其用途为中心》,《中国经济史研究》2014年第2期。

第二节 申新七厂被拍卖事件

20世纪30年代，受世界经济危机等因素影响，申新纺织第七厂资金周转困难，荣宗敬以申新七厂全部地基房屋及机器设备作为抵押，向汇丰银行借款200万银元，并规定1934年12月31日到期。到期之际申新七厂无力偿还借款，汇丰银行强行拍卖申新七厂，承购人为日商纱厂代表。申新企业是近代中国最具实力的纱业企业之一，这一事件引起社会轰动，在社会各界的舆论压力下，申新七厂得以保住。申新纱厂厂主荣宗敬是华商纱厂联合会发起人之一，申新纱厂又是华商纱厂联合会会员，作为当时重要的纺织行业报纸，《纺织时报》对申新七厂被拍卖事件自然极为关注。

一、《纺织时报》报道中的拍卖事件

由于《纺织时报》发行时间为每周一、周四，尽管1935年2月26日汇丰银行就已拍卖申新七厂，但是直到1935年2月28日《纺织日报》才发布有关该事件的第一则消息，至1935年3月18日发布黄炎培关于该事件的评论性文章，《纺织时报》共分6期报道该事件。《纺织时报》报道申新七厂被拍卖事件时，强调华商纱厂联合会在制止申新七厂被拍卖事件中所起的作用；基本认可政府及工商界在此事件中的作为；

在申新七厂被拍卖事件发生期间，中日纺织业之间既存在竞争关系，也有技术、市场方面的合作关系。

（一）强调华商纱厂联合会的功绩

《纺织时报》第1163号使用第1—4版报道申新七厂被拍卖事件，占整个报纸版面的一半，除介绍事件经过及转载其他报纸有关人士评论外①，着重报道了华商纱厂联合会制止该事件的过程。在报道华商纱厂联合会及其他团体制止该事件时，将华商纱厂联合会的致电文字有意放大，如图16所示。

本會及他團體請制止

南京行政院汪院長財政部孔部長實業部陳部長棉業統制委員會陳任主委員鈞鑒、前以敝業日形危困、迭經籲陳在案、查上海申新七廠價值五百餘萬元、前以二百萬元押與英商匯豐銀行、到期無力取贖、該行竟以二百廿五萬標價、於昨日拍賣、事關整個棉業前途、羣情惶駭、懇請鈞座迅飭營救以保主權、毋任屏營待命之至、華商紗廠聯合會叩有、

申新七廠拍賣事件

图16 《纺织时报》对申七事件报道（1）

资料来源：《本会及他团体请制止》，《纺织时报》1935年2月28日，第1163号，第2版。

① 《汇丰银行非法拍卖申新七厂》，《纺织时报》1935年2月28日，第1163号，第1-4版；《申新七厂拍卖事件》，《纺织时报》1935年2月28日，第1163号，第2版；《国际资本与民族工业》，《纺织时报》1935年2月28日，第1163号，第3版。

如图16所示，华商纱厂联合会请求政府制止申新七厂被拍卖的函电内容，比上海市总工会的函电内容的字体大，使得华商纱厂联合会的请求更加醒目。申新七厂被拍卖这一事件，在当时使社会群体激愤，《纺织时报》由华商纱厂联合会创办，在报道该事件时，强调华商纱厂联合会在该制止事件中所起的作用，有利于树立华商纱厂联合会在社会群体中的良好形象。再譬如该报第4版又报道了1篇华商纱厂联合会召开紧急会协商挽救申新七厂的消息，如图17所示。

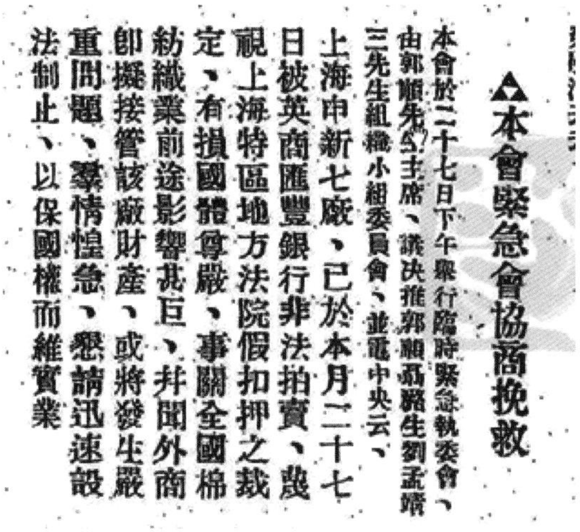

△本會緊急會協商挽救

本會於二十七日下午舉行臨時緊急執委會、由郭順先生主席、議決推郭順聶潞生劉孟靖三先生組織小組委員會、並電中央云、

上海申新七廠、已於本月二十七日被英商匯豐銀行非法拍賣、蔑視上海特區地方法院假扣押之裁定、有損國體尊嚴、事關全國棉紡織業前途影響甚巨、并聞外商即擬接管該廠財產、或將發生嚴重問題、羣情惶急、懇請迅速設法制止、以保國權而維實業

图17 《纺织时报》对申七事件报道（2）

资料来源:《本会紧急会协商挽救》,《纺织时报》1935年2月28日，第1163号，第4版。

《纺织时报》将华商纱厂联合会致中央电报内容字体放大报道，称汇丰银行的做法是汇丰银行“蔑视上海特区地方法院”的行径，“有损国体尊严，事关全国棉纺织业前途”，恳请中央设法阻止，“以保国权而维实业”。[①]这起到了宣传效果。

① 《本会紧急会协商挽救》,《纺织时报》1935年2月28日，第1163号，第4版。

1935年3月中上旬，由于社会各界一致反对拍卖申新七厂，汇丰银行方面态度有所缓和，《纺织时报》认为“经本会电陈中央后，引起各方严重之反对，汇丰已形软化”，该事件“可望撤销”，将功劳再一次归到华商纱厂联合会身上。[①]

（二）基本认可政府及银行界的表现

《纺织时报》第1164号使用一半的篇幅报道了申新七厂被拍卖事件，除了与上一期报纸一样，强调华商纱厂联合会在制止拍卖事件中发挥的重要作用[②]外，主要报道了各方反对汇丰银行拍卖申新七厂的具体态度及应对措施，对政府及银行界的表现着墨不多，仅仅提到行政院长汪精卫和上海市市长吴铁城对该事件的态度，且基本采用称赞性文字。譬如称中央政府考虑到“事态严重，起而援助，尤以汪院长之努力为可感”，汪院长及吴市长“力谋挽救”，汪院长“对此极为注意，惟以时间紧迫，且汇丰已赶于二十六日擅自拍卖，援救不及”[③]。对政府的无奈表示理解。

对于申新七厂第二债权人中国银行与上海银行在该事件中的表现，《纺织时报》未作评价，仅仅在第1165号上报道了2家银行代理人的声明“以第二债权人之立场，解释汇丰之举动为不当”，声明中称“第二债权人为维持第二利益起见，决将采用有效方法，以得到此纠纷之解决”，然而《纺织时报》也表示“有效方法之内容，则未言明”[④]。总的来说，《纺织时报》没有对政府及银行界的表现作过多评论，但基本采取认可态度。

① 《汇丰拍卖申新七厂可望撤销》，《纺织时报》1935年3月7日，第1165号，第1版。

② 《本会代表请市长救济》，《纺织时报》1935年3月4日，第1164号，第2版。

③ 《各方反对汇丰拍卖申新七厂》，《纺织时报》1935年3月4日，第1164号，第1版。

④ 《汇丰拍卖申新七厂可望撤销》，《纺织时报》1935年3月7日，第1165号，第1版。

（三）中日纺织业既有竞争也有合作

《纺织时报》的报道一定程度上反映了华商纱厂主的意志。在申新七厂被拍卖事件期间，《纺织时报》既发表反日报道及评论，也报道中日企业在纺织技术等方面的合作关系。

申新七厂被拍卖事件之初，《纺织时报》怀疑申新七厂承购者为日本商人。因为鲁意斯摩洋行职员劳特氏以最低价格银币225万元开始拍卖时，安静地坐在一旁的日本律师村上氏立即称愿以225万元拍下申新七厂，《纺织时报》新闻记者马上前去调查村上律师代表哪家企业，村上律师称“目前未便宣布，惟日后君等当能知之”[①]。《纺织时报》对申新七厂的真正购主极为好奇，又发布了华东社记者的调查结果，称“此次投标得主，系日商大连汽船会社，由丰田纺织厂株式会社出面购得。表面系改由日人接办，实际上该大连汽船会社拟改为码头之用”。也就是说，真正的购得者可能是位于杨树浦路340号黄浦码头的日本大连汽船公司，申新七厂位于杨树浦468号，两者毗邻，申新七厂在东，该公司码头在西。并称该公司“久有觊觎之心”，此次购得申新七厂“暂由丰田纱厂株式会社经营纺织，不久即将拆卸而翻建为码头之用”。[②]但丰田纱厂和大连汽船公司均否认此种说法。《纺织时报》又列举了其他几种说法[③]，究竟购得者为谁，不得而知，但《纺织时报》坚信承购者为日本商人。3月7日的报纸上报道了一则日领事声明买主非日本人的消息，声明内容如下：

① 《购者何人尚未得真相》，《纺织时报》1935年2月28日，第1163号，第3版。
② 同上。
③ 如有人说是南满洲铁道株式会社购入，银行界消息又称由汇丰银行自己买进。

> 申新纺织工厂拍卖问题，一部分人宣传其买主为日商，然本领事馆调查日纱厂及各公司之结果，已经明白买主全非日人，特此声明。[①]

但《纺织时报》认为日领事此种做法是由于日本领事担心引起中国社会的反感，“申新七厂拍卖之承购人，系日律师罔本、中村两人为代表，致一般人均目为日商所购”[②]。

同时，《纺织时报》又报道了中日纺织厂加强合作的消息。例如1935年2月28日，《纺织时报》报道日本纱厂派员来华推广毛织物，称此举是为“谋中日经济提携之实际化”[③]。日本爱知县拟于3月3日，派县毛织物检查所长等赴上海、杭州、南京，“对中国关税折冲手续上之欠缺补正，同时会见中国方面实业家”。主要是因为中国关税实权被英国人操纵，爱知县毛织物被拒绝输入中国，此行主要为解决关税问题。

不仅日本纺织厂派员来中国，申新纱厂也派员赴日考察。《纺织时报》2月28日报道，申新纱厂“特派第六厂布厂技师惠志道君，及第二厂保全部主任邹汝垂君，赴日考察”[④]。与此同时，申新七厂正处于被拍卖之中，且购得者为日商。《纺织时报》3月7日报道一则汪孚礼先生关于日本纱厂革新趋势的演讲。1935年2月24日，中国纺织学会举行春季聚餐会，汪孚礼先生致演讲词，演讲内容即汪孚礼1934年夏天前往日本考察的感想，其中提到，“近年来中国纺织业之困难，已达极点，一般人士，均感觉纱厂有整理与改良之必要，又鉴于日本纺织业之突飞猛

① 《汇丰拍卖申新七厂可望撤销》，《纺织时报》1935年3月7日，第1165号，第1版。
② 同上。
③ 《日派员来华推广毛织物》，《纺织时报》1935年2月28日，第1163号，第5版。
④ 《申新派员赴日考察》，《纺织时报》1935年2月28日，第1163号，第5版。

进，可资参考，故前往参观及实习者，颇不乏人”[1]。由此可见，中国纺织业人士积极向日本学习有关技术及管理经验。

汪孚礼演讲中提到中日纺织厂硬件设施的差距。日厂公事房[2]“仅求敷用”，厂房“极考究”；而华厂公事房力求“华丽”，厂房“反觉漠视”。日厂工房[3]“极整齐”，使工人居住条件改善，“各种设备应有尽有，如合作社、礼堂、食堂、澡堂、俱乐部等，无不完美”；华厂工房则“穷陋不堪”。日厂考虑到各部需求不一，“厂房建筑高低不等，以求适应各部工程”；中国纱厂“各间建筑一律”。[4]

除此之外，日本纺织厂机械也较中国纺织厂先进。“日本旧机，均加以改良”，有些纺织厂因资本有限，不能改良，“然亦已改用大牵伸，且其二十支产额，在十七小时以内，均能达到0.7至1.1磅”。日本经改造的纺机均由本国所造，比欧美还略高一筹，如细纱锭子，“欧美仅能转至一万一千转，而日本则能转至一万五千转”。至于中国纱厂，汪孚礼称“此在座诸君当所洞悉，固毋庸一一比较”[5]。其中差距可想而知。此演讲旨在揭露中日纺织厂的差距，希望中国纺织厂学习日本纺织厂的先进管理经验和生产技术。

以上是《纺织时报》报道中的申新七厂被拍卖事件。从报道文字中可以看出:《纺织时报》强调华商纱厂联合会在解决事件中所起的重要作用；对于政府及工商界在该事件中的态度，也基本表示认可；在事件发生期间，除揭露日商扩大在华企业规模的企图外，还报道中日纺织业在

① 汪孚礼讲，雷锡璋记:《最近日本纱厂革新之趋势》,《纺织时报》1935年3月7日，第1165号，第3版。

② 公事房，旧时指办理公家事务的处所。

③ 工房，指的是职工住宿的房间。

④ 汪孚礼讲，雷锡璋记:《最近日本纱厂革新之趋势》,《纺织时报》1935年3月7日，第1165号，第3版。

⑤ 同上。

市场营销、管理经验、生产技术等方面相互合作的消息。

二、纺织行业史研究中的拍卖事件

目前纺织史中对申新七厂被拍卖事件的叙述及评论，与《纺织时报》的报道并不完全一致。纺织史认可华商纱厂联合会在解决事件中所起的作用，但是认为这一事件得以解决，不仅在于华商纱厂联合会的竭力援助，还在于其他工商业团体的共同声援，以及申新纱厂职工等的誓死反对。至于政府与银行界在此事件中发挥的积极作用，纺织史研究多不以为意，认为国民党政府与银行界坐视不救。对于事件发生期间中日纺织业的合作关系，目前纺织史研究尚付阙如。

申新七厂是荣家企业之一，《荣家企业史料》中收录了大量有关档案、账册、访问记录、报刊、书籍以及其他整理文件。该书对申新七厂被拍卖事件全过程提供了较为完整的史料，也参考了诸如《申报》《纺织周刊》等报刊资料，但没有参考《纺织时报》。关于申新七厂被拍卖事件得以制止，《荣家企业史料》认为主要由于“职工反对、各界声援”，汇丰银行和日商才“缩回魔手”。①

该书引用《申报》1935年2月28日的报道，报道中称“申新七厂职工集会发表宣言，誓与工厂共存亡”，又引用《申报》3月1日关于申新七厂职工召开紧急会议反对纱厂被拍卖，“一致决议：1.推举代表孙镇城……等十人，向上海市党部、市政府、社会局请愿，严重交涉；2.联络有关系各公团、各机关、各报馆，请求主持公道，积极援助；3.经费暂由职员负责，每人垫款一元，不足另行筹划”。申新七厂职工为了抵

---

① 上海社会科学院经济研究所经济史组编：《荣家企业史料》上，上海人民出版社，1962，第478页。

制日本人接收工厂，还规定不能歇工，“一旦日本人来接收，车间里开红灯，工人就一齐出来，用自来水龙头冲，不让他们接收”。[①]除了申新七厂职工采取一系列办法抵制被拍卖事件以外，申新各厂职员联合会也站出来反抗拍卖事件，致电全国国货工厂请求声援，对汇丰银行违法拍卖申新七厂“誓不承认”，“一息尚存，愿与吾七厂永共生死，任何牺牲，在所不惜”，并恳请全国国货工厂“仗义执词，誓死力争，不胜迫切感祷之至”。[②]最后该书将申新七厂被拍卖事件的有效解决归结为申新纱厂工人“奋勇护厂，严厉督促国民党政权对于汇丰此种摧残中国实业，侵害中国法权的行为速予有效制止。国民党政府迫于群众的坚强意志，派实业部长到上海去向汇丰磋商，拖延了很长的时期”[③]。当然，该书也没有否认华商纱厂联合会的作用，称其“致函国民党政府棉统会促筹对策，以保主权”[④]，但认为纱厂职工的力量是关键。

其他纺织史研究对于华商纱厂联合会在解决申新七厂被拍卖事件中所起的作用，也都有所提及，但不作强调，基本认为整个社会舆论的压力，尤其是来自工人的压力，导致国民政府及英日的态度有所转变，国民政府开始采取积极的援助办法，汇丰银行也不得不妥协：“英领属方面态度，初亦甚为含糊，后鉴于我国民气十分紧张，始允于相当条件下接受我方之要求”；日本也开始推卸责任，称“申新纺织工厂拍卖问题，一部人宣传其买主为日商，然本领事调查日纱厂及各公司之结果，已经

---

① 上海社会科学院经济研究所经济史组编：《荣家企业史料》上，上海人民出版社，1962，第479页。

②《申新七厂案可望挽回》，《纺织周刊》1935年3月2日，第5卷第8期，第19页。

③ 李国伟提供的资料，载上海社会科学院经济研究所经济史组《荣家企业史料》上，上海人民出版社，1962，第482页。

④ 救济申新纱厂卷，国民党政府棉统会档案，载上海社会科学院经济研究所经济史组编《荣家企业史料》上，上海人民出版社，1962，第481页。

明白买主全非日人"[①]。徐锋华也认为："在这次反对汇丰拍卖、拒绝日本人接收的斗争中，申新工厂工人们的表现异常勇敢果决，令该厂的一些上层精英汗颜。"[②]

总的来说，在目前纺织史研究中，华商纱厂联合会致电国民政府请求援助，对申新七厂被拍卖事件的解决具有一定促进作用，但是不像《纺织时报》的报道中所反映的那样，"经本会电陈中央后，引起各方严重之反对，汇丰已形软化"，该事件"可望撤销"。[③]

如前所说，国民政府在纱厂职工督促下，才对汇丰银行拍卖申新七厂这一行为予以制止，派实业部长到上海去向汇丰磋商。那么，就国民政府在此事件中扮演的角色而言，是否正如《纺织时报》所说，中央政府积极援助，帮助解决拍卖一事，目前纺织行业史研究的答案是否定的。至于银行界在事件中的作为，《纺织时报》着墨不多，只是报道了中国银行和上海银行决定采取有效方法解决此事，基本采取认可态度，目前纺织史研究对此则不以为意。

根据《荣家企业史料》，申新七厂被拍卖事件之初，荣宗敬就致函中国银行总裁张公权和上海商业储蓄银行总经理陈光甫，托付他们转请国民党政府援助："贵行与敝公司关系较深，弟又承公等爱护，用敢不揣冒昧，切实奉商。""惟乞公等顾念旧交，一为援手，毋任企腾。"[④]通过打情感牌乞求得到中国银行和上海商业储蓄银行的援助。但是结果如何？该书引用《纺织周刊》中的报道，称国民党政府漠视，银行界旁观：

① 《非法拍卖申新七厂事件》，《新中华》1935年3月，第3卷第6期。

② 徐锋华：《民族企业的涉外纠纷与生存策略——以上海申新七厂拍卖案为个案》，《史林》2011年第3期，第130页。

③ 《汇丰拍卖申新七厂可望撤销》，《纺织时报》1935年3月7日，第1165号，第1版。

④ 申总函稿汇登，载上海社会科学院经济研究所经济史组编《荣家企业史料》上，上海人民出版社，1962，第474页。

"我们不能不说当局太不关心国家的实业了，否则，以二百万（元）之救，难道不能令政府之中央银行及其他有关各银行设法急救吗？"，"以各银行凑二百万是轻而易举的事，然而各行竟坐视'人溺而不救'。"[①]

实际上，国民政府和银行之所以坐视不管，是因为他们想乘机将申新七厂收归国有。1935年2月28日，中央银行副总裁陈行致电孔祥熙，商量赎回申新七厂，交给棉业统制会处理。[②]3月9日，上海银行副理童侣青致函总经理陈光甫，商议赎回申新七厂，收归国营，并强调"必须善导舆论，及用政府出面对付申新，方可接收而无问题"[③]。类似的观点在其他著作中也有体现，例如《中国金融旧事》一书，也认为"政府企图乘机吃掉申新七厂的消息传出后，经济界尤其是实业界人士立刻震动，声言太不珍爱本国体面，太不体恤本国实业家的经营苦心"[④]。《正义的觉醒：1929年至1937年的中国故事》一书认为，在申新七厂遭遇危难之际，荣宗敬求助于张公权和陈光甫，张、陈两人都是荣氏兄弟的老朋友，又是申新七厂的第二债权人，于公于私都应该帮助他，但是考虑到利益问题，却没帮助申新七厂脱离窘境，政府则"作壁上观，迟迟不表态"[⑤]。政府及银行界非但坐视不管，还欲利用汇丰银行拍卖申新七厂这一机会，将申新七厂收归国有。

在目前对申新七厂被拍卖事件的研究中，多以政府、银行与企业的关系为视角展开研究，均揭露了在这一事件中政企、银企的利益纠

① 丁丁：《申新七厂被拍卖的检讨及我们今后应有的工作》，《纺织周刊》1935年2月，第5卷第7期。

② 救济申新纱厂卷，国民党政府棉统会档案，载上海社会科学院经济研究所经济史组编《荣家企业史料》上，上海人民出版社，1962，第475页。

③ 上海银行对茂、福、申新各厂放款历年往来文件，上海银行档案，载上海社会科学院经济研究所经济史组编《荣家企业史料》上，上海人民出版社，1962，第477页。

④ 朱镇华：《中国金融旧事》，中国国际广播出版社，1991，第144页。

⑤ 邢建榕等：《正义的觉醒：1929年至1937年的中国故事》，上海锦绣文章出版社，2009，第250页。

葛。[1]徐锋华肯定汪精卫在此事件中的态度，认为时任行政院长的汪精卫"似乎十分积极"。但是，当时汪伪国民政府是一个被架空的机构，他的作为并不能影响事件的进程。国民政府对该事件"虽然不是无动于衷，却一延宕不决，未能做出经济上的实质援助"[2]，只是"雷声大、雨点小"，"内部蒋、汪两派一直暗中角力、互不买账，而并非以申新企业的生存和发展为根本考虑"[3]，"国民政府一直谋求的是国家对经济生活的垄断"[4]，利用汇丰银行拍卖申新七厂的机会，将申新七厂收归国有才是国民政府的真正目的。至于银行界，在此事件中各大银行表现不一，但总的来说都不愿插手此事，以免损害自身的经济利益。除了以上所说的中国银行和上海银行方面的消极态度，金城银行总经理建议整顿申新纱厂，将事件根本原因归结为申新纱厂经营管理不善；交通银行总经理唐寿民宣称交行愿意接手申新七厂，但"口惠而实不至"[5]。《正论旬刊》报道中认为，银行界完全以营利为目的，申新七厂濒临绝境、前途暗淡，国内各大银行只能声援，没有人愿意真正借款给申新七厂。[6]最后，国民政府进一步介入申新七厂被拍卖事件，并使事件得到有效解决，是迫于舆论压力的结果。

---

① 除了本书引用的有关申新七厂被拍卖事件的研究论文之外，类似的文章还有：徐锋华:《民族企业的涉外生存与生存策略——以上海申新七厂拍卖案为个案》,《史林》2011年第3期；马陵合、王平子:《申七事件：近代民营企业外债的多维解读》,《近代史学刊》2003年第10辑。

② 徐锋华:《企业、政府、银行之间的利益纠葛——以1935年荣氏申新七厂被拍卖事件为中心》,《历史研究》2011年第6期，第60页。

③ 徐锋华:《拍卖风潮中的银企关系与国民政府》,《东方早报》2013年12月17日，第13版。

④ 徐锋华:《企业、政府、银行之间的利益纠葛——以1935年荣氏申新七厂被拍卖事件为中心》,《历史研究》2011年第6期，第60页。

⑤ 同上书，第61–62页。

⑥ 让贤:《申新七厂强被拍卖之平议》,《正论旬刊》1935年第1卷第3期，第7页。

第三节 报刊报道与纺织行业史研究观点差异原因

历史事实具有多面性和复杂性。报刊的报道是历史事实，历史学家的研究也是历史事实。就本书而言，考虑到目前纺织史研究中多引用《纺织时报》中的数据，而较少引用该报新闻报道及评论，因此将《纺织时报》和一般纺织史研究作为两个不同的历史事实是基本可行的，只有在这个基础上，才能考察两者存在差距的原因。笔者认为《纺织时报》中的纺织业之所以与目前一般性的纺织史研究存在差距，主要受2个因素的影响：书写主体的政治和价值观；书写的视角及详略程度。

一、书写主体的政治和价值观

无论是报刊传播者，还是历史研究者，在书写历史事实时都难免代入自身的政治和价值观。

在新闻见报之前，编辑们会像把关人一样审查稿件，尽可能选择使用有利于创办者利益的内容。一个典型的案例可以说明该问题："在凡尔登战役打得最糟糕的时刻，霞飞将军和他的助手们却在开会争论明早见报的名词、动词、形容词。"[①]也就是说，虽然战争结果不尽如人意，但

① 沃尔特·李普曼:《公众舆论》，阎克文、江红，译，上海人民出版社，2002，第29页。

是报纸的报道未必如此，可能会对占多数的失败战役轻描淡写，对占少数的胜利战役浓墨重彩，旨在利用报纸的宣传功能鼓舞士气，最终的目的都是取得战争的胜利。

历史学家根据自己的政治和价值观去理解和评价历史，才能认识客观的历史。他们可能会从相同的历史资料中选取不同的历史事实，或者赋予相同历史事实以不同的意义，因此“不同研究者所理解的法国大革命的面貌，可能也是不同的”[①]。

就申新七厂被拍卖事件来说，谁是解决该事件的核心力量，以及政府、银行界在事件中表现如何，是《纺织时报》与目前纺织史研究存在不同的两个问题。对这两个问题的认识，在一定程度上体现了书写历史事实时书写主体所隐含的政治和价值观。

目前历史研究者们认为，申新七厂被拍卖事件最终得以解决，华商纱厂联合会发挥了一定的作用，但是最核心的力量还是纱厂职工以及各类社会团体，他们坚决反对汇丰银行拍卖申新七厂，给国民政府造成了强大的舆论压力，最终国民政府采取积极措施制止拍卖，申新七厂得以幸免。《纺织时报》的报道则不是如此，该报编辑屡次报道华商纱厂联合会请求政府干涉申新七厂被拍卖事件，并将华商纱厂联合会致政府函电的字体放大，进行报道，而对其他社会团体的声援内容不作任何文字上的处理。申新企业是近代中国最具实力的纱业企业之一，申新企业的兴衰牵动着整个民族企业的前途，申新七厂被拍卖事件消息一传出，社会各界反对的声音此起彼伏。此时让人们看到华商纱厂联合会在竭力反对拍卖申新七厂，可以提高华商纱厂联合会在社会中的地位。

对于国民政府及银行界在申新七厂被拍卖事件中的反应，目前纺织史研究者一致认为政府与银行在此事件中表现消极，引起社会的强烈不

① 张作成:《柯林武德史学理论研究》，中央编译出版社，2015，第204页。

满，最终在社会舆论的压力下，国民政府才开始真正援助申新七厂。对此事件《纺织时报》着墨较少，仅仅提及个别人物的积极表现，基本上认可政府及银行界的做法。是否是因为当时缺少这方面的资料，所以《纺织时报》才不报道政府及银行界的反应呢？当然不是。从《纺织周刊》的报道中就可以看出来，《纺织周刊》报道大量政府及银行界在此事件的丑态，《纺织时报》是与《纺织周刊》同时期的报刊，两者都是纺织行业报刊，一般来说，两者的新闻来源相似。因此，《纺织时报》明知政府及银行界的态度，却不作报道，很大可能是《纺织时报》编辑们有意过滤了政府及银行界在此事件中的消极做法。这是因为《纺织时报》代表华商纱厂主的利益，《纺织周刊》代表纺织技术者的利益，相对于纺织技术者与政府、银行的关系，华商纱厂主与政府、银行的关系要密切得多，华商纱厂主不敢对政府以及银行界发表激烈的言论。因此，《纺织时报》索性对政府与银行界在申新七厂被拍卖事件中的态度避而不谈。

二、书写的视角和详略程度

从不同的角度切入，或者偏重于某一事实、忽略其他事实，都会产生不同的历史面相。

就1933年中美棉麦大借款一事来说，目前纺织史对该事件的研究，集矢于借款内容、过程及对中美双方的影响，对于华商纱厂在该事件中的态度有一定关注，但相对较少，一般仅从申新纱厂主荣宗敬的态度认定所有华商纱厂主均支持中美棉麦借款。笔者推测，可能因为荣宗敬是中国近代最有影响力的纱厂主，习惯上将荣宗敬的态度推及全部华商纱厂主。所以人们总是认为，1933年正值棉贵纱贱之际，华商纱厂苦于原棉短缺、棉价昂贵，棉纺生产受到限制，4 000万美棉对华商纱厂来说，无疑如雪中送炭，可解燃眉之急，1933年中美棉麦大借款对华商纱厂主是有利无害的。

但是，荣宗敬的态度并不完全代表其他华商纱厂主的态度。《纺织时报》为我们呈现了另一番历史图景：其他华商纱厂主支持借款的态度具有阶段性和条件性，是在一定时期和一定条件下支持借款，经历了不表态、反对借款、有条件地支持借款、条件未达成后嘲讽政府市侩行为四个阶段。

事件发生初期，华商纱厂主未对借款一事作出表态。1933年5月29日宋子文与美国签订《中美棉麦借款合同》，消息刚刚传入中国时，华商纱厂主们对事件知之甚少，尚不清楚此次棉麦借款对自身是否有利，因此不作表态，没有盲目支持政府向美国借款购棉。6月19日实业部拟就美棉支配原则之后，华商纱厂主非但没有支持借款，反而提出反对借款意见。《纺织时报》报道了胡汉民对立法院长孙科提出的三方面反对理由，以及上海棉花号业公会对国民政府行政院、立法院、实业部长提出的反对意见，希望政府收回成命。7月份第一批美棉麦运到中国前期，中美双方签订大纲合同，华商纱厂主知道借购美棉已成定局，再反对也无济于事，因此在这个阶段，华商纱厂主没有再反对借款，转而支持向美借款，但是前提是政府制定有利于华商纱厂发展的美棉及美麦借款支配办法。在美棉支配方面，要求政府免除关税、8折收买美棉，这样既能弥补华商纱厂原棉不足，又可解决美棉昂贵的问题。在棉麦借款支配方面，促使政府将棉麦借款用于华商纱厂建设，这也是华商纱厂从借款中获利的途径之一。在这个阶段，华商纱厂主有条件地支持政府向美国借购棉麦。8月2日，南京国民政府将美棉售与日商的消息传开，华商纱厂主们寄托在政府身上的愿望落空，因此竭力嘲讽政府的市侩行为，但政府实行统制经济政策后，华商纱厂主们的反对意见已无任何效果。

华商纱厂主们对中美棉麦大借款一事的态度，主要取决于政府对美棉及棉麦借款的支配是否有利于华商纱厂的经营，与荣宗敬的原意如出一辙。但政府在支配美棉及棉麦借款时，并没有使华商纱厂主满意，因此华商纱厂主在中美棉界大借款这件事上主要持反对态度。当然，《纺织时报》在报道华商纱厂主对借款的态度时，可能也存在传播者选择与过滤的可能。但是《纺织时报》的报道仍体现了华商纱厂主的实用主义思想，无论是支持还是反对借款，都旨在维护自身经济利益，说明华商纱厂主确实并非完全支持借款，更并非无条件支持借款。

同样的，就申新七厂被拍卖事件来说，目前的研究成果基本以政府、银行与企业的利益冲突为研究视角，几乎没有关注到事件发生期间中日纺织业仍然存在合作关系，《纺织时报》的报道则表明在此期间，中日纺织业既有竞争，也存在市场营销、生产技术及管理经验方面的合作。

小　结

综上，报纸的报道和历史研究者的研究是同一客观存在的不同面相。由于书写主体的政治和价值观不同，书写者在选择书写材料时往往具有主观性。《纺织时报》在报道申新七厂被拍卖事件时，强调华商纱厂联合会的积极作为，以期获取读者的好感，对政府及银行界的消极作为避而不谈，旨在维持华商纱厂主与政府、银行界的协作关系。目前，纺织史研究则将申新七厂被拍卖事件的解决主要归功于纱厂工人和各类社会团体。由于书写视角和详略程度的不同，同一历史事件也会呈现不同面貌。《纺织时报》对1933年中美棉麦大借款事件发生时华商纱厂主的态度作了详细的报道，发现华商纱厂主并非自始至终都支持借款，也并非无条件支持借款，这与目前纺织史研究存在出入。1935年申新七厂被拍卖期间中日纱厂仍然存在合作的事实，也是目前纺织史研究中绝少提及的，这些报道均是历史事实的一部分，为目前纺织史研究增添了更多细节。

结语：工业类报刊与近代化

近代中国的工业类报刊是洋务运动发展到一定历史阶段的产物，主要服务于纺织、烟草、火柴、化学、矿业、电力等工业行业领域，与近代化议题密切相关。第一次世界大战爆发以后，中国民族资本主义得到长足发展，其中尤以棉纱、面粉等轻纺工业进步神速。政治上，当时军阀混战、局势混乱；国民党掌权后，亦因政权缺乏组织内聚功能，形成弱势统治。经济发展催生生活主体的文化需求，而宽松的政治环境为满足这种需求提供了空间。这一时期，民营行业报刊明显增加，《纺织时报》便是其一。

一、时势造报：近代工业类报刊的创办热潮

近代以来，在"救亡图存"主题下，中国仁人志士从实业、科学、教育等多个角度寻求救国方略。伴随着创办工厂和引进西方先进科学技术等活动，实业家、科学家们自觉结成团体，掀起创办工业类报刊的热潮。亦有少部分有识之士独立办报，以己之力为救国大业奔走呼号。

关于近代工业类报刊规模，目前缺乏全国性的准确统计数据，但我们通过对近代新闻中心上海报刊的考察，可大致窥见全国行业类报刊以及工业类报刊规模。据1935年时任上海通志馆职员的胡道静统计，近代上海

415种定期刊物中有行业类报刊103种，其中工业行业类报刊19种，占行业类报刊总数的18.4%，且集中创办于1923—1932年间。[①]中国近代轻工业、化学工业和重工业等各工业类别的代表性刊物分别有《纺织时报》《纺织周刊》《卷烟月刊》《火柴月刊》《化学工业》《矿业周报》《新电界》，详见表6。

纺织、烟草工业是中国近代轻工业代表。其中，纺织工业与中国近代化和中华民族振兴历史相始终，在中国社会、经济发展过程中有着举足轻重的作用。而《纺织时报》是近代上海第一份报道内容较为全面的纺织行业报纸;《纺织周刊》则以纺织学术探讨为主要内容，代表了近代纺织技术从业者的意志。《卷烟月刊》是烟草业代表性刊物，该刊集中反映了20世纪20年代中国烟草行业状况。以生产纯碱、火柴、医药等为主的化学工业，也是较早出现的民族工业之一，其代表性报刊为《火柴月刊》《化学工业》。尽管中国近代以轻化工业最为发达，但重工业也取得了一定程度的发展，其中具有代表性的如采矿、电力工业，《矿业周报》《新电界》作为为数不多的重工业刊物，重要性不言而喻。这些报刊，分别代表了不同类别工业建设者的利益和意志。

表6 中国近代代表性工业类报刊统计

工业类别	刊名	创办者	发行地	创刊时间	停刊时间
轻工业	纺织时报	华商纱厂联合会	上海	1923-04	1937-08
	纺织周刊	钱贯一	上海	1931-04	1949-01
	卷烟月刊	华商卷烟厂联合会	上海	1928-10	1929-03
化学工业	火柴月刊	中华全国火柴同业联合会	上海	1932-06	1934-12
	化学工业	中华化学工业会	上海	1926	1949-03
重工业	矿业周报	中华矿学社	南京	1928	1937-08
	新电界	邓子安	济南	1931-05	1935-12

① 胡道静:《上海的定期刊物》，上海通志馆，1935年，第6-52页。

中国近代工业类报刊往往与实业团体相伴而生，被后者作为团结同业、抵御外侮的媒介工具。民国是近代工商同业公会的兴盛时期，原因有二：一是内部原因，自甲午战败至辛亥革命爆发，民族意识和实业救国思潮在全国范围内逐渐散播，民族资本主义得到初步发展，第一次世界大战爆发后民族工业更是迎来“黄金时期”，推动了同业组织的产生；二是外部原因，即面对本国政府的统制和外国工业的逼拶，民族资本家急于搭建行业共同体，增强对内向心力和对外竞争力。据统计，1911年至1913年间，全国共成立实业团体72个。[①]至1918年北京政府农商部颁布《工商同业公会规则》，同业公会作为新型行业管理组织而广泛存在。[②]报刊因其独特的空间传播信息的能力，受到当时民族资本家的关注和利用，以增强同业交流、获取世界新知、发展本国工业。

《纺织时报》是民国时期第一份报道内容较为全面的纺织行业报刊，除杂志来说，也是民国时期第一份纺织行业报纸。综览民国时期工业行业报刊，《纺织时报》一枝独秀，究其缘由，与行业发展息息相关。办报最大的困难在于经费和资料。第一次世界大战以后，中国民族资本棉纺织行业迅速崛起，棉纺织业成为中国最大的工业部门，这为华商纱厂联合会的创办与发展奠定了基础。华商纱厂联合会是近代上海重要的行业团体之一，其会员为上海乃至全国的民族纱厂，其中不乏申新、振新、厚生、永安、大生这样资本雄厚的纱厂，华商纱厂联合会会员经费较为充足，地位较高。华商纱厂联合会凭借其强大的经济实力和动员能力，在全国各地组织棉业、纱业统计机构，编制全面且及时有效的棉纱统计资料。这为纺织行业报的创办提供了充足的办报经费及报道资料，

① 张玉法:《民初政党的调查与分析》，载《中国现代史论集·第四辑》，联经出版事业公司，1980，第36页。

② 魏文享:《近代工商同业公会的社会功能分析1918—1937——以上海、苏州为例》，《近代史学刊》2001年第1辑。

故《纺织时报》在二十世纪二三十年代成为工业行业报中的佼佼者。

类似情况可见《卷烟月刊》《火柴月刊》等工业类报刊的诞生过程。《卷烟月刊》由华商卷烟厂联合会创办。华商卷烟厂联合会为烟草行业组织，1928年9月成立，目的是“谋互助方策，联络同业感情，研究业务兴革”[①]。同年10月，《卷烟月刊》第一期出刊，发刊词中明确刊物宗旨为“抵制经济侵略，打倒帝国主义”[②]。《火柴月刊》由中华全国火柴同业联合会创办。中华全国火柴同业联合会于1929年11月由火柴界元老张新吾和后起之秀刘鸿生等人倡议，全国52家火柴厂的代表67人共同参与创建。[③]1932年6月1日，中华全国火柴同业联合会创办《火柴月刊》，号召民众使用国产火柴，提倡发展民族工业。[④]作为民族工业代表，纺织、卷烟、火柴行业在发展工业的同时，均注意建立新型行业管理组织，并借助报刊媒介破除空间壁垒，延伸组织影响的边界。

救国重任不仅落在实业家身上，也是科学家惟日孜孜之内容。清代洋务派代表人物张之洞在《劝学篇》中谈及学术、政治与世运的关系：“古来世运之明晦，人才之盛衰，其表在政，其里在学。”[⑤]自洋务运动至清末新政，中国派遣留学生渐起规模，并形成制度。据统计，1908—1911年各省赴日留学毕业生共计2120人。[⑥]其中不少人结成科学团体，诸如中国科学社、中华化学工业会、中华矿学社等，致力共同发展中国科学事业。同时出现的，还有科学团体或私人创办的工业类报刊。

---

① 《华商烟厂联合会临时大会》，《申报》1928年9月24日，第14版。

② 《发刊词》，《卷烟月刊》1928年10月，第1期，第1–3版。

③ 天津市文史馆：《天津文史丛刊》第6期，1986年，第202页。

④ 烈骏：《发刊词》，《火柴月刊》1932年6月1日，第1期，第1–2版。

⑤ 〔清〕张之洞：《劝学篇》，上海书店出版社，2002，第1页。

⑥ 高红霞、刘盼红：《湖北人与中共建党》，载苏智良《人物·思想与中共建党》，上海教育出版社，2019，第133页。

科学团体创办工业类报刊，可见于《化学工业》《矿业周报》等。1915年，留美学生任鸿隽首倡“科学救国”，组织成立中国科学社。[①]随着技术发展和学科的进一步细化，化学工业、矿业等行业学术团体纷纷建立，以学术研究为特征的工业类报刊也相继出现。1922年4月，北京大学陈世璋、俞星枢教授联名邀集10余名化学、化工专家，创建首个化学工业学术团体——中华化学工业会，旨在促进化学、化工界联络，振兴中国化学工业。[②]中华化学工业会1926年创办《化学工业》，积极响应“实业救国”口号并付诸行动，以化学工业领域的研究与实践促进中国实业进步发展，具有重要社会影响力。[③]1928年，归国矿业精英黎锦曜、王德森等人在南京组织成立中华矿学社，同时以“团结矿人，唤起民众，以期发展全国矿业”为宗旨，创办《矿业周报》。[④]

私人创办工业类报刊，譬如留日学生邓子安创办的《新电界》、热心纺织事业人士钱贯一创办的《纺织周刊》等。邓子安是中国较早一批学习电力者，毕业于东京工业大学电机专业。留学期间，邓子安即注意到报刊在信息传播和思想宣传方面的独特功能，回国后于1931年5月编辑并发行《新电界》，宗旨是“普及电气知识、宣传电气用途、提倡电气事业”。[⑤]钱贯一早年在中华书局编辑部实习，1917年加入华商纱厂联合会，参与编辑《纺织时报》。1930年，他联合全国纺织技术从业者，发起成立中国纺织学会，并于次年创办《纺织周刊》，呼吁植良棉、办学校、重人才。之所以毕生从事创办纺织报刊事业，钱贯一自认为乃

① 杨阳:《任鸿隽:“科学救国”的先驱》,《中国教师报》2019年10月16日，第13版。

②《本会纪事：会务纪要》,《中华化学工业会会志》1923年，第1卷第1期，第121–122版。

③《发刊词：化学工业会会志发刊词》,《中华化学工业会会志》1923年，第1卷第1期，第1–2版。

④《发刊词》,《矿业周报》1929年4月，第1–24期，第20–21版。

⑤ 邓子安:《发刊词》,《新电界》1931年5月20日，第1期，第1版。

“性之所近”，即始终关心中国纺织行业前途。[①]

实业团体、科学团体及个人分别从各自立场出发创办工业类报刊，实则殊途同归。他们或出于团结同业、一致对外的需要，或为开启民智、发展事业，或系个人旨趣考虑，但都以挽救民族危亡为目的，赋予近代工业经济交往新的形式与内容，襄助完成大国的历史转身。处于存亡、新旧、中西转折点的国家大势，成为工业类报刊涌现的源动力。

二、报造时势：工业类报刊对国家近代化进程的影响

近代工业类报刊是近代工业和新闻媒介发展的产物，它们通过自身的力量影响受众对工业形势和国家大事的看法和认知。实业团体所办工业类报刊突出“实业救国”，抵制外货，提倡国货，倡导通过振兴实业达到求富自强的目的；学术团体所办工业类报刊偏重“科学救国”，在工业发展中注入研究机制，传播科学技术，探讨科学问题，推动中国近代工业发展；个人则依自身旨趣选择相应报道倾向。尽管工业类报刊具有较强的行业性、专业性，但在一些重要的国家、社会事件发生时，仍然体现出舆论导向作用。它们深刻影响了民众的思维与行动，构成近代民族主义思潮的重要推动力量。

（1）首先，以振兴实业为己任，积极宣传抵制外货、提倡国货。

实业团体在“实业救国”思潮中兴起，并将该理念融于所办工业类报刊中。除发展实业的常规性宣传外，“实业救国”常以抵制外货、提倡国货的形式见诸报端。国货与在华外货之争，是近代中国工业经济发展过程中的特征之一。自1905年上海商务总会因美国政府苛虐华工

---

① 钱贯一：《俱乐部：从纺织界出版物说到人钟月刊》，《纺织周刊》1932年1月29日，第2卷第5期，第177–178版。

发起抵制美货运动以来，国内抵制外货行动层出不穷，尤其在二十世纪二三十年代形成高潮。工业类报刊在其中扮演了重要角色。

《纺织时报》始终关注五卅运动进展，助推中国民众反对外国侵略和压迫。1925年间的五卅运动，是一次发生在纺织工业行业的经济事件，也是一场规模宏大的政治事件。它缘于日商纱厂与雇佣华工之间的劳资矛盾，最终演变为全国范围内工人罢工、商人罢市、学生罢课的反帝爱国运动。作为当时全国唯一的纺织工业类报纸，《纺织时报》在运动中表现积极。该报发挥媒体作用，一方面呼吁以强大的经济实力抵御外侮，营造反帝爱国的舆论声势①；另一方面公布全部华厂名单与国货商标图案，积极应对抵货运动中部分国货被误认为外货的情况。②该报通过舆论宣传和相关知识普及，既有力支援了民众抵制外国侵略斗争，也维护了华商纱厂的经济利益和正面爱国形象。

《卷烟月刊》更以“提倡国货者公有的园地”自居，积极宣传振兴实业。该刊发刊词明确指出：“自决就是自救，要自救先要抵制国际资本帝国主义的经济侵略。老生常谈的‘提倡国货’，委实是我们的一剂起死回生的圣药。”③在具体报道中，该刊分别回答了“为什么要提倡国货”“提倡国货的根本办法”等问题，引导商民一致对外，共谋本国实业发展。④1928年济南惨案发生，该刊细数晚清以来国人抵制日货事件，认为多数情况下不但未见成效，反而使外货更加畅销，主张以积极抵制替代消极抵制，大力发展本国工业，消灭外货于无形之中。

（2）其次，传播科学技术，探讨科学问题，促进本国工业科学发展。

---

① 《编辑小谈》，《纺织时报》1925年6月11日，第218号，第1版。

② 《修订中国纱厂一览表广告》，《纺织时报》1925年6月11日，第218号，第1版。

③ 《发刊词》，《卷烟月刊》1928年10月，第1期，第1–3版。

④ 砥：《为什么要提倡购用国货》，《卷烟月刊》1928年10月，第1期，第1–9版；王伯群：《振兴国货根本方策》，《卷烟月刊》1928年10月，第1期，第1–3版。

纵观中国近代经济发展史，基础工业受到关注和重视时间较晚。近代西方以坚船利炮敲开我国国门，客观上敦促中国首先发展军事工业。19世纪末20世纪初，民族资产阶级宣扬实业救国，继而掀起兴办工业热潮。工业发展需要技术。大量科研人员和技术人员的缺乏导致工业发展滞缓。以化学、矿产等基础工业为例，《化学工业》曾刊发吴承洛所作《从中华国货展览会观察中华化学工业现状》，该文直接点明中国在勘探、开采等方面技术的欠缺，文中感慨“中国矿产，宝藏丰富，徒以无人开采，货弃于地，殊为可惜”①。近代工业类报刊试图改变中国工业技术缺乏的局面，传播先进工业技术，探讨科学与技术相关问题，以促进本国工业科学发展为目标。

学术团体所办工业类报刊以行业技术交流为主要特征，是科学救国的重要阵地。以《化学工业》为例，作为中华化学工业会的机关刊物，除刊登协会章程、会员录和会务纪事等会务信息外，主要发表化学工业技术方面的理论论著，涉及化学工厂选址、原料选择、工艺改良法等。如安维鼎的《肥皂蒸汽加热法之硷化作业》，从洗衣皂之硷化、化妆香皂之硷化、硷化一般注意事项等方面，详细论述了肥皂硷化法。又如葛希章的《锑矿冶金法》，深入分析了锑矿产地、矿石种类、挖掘及冶金、性质及用途。此外，《化学工业》还深入调查中国化学工业发展状况，发布调查报告及相关文章，并向读者推荐国外化学科学方面的期刊。②

《矿业周报》则主要探讨国内外矿藏开采、产量、经营、运输、贸易等问题。其创办团体中华矿学社广泛开展调查研究、搜罗资料，一方

---

① 吴承洛:《从中华国货展览会观察中华化学工业现状》,《化学工业》1929年7月，第4卷第1期，第6–35版。

② 吴承洛:《西文化学科学工程实业杂志一览表》,《化学工业》1929年7月，第4卷第1期，第116–128版。

面于各地、各矿派驻干事通讯员，及时搜集各省日报及其他刊物关于矿业的信息；另一方面随时派人至各矿开展矿产、地质调查，撰写调查报告并刊登在报。[①]如张中的《河南观音堂民生煤矿鉴井及钻眼情况》，集中讨论河南观音堂民生煤矿五号井第八层煤质情况，包括水分、热量、硫磺、煤性，钻眼位置岩层层厚及其深度等。由上可知，学术团体所办工业类报刊积极响应“科学救国”号召，以各自工业领域的研究与交流促进中国工业进步。

实业团体所办工业类报刊专精术业，主要面向实业家群体以及业界其他人士，为实业家提供决策参考，向从业者传播科技新知。例如《纺织时报》主要面向纱厂主和纺织行业从业者，专门报道纺织行业相关信息，其中不乏国内外先进纺织管理经验、技术与设备更新情况、纺织书刊出版消息等，客观上促进了西学东渐和中国近代科学事业的进步。[②]尤其钱贯一主持期间，该报研究性质更为明显。1930年6月2日，钱贯一将该报作为中国纺织学会指定公布报纸，明确声明刊载内容发生变化，不仅记载会务，而且发表全体会员研究讨论类文章。[③]

1931年1月25日，中国纺织学会邀请英国来华远东经济考察团成员作公开演讲，内容包括英国纱厂管理办法、新型纺纱技术大牵伸等，全文刊载于《纺织时报》。[④]大牵伸为二十世纪二三十年代纺织业重要发明，目的在于高效纺织外观匀称、坚固结实之棉纱，发明兼制造者为西班牙人卡萨布兰克（Casablancas）。1932年，卡萨布兰克在沪演讲大牵伸发明

---

① 范铁权、王昕：《民国时期的中华矿学社》，《中国科技史杂志》2017年第1期。

② 黄炳奎：《沙厂机器之新发明：沙谷洛尔厂之连续式清花机》，《纺织时报》1930年9月18日，第732号，第251版。

③ 钱贯一：《敬告读者》，《纺织时报》1930年6月2日，第701号，第2–3版。

④《中国纺织学会公开演讲》，《纺织时报》1931年1月29日，第768号，第3版。

经过及使用原理。《纺织时报》记者对演讲内容加以整理，公布报端。[①] 纺学会会员唐孟雄1929年赴英留学，1931年底归国。期间他常向该报投稿，介绍欧洲国家纱厂工作情形、新式纺织设备等。[②]

该报还重视宣传国内纺织技术新发明、新创造。20世纪初，西方国家新技术经由英国人和日本人传入中国，不久为中国人所掌握，并不断被改进与革新。[③]《纺织时报》高度关注当时中国纺织技术人员在改造大牵伸方面的尝试与贡献。1931年，以近一页篇幅报道华新卫厂改造大牵伸的动机、经过与效果等。[④]1933年，宣传纺织专家穆藕初、李锡昌共同发明并获专利的穆李氏大牵伸罗拉，赞誉该装置不仅可使棉纱容易通过，且可增加生产。[⑤]《纺织时报》发挥其传播功能，使西方先进纺织技术进入中国民众视野，激发有志于纺织实业者奋发图强、大胆创新，同时在中国纺织技术改造与实际运用之间建立桥梁，鼓励纺织经营者购买和使用中国人自己设计并制造的机器设备。

钱贯一离开《纺织时报》后，全心投入《纺织周刊》编创工作中，其注重学术讨论的办刊理念方得以彰显。《纺织周刊》宗旨为“沟通斯界消息，供给研究资料，造成健全舆论，促进纺织事业之发展”，其中第二项强调改进中国纺织事业“不是凭空可以构造，要有事实来做依据；不是一人便可为力，要集思广益互相研究，方有结果”。[⑥]体现在具体报道中，如《纺织人才问题》《中国土布业之前途》《我国棉业合理化之方法及其实施》等文章，主要系统探讨中国纺织工业建设

① 《大牵伸发明人加氏在沪演讲》，《纺织时报》1932年10月24日，第933号，第2版。
② 唐孟雄：《英国一纱厂参观记》，《纺织时报》1931年7月13日，第813号，第2版。
③ 中国近代纺织史编委会：《中国近代纺织史》上卷，中国纺织出版社，1996，第107–109页。
④ 陈本元：《华新卫厂大牵伸改造成功》，《纺织时报》1931年9月17日，第832号，第2版。
⑤ 《穆李氏大牵伸罗拉专利》，《纺织时报》1933年6月26日，第998号，第4版。
⑥ 钱贯一：《发刊词》，《纺织周刊》1931年4月19日，第1卷第1期，第7–10版。

问题；[①]《谈梳棉工作效能上几个注意点》《细纱断头之原因及其责任之所在》等文章，重点记载纺织技术和学理心得。[②]

同样为私人创办的《新电界》，也将普及新知作为第一要务。该刊主要栏目包括《电界消息》《用电必读》《电界小见识》《电气工艺》等，更不乏相关研究性文章如《直流电机障碍补救法》《科学管理之研究》，以及相关中外文书籍推介文章等，对增进行业研究和普及电气知识功不可没。[③]

值得注意的是，工业类报刊几乎都重视对数据的搜集和使用，直接体现了它们科学救国的话语建构特点。《纺织时报》基本每周发布一次棉花、棉纱进出口数量与价格情况，整理出1929—1932年海关进口棉布、棉花国别与种类统计资料，数据近乎占据每期半壁版面。[④]《火柴月刊》专门辟出《火柴贸易统计》《火柴行市》等栏目，逐月登载火柴进出口数量、价值等信息。[⑤]《矿业周报》设置"市况""商况"板块，发布新加坡与上海、汉口、南昌等国内外产矿地区煤炭和五金价格、产量等情况。[⑥]这些数据多来源于海关贸易或行业统计资料等，相对准确、

① 汪孚礼：《纺织人才问题》，《纺织周刊》1931年9月25日，第1卷第24期，第610–621版；王子建：《中国土布业之前途》，《纺织周刊》1934年4月9日，第4卷第15期，第394–397版；陆绍云：《我国棉业合理化之方法及其实施》（1–30），《纺织周刊》1933年12月11日第3卷第50期至1934年7月9日第4卷第28期。

② 胡钰乾：《谈梳棉工作效能上几个注意点》，《纺织周刊》1948年4月30日，第9卷第17期，第244–246版；余纯：《细纱断头之原因及其责任之所在》，《纺织周刊》1931年8月14日，第1卷第18期，第461–462版。

③ C.H.生：《直流电机障碍补救法》，《新电界》1933年6月20日，第3卷第3期，第5–6版；编者：《科学管理之研究》，《新电界》1933年3月5日，第2卷第20期，第6版；逢伯：《介绍电学书籍》，《新电界》1931年10月20日，第11期，第4版。

④《二月份花纱市况之经过》，《纺织时报》1931年3月12日，第779号，第6–8版；《最近三年海关进口棉布棉花国别与种类统计》，《纺织时报》1933年1月1日，第952号，第19–30版。

⑤《火柴贸易统计》，《火柴月刊》1932年11月10日，第6期，第14–15版；《火柴行市》，《火柴月刊》1932年11月10日，第6期，第17–19版。

⑥《市况》，《矿业周报》1933年11月14日第262期，第16–18版；《商况》，《矿业周报》1932年10月28日，第212期，第17–18版。

可靠，有利于辅助行业从业者进行精准定量分析，作出科学决策。

（3）最后，放眼社会，政府、行业工会、技术者在全民族抗日救亡运动中充分利用舆论发挥了导向作用。

一般认为，工业类报刊主要在行业、专业内部进行宣传，不具有类似于党报、党刊等主流媒体的舆论导向功能。①但中国民族工业前途与国家命运紧密相连，二十世纪二三十年代，工业类报刊聚焦工业发展之余，在抗日战争等重大事件中或有发声，发挥了舆论导向作用。

1931年9月18日，日本在中国东北挑起争端，《矿业周报》随即发表评论性文字，鼓舞民众树立抗日战争必胜的信心。文章指出，中方较日方优势力量明显，“倭寡而我众，劳寡师以袭远而众大之邦，与拥众民而仅驱小寇出境”，故胜负不言自明。然而编者并未止步于此，文章进一步敦促政府及矿人积极采取行动对抗日本侵略：“日本发动九一八事变后，中国‘守土者逃，卫民之兵不兴，但摇舌祈灵于国联，而听入室之盗，日夜屠杀，是岂我四万万同胞所能忍者耶’；而矿人也当具备‘粉身碎骨破家荡产’以‘保境存国’的决心。”②

《纺织时报》也在上海应援北方民众的反抗斗争，多次报道各纱厂抵制使用日货的新闻。据该报10月1日报道，内外棉、日华、同兴等23家上海日商纱厂工人率先爆发抗议活动，自动发起组织上海市日商纱厂工人抗日救国会，发表宣言，组织义勇军。③据10月22日报道，永安一厂职工宣誓停用日货：“我全厂职工以视我青天为誓，誓以热血，誓以至诚，终我一生，永不服用日货：如有悔心或生二志，愿受本会（笔者注：

① 徐达生：《永恒课题面前的清醒思考——专业性报纸舆论导向的再认识》，《新闻实践》2002年第12期。

②《编辑者言》，《矿业周报》1931年9月28日，第160期，第3版。

③《沪日纱厂工人奋起》，《纺织时报》1931年10月1日，第835号，第2版。

永安一厂职工对日经济绝交大会）最严重之处分，谨此宣誓。”[①]

该报还介入申新七厂被拍卖事件，挽救民族于危机之中。二十世纪三十年代，受世界经济危机影响，申新纺织第七厂资金周转困难，在向汇丰银行借款后仍难扭转困局，所借款项无力偿还，在此情况下汇丰银行强行将其拍卖给日商。申新企业为近代中国最具实力的纱业企业之一，拍卖一事引起社会舆论哗然，加之该企业职工集体反抗，申新纺织第七厂得以保全。1935年2月26日拍卖会当天，《纺织时报》新闻记者介入调查承购者日本律师村上氏，追问其代表何家企业，判断实际承购者可能为日商大连汽船会社，并指出该会社目的不在于继续经营申新七厂，而是欲将其改建为码头。[②]该报制造反日舆论，对掀起和助长中国民族主义情绪，迫使日本方面放弃承购，继而缓解民族纱厂危机起到一定的积极作用。

《化学工业》则从更加专业的角度，指导从业者和广大民众应对不断升级的战争形势。众所周知，日本侵华期间对中国军民上千次地使用生化武器，进行灭绝人性的细菌战、毒气战。这种新型军事武器产生于化学工业极为发达之后，属于军事化学的范畴。该刊作为当时重要的化学工业类报刊，担负起普及毒气战争知识和引导积极防御的重任。1933年初，该刊报道了毒气的各种类型，如窒息性毒气、中毒性毒气、催泪性毒气、糜烂性毒气等，并详细介绍了它们的制造和放射方法，对于军事化学从业者积极应战具有指导意义；还报道了防御毒气装备与方法，如滤毒器、防毒衣、藏匿法、登高法等，对于战区民众自我防御起到重要作用。[③]

---

① 《永安一厂职工宣誓不用日货》，《纺织时报》1931年10月22日，第841号，第5版。

② 《购者何人尚未得真相》，《纺织时报》1935年2月28日，第1163号，第3版。

③ 孙启昌：《毒气战争》，《化学工业》1933年1月，第8卷第1期，第94–117版。

但近代工业类报刊在社会重大事件中的积极表现是阶段性的、不全面的。一方面表现为因势改变报道倾向。一・二八淞沪抗战后，《纺织时报》开始减少关于抗日活动的报道，重点揭露战后在沪纱厂惨状，这种转变背后原因实际上蕴含着华商纱厂的利益得失。另一方面表现为仅仅关注与自身专业相关事件。纵观九一八事变后的《矿业周报》，多指向日本人侵占东北矿产一事，鲜少揭露日本人在中国所犯其他罪行。[①]但正如商人史研究专家冯筱才所指出的，商人具有趋利性，我们不能完全以“政治上之正确”之标准来要求商人。[②]之所以工业类报刊立场不甚坚定、内容相对片面，亦有办报者“不得不如是”的苦衷。

① 《日人占有东北矿产》,《矿业周报》1931年10月21日，第163期，第2版;《“九一八”事变后东北矿务局经营各矿之状况》,《矿业周报》1934年1月7日，第269期，第13-14版。

② 冯筱才:《在商言商：政治变局中的江浙商人》，上海社会科学院出版社，2004，第314-317页。

参考文献

一、档案资料

[1] 华商纱厂联合会临时会员大会通过的会章、预选执监委员名单及各厂代表名单。S30-1-17
[2] 华商纱厂联合会历年记录簿检查表。S30-1-35-1
[3] 华商纱厂联合会董事会议记录。S30-1-35-3
[4] 华商纱厂联合会董事会议记录。S30-1-35-17
[5] 华商纱厂联合会董事会议记录。S30-1-35-30
[6] 华商纱厂联合会董事会议记录。S30-1-35-45
[7] 华商纱厂联合会董事会议记录。S30-1-35-63
[8] 华商纱厂联合会董事会议记录。S30-1-35-71
[9] 华商纱厂联合会董事会议记录。S30-1-35-75
[10] 华商纱厂联合会董事会议记录。S30-1-35-78
[11] 华商纱厂联合会董事会议记录。S30-1-35-81
[12] 华商纱厂联合会董事会议记录。S30-1-35-82
[13] 华商纱厂联合会董事会议记录。S30-1-35-89
[14] 华商纱厂联合会董事会议记录。S30-1-35-105
[15] 华商纱厂联合会董事会议记录。S30-1-35-116
[16] 华商纱厂联合会董事会议记录。S30-1-35-118
[17] 华商纱厂联合会选举大会记录。S30-1-35-120
[18] 华商纱厂联合会第一次董事常委会议记录。S30-1-35-129
[19] 华商纱厂联合会董事会紧急会议记录。S30-1-35-131
[20] 华商纱厂联合会第二次董事常委会议记录。S30-1-35-133

[21] 华商纱厂联合会第三次董事常委会议记录。S30-1-35-138
[22] 华商纱厂联合会第四次董事常委会议记录。S30-1-35-142
[23] 华商纱厂联合会第六次董事常委会议记录。S30-1-35-144
[24] 华商纱厂联合会第九次董事常委会议记录。S30-1-35-152
[25] 华商纱厂联合会第十次董事常委会议记录。S30-1-35-154
[26] 华商纱厂联合会第十二次董事常委会议记录。S30-1-35-158
[27] 华商纱厂联合会第十三次董事常委会议记录。S30-1-35-161
[28] 华商纱厂联合会补开董事常委会议记录。S30-1-35-168
[29] 华商纱厂联合会第十六次董事常委会议记录。S30-1-35-171
[30] 华商纱厂联合会第十七次董事常委会议记录。S30-1-35-172
[31] 华商纱厂联合会董事会议记录。S30-1-35-175
[32] 华商纱厂联合会第十八次董事常委会议记录。S30-1-35-178
[33] 华商纱厂联合会董事会特别会议记录。S30-1-35-179
[34] 华商纱厂联合会第四次执行委员会议记录。S30-1-41-100
[35] 华商纱厂联合会第四次执行委员会议记录。S30-1-41-100
[36] 华商纱厂联合会第五次执委会议记录。S30-1-41-105
[37] 华商纱厂联合会第六次执委会议记录。S30-1-41-108
[38] 华商纱厂联合会第七次执委会议记录。S30-1-41-113
[39] 华商纱厂联合会各厂全体代表会议记录。S30-1-41-119
[40] 华商纱厂联合会第八次执委会议记录。S30-1-41-130
[41] 华商纱厂联合会第九次执委会议记录。S30-1-41-142
[42] 华商纱厂联合会第十次执委会议记录。S30-1-41-154
[43] 华商纱厂联合会第十一次执委会议记录。S30-1-41-158
[44] 华商纱厂联合会临时执行会议记录。S30-1-41-171
[45] 华商纱厂联合会特别会议议事录。S30-1-62-1
[46] 第六区机器棉纺织工业同业公会植棉委员会议议事录。S30-1-62-22
[47] 华商纱厂联合会聚餐会会议记录。S30-1-62-42
[48] 第六区机器棉纺织工业同业公会筹建会所委员会会议记录。S30-1-62-47
[49] 华商纱厂联合会关于棉纱期货的市价表。S30-1-188-14
[50] 华商纱厂联合会关于棉纱期货的市价表。S30-1-188-15
[51] 穆藕初等解决五卅案意见书。S173-1-59-74
[52] 中国棉纺织统计史料。档案号：C16-0-8
[53]《纺织周刊》申请登记书。Q6-12-26-31
[54] 上海市社会局关于纺建、纺织周刊、纺织月刊、纺织建设、纺织染、纺织染工程等申请登记文件。Q6-12-95

二、报刊资料

［1］《纺织时报》（1923年4月至1937年8月）
［2］《华商纱厂联合会季刊》（1919年至1930年）
［3］《纺织周刊》（1931年至1935年）
［4］《申报》（1925年至1935年）
［5］《民国日报》（1925年）
［6］《银行周报》（1925年）
［7］《人言周刊》（1935年）

三、年谱、回忆录、地方志、资料汇编、文史资料

［1］陈真，姚洛．中国近代工业史资料：1—4辑［M］．北京：三联书店，1957.
［2］上海社会科学院经济研究所．荣家企业史料［M］．上海：上海人民出版社，1962.
［3］政协上海市文史资料委员会．上海文史资料选辑：1—4辑［M］．上海：上海人民出版社，1982.
［4］上海沿革编写组．国民党统治时期的上海［M］//上海文史馆，上海市人民政府参事室文史资料工作委员会．上海地方史资料：一，上海：上海社会科学院出版社，1982.
［5］黄苇，夏林根．近代上海地区方志经济史料选集［M］．上海：上海人民出版社，1984.
［6］彭泽益．中国工商行会史料集［M］．北京：中华书局出版社，1995.
［7］赵靖．穆藕初文集［M］．北京：北京大学出版社，1995.
［8］《中国近代纺织史》编辑委员会．中国近代纺织史（1849—1949）：下卷［M］．北京：中国纺织出版社，1997.
［9］陈正书．上海通史：4卷 晚清经济［M］．上海：上海人民出版社，1999.
［10］周武，吴桂龙．上海通史：5卷 晚清社会［M］．上海：上海人民出版社，1999.
［11］上海市政协文史资料委员会．上海文史资料存稿汇编·工业商业：7［M］．上海：上海古籍出版社，2001.
［12］上海市档案馆．工部局董事会会议录：第24册（1928—1930）［M］．上海：上海古籍出版社，2001.
［13］上海市档案馆．工部局董事会会议录：第25册（1931—1932）［M］．上海：上海古籍出版社，2001.

[14] 上海市档案馆. 工部局董事会会议录：第26册（1933—1935）[M]. 上海：上海古籍出版社，2001.

[15] 上海市档案馆. 工部局董事会会议录：第27册（1936—1939）[M]. 上海：上海古籍出版社，2001.

[16] 方显廷. 方显廷回忆录：一位中国经济学家的七十自述 [M]. 北京：商务印书馆，2006.

[17] 穆家修，柳和城，穆伟杰. 穆藕初先生年谱（1876—1943）[M]. 上海：上海古籍出版社，2006.

[18] 唐国良，穆藕初. 中国现代企业管理的先驱 [M]. 上海：上海社会科学院出版社，2006.

[19] 上海市档案馆. 上海档案史料研究：第3辑 [M]. 上海：三联书店，2007.

[20] 中国地方志集成：上海府县志辑 [M]. 南京：江苏古籍出版社，2010.

[21] 穆藕初著，文明国编. 穆藕初自述 [M]. 合肥：安徽文艺出版社，2013.

四、著作

[1] 赵君豪. 中国近代之报业 [M]. 上海：商务印书馆，1940.

[2] 胡竟良. 中国棉产改进史 [M]. 上海：商务印书馆，1945.

[3] 根岸佶. 上海的行会 [M]. 东京：日本评论社，1951.

[4] 严中平. 中国棉纺织史稿 [M]. 北京：中国科学出版社，1955.

[5] 波多野善大. 中国近代工業史の研究 [M]. 京都东洋史研究会，1961.

[6] 菊池贵晴. 中国民族運動の基本構造 [M]. 东京：汲古书院，1974.

[7] 西嶋定生. 中国経済史研究 [M]. 东京：东京大学出版会，1966.

[8] 田中正俊. 中国近代経済史研究序説 [M]. 东京：东京大学出版会，1973.

[9] 岛一郎. 中国民族工業の展開 [M]. 东京：MINERVA书房，1978.

[10] 朱传誉. 报人、报史、报学 [M]. 北京：商务印书馆，1980.

[11] 施拉姆. 报刊的四种理论 [M]. 北京：新华出版社，1980.

[12] 方汉奇. 中国近代报刊史 [M]. 山西：山西教育出版社，1981.

[13] 张友鸾. 世界日报兴衰史 [M]. 重庆：重庆出版社，1982.

[14] 高村直助. 近代日本綿紡績業と中国 [M]. 东京：东京大学出版会，1982.

[15] 池田诚田尻利，山本恒人，等. 中国工業化の歴史 [M]. 京都：法律文化社，1982.

[16] 许维雍，黄汉民. 荣家企业发展史 [M]. 北京：人民出版社，1985.

[17] 史全生. 中华民国经济史 [M]. 南京：江苏人民出版社，1989.

[18] 张秀民. 中国印刷业 [M]. 上海：上海人民出版社，1989.
[19] 姚福申. 中国编辑史 [M]. 上海：复旦大学出版社，1990.
[20] 久保亨. 中国経済100年のあゆみ：統計資料で見る中国近現代経済史 [M]. 福冈县：创研出版，1991.
[21] 陆仰渊，方庆秋. 民国社会经济史 [M]. 北京：中国经济出版社，1991.
[22] 吉少甫. 中国出版简史 [M]. 上海：学林出版社，1991.
[23] 徐新吾. 江南土布史 [M]. 上海：上海社会科学院出版社，1992.
[24] 方汉奇. 中国新闻事业通史 [M]. 北京：中国人民大学出版社，1992.
[25] 甘惜分. 新闻学大词 [M]. 郑州：河南人民出版社，1993.
[26] 费正清. 剑桥中华民国史1912—1949：上卷 [M]. 北京：中国社会科学出版社，1993.
[27] 费正清，费维恺. 剑桥中华民国史1912—1949：下卷 [M]. 北京：中国社会科学出版社，1993.
[28] 马光仁. 上海新闻史（1850—1949）[M]. 上海：复旦大学出版社，1996.
[29] 中井英基. 张謇と中国近代企業 [M]. 北海道：北海道大学图书刊行会，1996.
[30] 程曼丽.《蜜蜂华报》研究 [M]. 澳门：澳门基金会出版社，1998.
[31] 贾树枚. 上海新闻志 [M]. 上海：上海社会科学院出版社，2000.
[32] 郑东兴. 报纸编辑学教程 [M]. 北京：中国人民大学出版社，2001.
[33] 方汉奇. 中国新闻传播史 [M]. 北京：中国人民大学出版社，2002.
[34] 李良荣. 中国报纸文体发展概要 [M]. 福州：福建人民出版社，2002.
[35] 李磊.《述报》研究：对近代国人第一批自办报刊的个案研究 [M]. 兰州：兰州大学出版社，2002.
[36] 沃尔特·李普曼. 公众舆论 [M]. 上海：上海人民出版，2002.
[37] 王兴华. 新闻评论学 [M]. 杭州：浙江大学出版社，2003.
[38] 方汉奇.《大公报》百年史 [M]. 北京：中国人民大学出版社，2004.
[39] 周庆山. 传播学概论 [M]. 北京：北京大学出版社.
[40] 李秀云. 中国新闻学术史1834—1949 [M]. 北京：新华出版社，2004.
[41] 朱英. 中国近代同业公会与当代行业协会 [M]. 北京：中国人民大学出版社，2004.
[42] 朱英. 商会与近代中国 [M]. 武汉：华中师范大学出版社，2005.
[43] 舒咏平. 广告传播学 [M]. 武汉：武汉大学出版社，2006.
[44] 李彬. 传播学引论 [M]. 增补版. 北京：中国广播电视出版社，2007.
[45] 李彬. 中国新闻社会史 [M]. 上海：上海交通大学出版社，2007.
[46] 刘兰肖. 晚清报刊与近代史学 [M]. 北京：中国人民大学出版社，2007.

[47] 黄滋康. 中国棉花品质及其系谱 [M]. 北京：中国农业出版社，2007.
[48] 朱英. 近代中国商会、行会及商团新论 [M]. 北京：中国人民大学出版社，2008.
[49] 夏征农. 辞海 [M]. 上海：上海辞书出版社，2009.
[50] 丹尼尔·里夫，斯蒂文·赖斯，弗雷德里克·G.菲克. 内容分析法：媒介信息量化研究技巧 [M]. 嵇美云，译，北京：清华大学出版社，2010.
[51] 森时彦. 中国近代棉纺织史研究 [M]. 袁广泉，译，北京：社会科学文献出版社，2010.
[52] 方显廷. 中国之棉纺织业 [M]. 北京：商务印书馆，2011.
[53] 裴宜理. 上海罢工：中国工人政治研究 [M]. 刘平，译，南京：江苏人民出版社，2011.
[54] 戈公振.《中国报学史》[M]. 上海：上海书店出版社，2013.
[55] 上海图书馆. 近代中文第一报《申报》[M]. 上海：上海科学技术文献出版社，2013.

五、论文

[1] 魏上吼. 近代中国的纺织业团体 [J]. 中国纺织大学学报，1994（3）.
[2] 周振鹤. 日本外务省对中国近现代报刊的调查资料 [J]. 复旦学报（社会科学版），1994（6）.
[3] 魏文享. 近代工商同业公会研究之现状与展望 [J]. 近代史研究，2003（2）.
[4] 彭南生. 近代中国行会到同业公会的制度变迁历程及其方式 [J]. 华中师范大学学报，2004（3）.
[5] 魏文享. 民国时期的工商同业公会研究（1918—1949）[D]. 上海：华东师范大学博士学位论文，2004.
[6] 朱英. 近代中国同业公会的传统特色 [J]. 华中师范大学学报，2004（3）.
[7] 彭南生. 论近代中国行业组织制度功能的转化 [J]. 江苏社会科学，2004（5）.
[8] 阿轲. 近三十年中国近代纱厂史研究概述 [J]. 华中师大研究生报，2005（2）.
[9] 丁苗苗.《安徽俗话报》研究 [D]. 合肥：安徽大学硕士学位论文，2005.
[10] 樊卫国. 华商纱厂联合会成立与民初关税会议 [J]. 社会科学，2006（12）.
[11] 洪煜. 近代上海小报中上海市民的人格特征分析 [J]. 史学月刊，2006（9）.
[12] 樊卫国. 论民国沪地同业公会与其他社会群体的关系 [J]. 上海经济研究，2009（12）.
[13] 张岩.《滨江时报》研究 [D]. 长春：东北师范大学博士学位论文，2010.
[14] 洪煜.《福尔摩斯》报“五卅惨案”家属抚恤金问题报道札记 [J]. 史林，2011（2）.

[15] 李文波，王思明. 民国时期长三角棉业组织研究[J]. 中国农史，2012（3）.
[16] 洪煜. 近代报刊和城市文化研究——以近代上海小报为例[J]. 都市文化研究，2012（1）.
[17] 樊卫国. 市场歧变、行业困厄与企业习俗——论20世纪二三十年代市场危机中的华商棉纺业[J]. 社会科学，2014（5）.

附　录

附录1：华商纱厂联合会章程草案①

第一章　总纲

第一条　本会系集合全国华商纱厂组织，定名为华商纱厂联合会。

第二条　本会会所暂设上海爱多亚路八十号。

第二章　会务

第三条　本会之会务计分二项：

（甲）关于消极方面者

一、条陈意见请求保护；

二、维护公益调解纠纷。

（乙）关于积极方面者

---

① 本书附录1—3直接来源于报刊资料。附录4、5由笔者根据报纸中的文字或数据制作而成。具体资料来源如下。附录1：华商纱厂联合会章程草案来源于《纺织时报》1929年4月15日，第591号，第2—3版。附录2：中国纺织学会章程来源于《纺织时报》1930年4月24日，第690期，第5版。附录3：中国纺织学会会员名录来源于《纺织周刊》第2卷第3期（1932年1月15日）—第2卷第13期（1932年4月8日）。附录4:《纺织时报》（一·二八淞沪抗战前后）报道统计表，通过计算《纺织时报》第863号（1932年1月14日）—876号（1932年4月7日）的各项报道版面面积制作而成。附录5:《纺织周刊》（一·二八淞沪抗战前后）报道统计表，通过计算《纺织周刊》第2卷第3期（1932年1月15日）—第2卷第13期（1932年4月8日）的各项报道版面面积制作而成。

一、推广植棉区域改良国内棉产；

二、培养纺织人才研究制造技术；

三、调查中外市场报告供求情形；

四、编制各种统计刊行纺织时报。

第三章　会员资格

第四条　会员无定额，凡属华商资本所设之纺织工厂均得为本会会员。

第五条　会员分为两种：

一、各厂直接推举代表加入本会者为甲种会员；

二、各厂在某区域内已组有联合团体者，得由该团体公举代表加入本会，所有该团体之在会各厂即为本会之乙种会员；

上项代表以各厂之总协理及厂经理为限。

第四章　会员权限

第六条　会员之权限如左（笔者注：报纸为竖排，此为如下）

一、会员有选举权及被选举权；

二、会员有表决权；

三、会员有建议权。

第五章　会员之入会与出会

第七条　凡具有本章程第四条所列之资格者，经会员介绍填入会信，约送执行总部交付审查合格后，给予入会证书。

第八条　会员自愿出会者，须具出会书送本会备案。

第九条　会员有左列（笔者注：报纸为竖排，此为下列）各款情事之一者，经会员举发，查有实据，由执行总部议决令其出席：

一、有破坏本会之行为者；

二、加入外商资本或售与外商者；

三、欠缴会费至一年以上者；

四、不履行本会议决案者。

第六章 执行总部之组织

第十条 本会设执行总部，以执行委员九人组织之。

第十一条 总部设主席团，于执行委员中互选三人组织之。

第十二条 总部设总干事一人，由执行总部聘请充任之。

第七章 委员及总干事之职权及任期

第十三条 执行委员依本章程之规定，及会员大会之议决行使职权。

第十四条 总干事依本章程之规定，及执行总部之议决行使职权。

第十五条 总干事有延聘雇佣及辞退办事员之权。

第十六条 主席团对外代表本会，至必要时总干事经主席团之委托亦得负对外之责任。

第十七条 执行委员任期二年，期满经会员大会之推举得继续连任之。

第十八条 主席委员任期二年，期满时由执行总部另行推选之。

第八章 办事员

第十九条 本会设干事若干人，办理执行总部议决之事项，及本会一切之经常日务。

第九章 选举

第二十条 选举用记名投票法，由选举人到会行之。

第二十一条 选举概以得票较多者当选，票数相同时以抽签法定之。

第二十二条 执行委员当选后非有正常理由不得辞职。

第十章 会议

第二十三条 会议之种类如左（笔者注：报纸为竖排，此为如下）。

一、会员大会；

（甲）常会每年一次，于春季由执行总部召集之，其职权得议决预算决算、办理选举及其他重要事件。

（乙）临时会由有会员五人以上之提议，经执行总部之议决，临时召集之，遇有必要时，执行总部亦得召集之。

二、执行总部会议；

每月举行两次，由主席团召集议决执行本会一切事务，但遇特别要务，主席团亦得召集之。

第二十四条　会员大会有会员二分之一以上之出席，即得开议，出席会员二分之一以上之同意，即得议决，但变更会章，及其他重要事务之议决，应以全体会员三分之二以上之出席，出席会员三分之二以上之同意行之。

前项但书规定若到会会员不足法定数时，得以出席会员三分之二以上之同意议定草案后，通知未到会会员，并于十日内召集，第二次会员大会若不足法定数即以第二次到会会员三分之二以上之同意作为议决。

第二十五条　执行委员会有委员二分之一以上出席，即得开议，出席委员二分之一以上之同意，即得议决，但本会办事规定须有全体委员三分之二以上之出席，出席委员三分之二以上之同意始得议决。

第十一章　会费

第二十六条　在会各厂应按锭子数目照下列办法缴纳会费：

一、甲种会员由各厂直接缴纳，每一锭子纳银一分八厘（双线锭子两枚作一枚计，布机每台作十二锭计）；

二、乙种会员照甲种会员减半，由其代表入会之团体缴纳。

前项会费分四季征收之。

第二十七条　新厂加入本会应缴入会费银一百两，一次交定。

第二十八条　会员出会时，入会费及常年会费概不给还。

第十二章　会计

第二十九条　本会经费以会员会费充之。

第三十条　会计年度以三月一日始至翌年二月底止。

第三十一条　总干事应依会计年度，分别编制预售案及决算案提交执行总部审查，经审查完竣，应附具意见，将各该案提付会员大会议决。

第三十二条　会员大会对于预算有增减删除之权。

第三十三条　会计年度届满新预算尚未成立时，执行总部得照上年度预算施行。

第三十四条　本会遇有非常事项或举办重要事业，预算不敷时，经大会之议决得特别募集之。

第三十五条　本会收支款项须经执行委员两人以上之签字及总干事之副署方为有效。

第十三章　附则

第三十六条　本章程之修改，由会员大会议决修改之。

第三十七条　本章程自呈上海特别市政府转呈国民政府备案之日施行。

附录2：中国纺织学会章程

第一章 名称

第一条 本会定名为中国纺织学会。

第二章 宗旨

第二条 本会以联络纺织界同志研究应用学术，使国内纺织工程臻于发展为宗旨（惟关于政治及劳资问题概不过问）。

第三章 会员

第三条 本会会员分为五种。

（甲）正会员。凡具下列资格之一者得为本会正会员：

一、曾在国内外纺织专门学校毕业，具有二年以上之经验者；

二、曾在中等工业学校毕业，具有五年以上之纺织经验者；

三、现任或曾任纺织工厂技师者。

（乙）仲会员。凡具有下列资格之一者得为本会仲会员：

一、曾在国内外纺织专门学校毕业者；

二、曾在中等工业学校毕业，具有二年以上之纺织经验者；

三、现任或曾任纺织工厂领班职务五年以上者。

（丙）学生会员。凡具有下列资格之一者，得为本会学生会员：

一、现在国内外纺织专门学校肄业一年以上者；

二、曾在中等工业学校纺织科毕业者；

（丁）特别会员。凡具有下列资格之一者得为本会特别会员：

一、现任或曾任纺织公司司事务或营业主任者；

二、对于纺织原料有特殊经验者；

三、对于纺织品经营有特殊经验者。

（戊）名誉会员。凡具有下列资格之一者，得为本会名誉会员：

一、对于经营纺织事业有特殊贡献者；

二、对于纺织学术有特殊贡献或著作者；

三、捐助巨款或施特殊利益于本会者。

第四条　凡会员入会，须由正会员二人以上之介绍，经执行委员会审查合格后，方得加入。

第五条　仲会员或学生会员具有正会员之资格时，经正会员二人以上证明，得请求执行委员会准许升格。

第六条　各种会员有损坏本会名誉，查有实据者，得先由执行委员会议决停止其会籍，再交年会讨论。

第四章　组织

第七条　本会以会员大会为最高机关，在非集会时，以执行委员会负责处理会务。

第八条　执行委员会由会员大会选举执行委员十五人及候补委员五人组织之。

第九条　执行委员中互选主席一人，对外代表本会，开会时为主席。

第十条　执行委员会得组设执行干部，分总务、会计、研究、编辑、审查、介绍等部，各部主任由执行委员互推之，其办事细则由执行委员会订定之。

第十一条　各部主任遇会务，必要时得自由邀请会员相助。

第十二条　执行委员会遇必要时，得指定会员若干人另组织特种委员会讨论。

第十三条　凡有会员十人以上同处一地者，得经执行委员会认可，组织分会，其章程得自行拟定，交由本会执行委员会审查通过方能有效。

第五章　会议

第十四条　本会于每年春季召集会员大会一次，其地点由上届年会议定，每年易地举行，于两个月前通告召集之。

第十五条　会员大会以全体会员五分之一出席为法定人数，以出席会员过半数为表决。

第十六条　凡有会员二十人以上之联署或执行委员会认为必要时得召集临时会议。

第十七条　执行委员会每月开常会一次，由主席召集之，遇有特别事故主席得召集临时会议。

第十八条　执行委员会以过半数出席委员为法定人数。

第六章　选举

第十九条　每年年会由到会会员用记名投票法选举执行委员。

第二十条　仲会员有选举权，无被选权，学生会员特别会员及名誉会员均无选举权及被选权。

第二十一条　当选执行委员因故不能就职时有次多数递补。

第七章　经费

第二十二条　会员应缴各费如下：

正会员得缴入会费，一次十元会费，每年五元（凡一次缴足十年会费者，得永久不再交会费）；

仲会员缴入会费一次五元，会费每年二元；

学生会员缴入会费一次一元，会费每年一元；

特别会员缴入会费一次十元，会费每年十元；

名誉会员不纳费。

第二十三条　会员愿特别捐助者，听本会如有特别需要时，得向会员临时募集。

第二十四条　每年应收会费于每年年会闭会后三个月内收齐。

第二十五条　凡会员继续二年不缴会费者，即取消会员资格。

第二十六条　入会费及特别捐款作为本会基金，不许支用。

第二十七条　每年请由纱厂联合会补助经费洋一千元，专为远地会员出席年会时津贴旅费之用，其分配数目由执行委员会派定于召集年会时通告之。

第二十八条　本会每年预算决算均须会员年会通过。

第八章　附则

第二十九条　本会会址暂设于上海华商纱厂联合会。

第三十条　本章如有修正之处，须经会员大会三分之二以上通过方生效力（十九年四月二十日成立大会修正通过）。

附录3：中国纺织学会会员名录（截至1930年4月18日）

姓名	别号	年龄	籍贯	毕业学校	现任职务	会员所在地
刁松森		31	合肥	南通学院纺织科（江苏）	振泰纱厂前纺科长	上海
王九如		37	无锡	万国函授学校纺科（美）	三新纱厂原动修机部主任	上海
王元章		30	南通	南通学院纺织科（江苏）	大丰纱厂保全部主任	上海
王家麒	仰溪	31	南京	南通学院纺织科（江苏）	永安一厂准备科长	上海
王兆钦	敬之	28	猗氏	南通学院纺织科（江苏）	永安一厂粗纺科	上海
王栋成	幼植	30	黄安	南通学院纺织科（江苏）	振泰纱厂准备科长	上海
王文奎	子宿	30	川沙	南通学院纺织科（江苏）	鸿章纱厂工程师	上海
王剔予		34	湘乡	湖南公立工业专门学校（湖南）	恒丰一厂技师	上海
王一鸥	逸民	30	南昌	豫章中学（江西）	申新第七厂考工主任	上海
王时雨		36	南昌	南通学院纺织科（江苏）	永安三厂	上海
毛兆裕	光德	30	江山	浙江第八中学（浙江）	振泰纱厂组织科科员	上海
毛如龙		27	江宁	柏林高等纺织专门学校（德）	信昌洋行纺织部	上海
白贤熙	开永	26	定海	澄衷中学商科（上海）	振泰纱厂整理科科长	上海
朱升芹	仙舫	43	临川	日本东京高等工业学校（日）	申新七厂厂长	上海
朱公权		33	绍兴	浙江公立工业专门学校、南通学院纺织科（浙江、江苏）	永安三厂总技师	上海
朱寿桢	钝根	32	临川	南通学院纺织科（江苏）	申新七厂布厂技师	上海
朱商平		30	汕头	法国纺织高等专门学校（法）	巴黎工业厂纺织部工程师	上海
朱应奎	梦苏	35	汝城	日本东京高等工业学校（日）	申新二厂技师	上海
朱振民		27	上海	江苏二师初中（江苏）	统益线厂试验部主任	上海
李　晔	庄寿	35	衡山	日本桐生高等工业学校（日）	恒丰纺织新局制织部技师	上海
朱湘涛	荫波	27	上海	万国函授学校纺科（美）	大丰纱厂试验部主任	上海
李继桢		30	南通	南通学院纺织科（江苏）	达丰染织厂职员	上海
李宁章	惮藏	35	澧州	大中华养成所（上海）	申新二厂副工程师	上海
李文漠	秋甫	26	杭州	浙江公立工业专门学校（浙江）	永安三厂织布科	上海
李伯刚	舒锦	27	醴陵	南通学院纺织科（江苏）	永安三厂组织科	上海
李锡钊		33	广东	美国麻省纽毕德佛学院纺织工程专业（美）	永安第一布厂主任	上海

续表

姓名	别号	年龄	籍贯	毕业学校	现任职务	会员所在地
李著尚		28	长沙	江苏职业校机械科（江苏）	恒丰纺织新局考工员	上海
李廷光	啸陵	30	桃源	湖南省立第二甲种工业学校（湖南）	申新七厂考工主任	上海
李进锡	庶培	43	湘乡	龙华兵工厂校（上海）	恒丰机械处技师	上海
李进铭	楚培	30	湘乡	大通养成所（上海）	大通厂沪事务所工务统计	上海
李学瑞					隆茂纱厂保全主任	上海
任政常	齐八	28	宜兴	江苏省立第二工业学校（江苏）	永安二厂成包科长	上海
任　浩	源泉	34	湖南	大中华养成所（上海）	申新五厂副工程师	上海
伍　超	肇业	24	宝阳	南通学院纺织科（江苏）	永安一厂粗纺科	上海
吴襄芸	邦政	35	潮阳	南通学院纺织科（江苏）	鸿章厂织布主任	上海
吴宝钰	佩甫	28	嘉兴	南通学院纺织科（江苏）	大丰厂试验保全部副主任	上海
吴磐安		31	松江	南通学院纺织科（江苏）	永安一厂前纺科长	上海
吴喆辅		30	黄安	南通学院纺织科（江苏）	振泰布厂准备部保全	上海
吴陆之		28	犍为	南通学院纺织科（江苏）	振泰纱厂织部保全科长	上海
吴文伟	欣奇	33	崇德	日本东京工业大学纺织科（日）	暨南大学及法科大学教员	上海
吴本智		29	安徽	法国国立高等纺织工艺学校（法）		上海
沈卓民	哲民	33	永嘉	南通学院纺织科（江苏）	永安二厂考工主任	上海
沈清钊	轼如	36	杭州	日本东京高等工业学校纺科（日）	恒丰纺织厂考工	上海
沈俊卿		36	上海	上海青年会中学（上海）	统益厂前纺保全部主任	上海
何培禔		30	长沙	南通学院纺织科（江苏）	申新七厂保全部主任	上海
何致广	汉卿	27	溧水		崇信纱厂厂长	上海
何雄傑	汉三	33	乐清	东京高等工业学校（日）		上海
汪华棠	秾如	28	湖南	中国公学理科（上海）	申新五厂细纺部主任	上海
吕再瑞	即瑞	28	永康	浙江公立工业专门学校（浙江）	永豫纱厂厂长	上海
吕钟美	仲眉	41	新昌	浙江公立工业专门学校（浙江）	永豫纱厂工务主任	上海
宋学濂	铁梅	30	鹤山	南通学院纺织科（江苏）	大丰纱厂布厂考工处主任	上海
杜恩湛		35	海门	南通学院纺织科（江苏）	统益线厂工务长	上海

续表

姓名	别号	年龄	籍贯	毕业学校	现任职务	会员所在地
金如源		30	无锡	同济大学机科（上海）	民生纱厂技师	上海
金洪振		32	上海	同济大学机科（上海）	民生纱厂技师	上海
金思义	醉秋	31	武进	常州中学（江苏）	振泰纱厂后纺科长	上海
金绍章	幼峰	28	南翔		崇信纱厂工务科长	上海
金如璜	仲篪	36	上虞	浙江第五中学（浙江）	统益线厂前纺科长	上海
周维桢	国生	31	萧山	浙江公立工业专门学校（浙江）	永安二厂后纺主任	上海
周如恒	捷人	33	海门	南通学院纺织科（江苏）	振泰纱厂考工主任	上海
周湘润	滋生	35	余姚	余姚县校（浙江）	统益纱厂后纺科长	上海
周定一	奎俊	28	武进	江苏省立第二工业学校（江苏）	永安二厂精纺科长	上海
郁兰生	仲芳	37	南通	苏州工业专门学校（江苏）	厚生纱厂织布部	上海
郁建屏	树藩	23	崇明	南通学院纺织科（江苏）	永安厂织布科班长	上海
于金生	丽川	27	如皋	南通学院纺织科（江苏）	永安一厂整理科	上海
林承伯		32	广丰	南通学院纺织科（江苏）	振泰纱厂试验主任	上海
胡海秋		29	绍兴	法国东方纺织高等专门学校（法）	隆高麦行纺织机器部主任	上海
胡　骏	伯达	29	湘潭	南通学院纺织科（江苏）	永安一厂织布科长	上海
胡仰山		29	汤溪	南通学院纺织科（江苏）	振泰纱厂考工主任	上海
胡干才	晓云	27	湖南	湖南省立第一甲种工业学校（湖南）	申新五厂粗纺部主任	上海
施继鸿		26	海门	南通学院纺织科（江苏）	大丰纱厂精纺科主任	上海
施云龙	卜飞	26	海门	南通学院纺织科（江苏）	振泰纱厂前纺科长	上海
夏拜言	再赓	28	富阳	浙江公立工业专门学校（浙江）	宝兴纱厂工务长	上海
宣慰民	学恬	29	诸暨	宝成养成所（天津）	大丰纱厂考工处主任	上海
俞体芳		29	金华	南通学院纺织科（江苏）	宝兴纱厂工务主任	上海
张迭生	铁僧	37	泰兴	英国利兹大学染科（英）	鸿章整理部主任光中经理	上海
张泽春	晖容	36	嵊县	浙江公立工业专门学校（浙江）	永安三厂稽查	上海
张　灿	虎臣	28	富阳	浙江公立工业专门学校（浙江）	永安三厂织布科长	上海
张方佐	日静	31	宁波	日本东京高等工业学校（日）	申新二厂技师	上海
张昂千		33	如皋	南通学院纺织科（江苏）	统益线厂副工务长	上海

续表

姓名	别号	年龄	籍贯	毕业学校	现任职务	会员所在地
张汉文		29	高阳	法国鲁贝高等工业学校（法）	裕华毛厂工程师	上海
陈守一		30	长沙	南通学院纺织科（江苏）	永安三厂副技师兼保全试验主任	上海
陈秉级	晋华	33	富阳	南通学院纺织科（江苏）	宝兴纱厂厂长	上海
陈仲傑		30	川沙	南通学院纺织科（江苏）	宝兴纱厂工程师	上海
陈炳熙		25	崇明	南通学院纺织科（江苏）	统益纱厂梳棉部主任	上海
陆闾如	致和	30	海门	南通学院纺织科（江苏）	大丰庆记纱厂考工主任	上海
陆志行		34	南通	南通学院纺织科（江苏）	统益纱厂副工务长	上海
袁葆仁		26	海门	南通学院纺织科（江苏）	宝兴纱厂粗纺主任	上海
唐孟雄		31	九江	南通学院纺织科（江苏）	永安一厂布厂科长	上海
徐照熙		25	慈裕	法国里昂纺织学校（法）	美亚织绸厂技师	上海
徐　正	纪伦	25	乐清	浙江大学工学院染科（浙江）	永安二厂精纺科	上海
孙锦文	则平	32	杭州	浙江公立工业专门学校（浙江）	上海丰田会社社长	上海
孙益斋		34	泰兴	南通学院纺织科（江苏）	统益纱厂保全主任	上海
耿心一		33	常熟	南通学院纺织科（江苏）	永安一厂考工主任	上海
秦炳洙	宪周	29	嘉善	法国东方纺织高等专门学校（法）	东陆织造厂协理	上海
姚闻曾	声远	35	吴兴	南通学院纺织科（江苏）	振泰纱厂机织科长	上海
黄金声	祖铎	28	浦江	浙江公立工业专门学校机科（浙江）	丰田布厂保全部技工	上海
黄炳奎		35	长沙	美国罗威纺织专门学校（美）	申新五厂总工程师	上海
黄云骙	龙骧	32	浙江	南通学院纺织科（江苏）	振泰厂工程师	上海
黄序周	季冕	34	萍乡	日本东京工业大学纺织科（日）	恒丰纱厂工程师	上海
黄希阁		24	溧阳	南通学院纺织科（江苏）	统益纱厂清钢科长	上海
许先涛		23	镇江	南通学院纺织科（江苏）	永安二厂新工场粗纺科	上海
许瓯伯		35	南通	南通学院纺织科（江苏）	溥益一厂副工务长	上海
许思衡	慕之	30	崇仁	南通学院纺织科（江苏）	申新七厂粗纺部双领班	上海
郭开泰	达三	27	如皋	南通学院纺织科（江苏）	永安一厂布厂	上海

续表

姓名	别号	年龄	籍贯	毕业学校	现任职务	会员所在地
郭君若		27	钜野	南通学院纺织科（江苏）	申新七厂布厂	上海
曾永寿	世泽	38	酆都	日本东京工业大学（日）	申新七厂调查主任	上海
曹　瑛		35	常熟	南通学院纺织科（江苏）	申新二厂副工程师	上海
傅锡禹		30	醴陵	南通学院纺织科（江苏）	永安三厂粗纺科科长	上海
彭贻谟	子毂	34	湘乡	恒丰养成所（上海）	恒丰厂考工员	上海
彭维翰	雪舟	31	攸县	日本东京工业大学纺织科（日）	恒丰纱厂服务	上海
叶　量	子休	29	泰县	北京工业专门学校（北平）	国定税则委会纺织组主任	上海
叶受章	子靖	22	嘉兴	南通学院纺织科（江苏）	振泰纱厂后纺科员	上海
喻会孝	道常	29	高安	湖南省立第二甲种工业学校（湖南）	申新七厂考工主任	上海
喻荫春		21	浙江	申新养成所（上海）	申新七厂领班	上海
过持志		34	无锡	同济大学机科电科（上海）	民生纱厂总管	上海
程甲山		36	泰县	南通学院纺织科（江苏）	统益纱厂保全主任	上海
惠志道	南行	27	无锡	荣氏公益工商中学（江苏）	申新七厂工程师	上海
杨汝新	汝馨	27	诸暨	浙江公立工业专门学校（浙江）	光裕营业公司工务部	上海
杨雨田	禹甸	34	奉化	法国东方纺织高等专门学校（法）	东陆织造厂经理	上海
杨毂初		26	长沙	恒丰养成所（上海）	恒丰纱厂考工	上海
杨荫堃	樾林	36	渠县	日本东京工业大学（日）	申新七厂工程师	上海
葛羽经	翊如	30	金壇	南通学院纺织科（江苏）	永安二厂考工员	上海
葛焕彬	楚人	24	南通	南通学院纺织科（江苏）	永安一厂布厂机务员	上海
万郡符	府祥	32	凤阳	南通学院纺织科（江苏）	永安一厂试验科长	上海
雷锡璋			湖南		隆茂纱厂工程师	上海
雷炳强	傑道	36	台山	广东省立工业专科学校（广东）	永安一厂保全科长	上海
董振一		33	常熟	江苏省甲种师范讲习所（江苏）	统益纱厂试验科长	上海
詹荣培	雪吾	25	诸暨	浙江公立工业专门学校（浙江）	永安三厂精纺科	上海
鄢定寿	祝珊	29	吉水	南通学院纺织科（江苏）	申新七厂考工	上海
郑国栋	彦之		湖南	湖南工业专门学校（湖南）	振华纱厂工程师	上海
郑镇昌		33	潮州		鸿章纺织厂	上海

续表

姓名	别号	年龄	籍贯	毕业学校	现任职务	会员所在地
郑人魁	仁奎	34	上海		申新一厂总管	上海
郑和卿		30	宁波	上海青年会中学（上海）	统益纱厂精纺科主任	上海
赵国良		36	余姚	恒丰养成所（上海）	振泰纱厂参事	上海
刘文澜	春波	27	靖江	南通学院纺织科（江苏）	振泰厂机织科	上海
刘方畿		27	南昌	南通学院纺织科（江苏）	达丰染织厂职员	上海
刘益远		30	枣阳	南通学院纺织科（江苏）	恒丰新厂考工员	上海
蒋锦佩	尚网	26	诸暨	浙江公立工业专门学校（浙江）	永安三厂准备科长	上海
蒋荣楣		30	江阴	大同学院（江苏）	达丰厂化验部技师	上海
蒋兰言	挹同	24	瑞安	浙江公立工业专门学校（浙江）	永安二厂清棉科主任	上海
蒋孝尊		26	萧山	中华职业学校（上海）	恒丰纱厂机械处监工	上海
潘庞同	铭三	38	清浦	江苏第三中学大同学院（江苏）	统益纱厂工账主任	上海
潘焕文	昌炽	27	休宁	恒丰养成所（上海）	恒丰纱厂细纱保全	上海
潘　荪	寄尘	30	凤阳	法国东方纺织高等专门学校（法）		上海
诸惟金	启明	36	绍兴	日本京都纺织专门学校（日）	永安二厂前纺保全主任	上海
钱乘时	子超	31	浙江	日本东京高等工业学校（日）	达丰染织厂	上海
钱起一		31	常熟	南通纺大同学院（江苏）	永安一厂后纺科长	上海
钱履庆		29	富阳	杭州宗文中学（浙江）	统益线厂后纺科长	上海
骆义甫		34	永康	浙江公立工业专门学校（浙江）	申新一厂副工程师	上海
骆兆焯	仲琼	28	台山	台山竟志中学（广东）	永安二厂前纺保全主任	上海
骆兆衍	义法	28	台山	上海南洋英专（上海）	永安二厂捻线科摇纱科长	上海
骆舜臣	汭澜	33	杭州	棉业传习所（天津）	申新一厂试验部主任	上海
应水卿	伯海	31	奉化	恒丰养成所（上海）	振泰纱厂保全主任	上海
戴文伯		27	嘉兴	南通学院纺织科（江苏）	永安二厂试验主任兼保全部长	上海
魏崇德	亦九	33	诸暨	南通学院纺织科（江苏）	大丰纱厂考工处总主任	上海
蔡柱澜	砥言	28	萍乡	南通学院纺织科（江苏）	申新七厂保全	上海
蔡谷夫	济华	24	沅江		振华纱厂	上海
严元善	伯放	38	江都	曼彻斯特纺织专门学校（英）	光裕营业公司	上海

续表

姓名	别号	年龄	籍贯	毕业学校	现任职务	会员所在地
罗秉英	玉成	35	桃源	日本东京高等工业学校（日）	恒丰纱厂技师	上海
罗孙曾		28	崇明	南通学院纺织科（江苏）	统益厂梳棉部主任	上海
苏季泉	毓清	32	瑞安	南通学院纺织科（江苏）	永安二厂考工司长	上海
苏龙心	叔良	22	吴县	上海养正高等小学（上海）	公大第一纱厂试验室	上海
顾汝兴	树动	33	海门	南通学院纺织科（江苏）	振泰纱厂后纺主任	上海
龚荫三		33	崇明	南通学院纺织科（江苏）	统益纱厂工务长	上海
龚涤凡		43	崇明	日本东京高等工业学校（日）	溥益一厂工务长	上海
于云波		29	六合	金陵大学附属中学（江苏）	申新三厂保全部	无锡
王一德	子咸	35	江山	浙江公立工业专门学校（浙江）	丽新染织厂染部副部长	无锡
汪树磐	孚礼	44	沅江	日本东京工业大学纺织科（日）	申新三厂总工程师	无锡
沈泮元					申新养成所主任	无锡
李宗翰	达璋	36		南通学院纺织科（江苏）	广勤纱厂技师兼稽查	无锡
胡学训	诂齐	30	诸暨	浙江公立工业专门学校（浙江）	申新三厂布厂保全主任	无锡
施之铨		26	无锡	中华职业学校（上海）	申新三厂整理部主任	无锡
姜位鑫	宝卿	26	江山	浙江公立工业专门学校（浙江）	丽新厂织部铁机科副科长	无锡
祝枚光	子乘	32	江山	浙江公立工业专门学校（浙江）	丽新染织厂织布科科长	无锡
张允震	佩苍	34	洛社	北京高等工业专门学校（北平）	丽新染织厂染部部长	无锡
张炳春	一枝	28	南通	南通学院纺织科（江苏）	丽新染织厂部长	无锡
唐增源	君远	30	无锡	东吴大学（江苏）	丽新染织厂厂长	无锡
唐芝霖	显荣	50	鄞县		无锡复兴纱厂工务主任	无锡
黄晓江		31			南通丽新公司准备科长	无锡
黄梅清	友三	24	无锡	无锡公益工商中学（江苏）	申新第三布厂经浆主任	无锡
黄兆鑫	倍稷	37	武进		广勤纱厂稽查兼技师	无锡
邹春坐	汝倕	25	无锡	无锡公益工商中学工科（江苏）	申新三厂保全部	无锡
费中和		25	吴江	无锡公益工商中学（江苏）	振新纱厂考工主任	无锡
贾凤生	鸣和	25	无锡	江苏省立苏州工业专门学校电科（江苏）	申新三厂保全部	无锡
刘天耳		28	无锡	金陵大学棉科（江苏）	振新纱厂考工主任	无锡
钱寿康	昌夫	26	诸暨	浙江公立工业专门学校（浙江）	申新三厂布厂考工主任	无锡

续表

姓名	别号	年龄	籍贯	毕业学校	现任职务	会员所在地
王逸群		32	南通	南通学院纺织科（江苏）	大生三厂保全主任	南通及附近
毛翼丰	端梧	34	常德	湖南省立第一甲种工业学校（湖南）	大生一厂工程师	南通及附近
朱希文	运初	34	湘乡	楚怡工业学校（湖南）	大生一厂新厂及布厂技师	南通及附近
沈荣先	子述	36	如皋	南通学院纺织科（江苏）	大生一厂总务部	南通及附近
沈燕谋		40	南通		大生三厂董事兼考工部长	南通及附近
何明德	鸿章	41		圣芳济（美）	大通纱厂总管	南通及附近
余韶九		33	泰兴	南通学院纺织科（江苏）	大生一厂新厂考工员	南通及附近
吾善性	葆真	31	衢县	南通学院纺织科（江苏）	大生一厂考工主任	南通及附近
施谷西	子嘉	23	海门	南通学院纺织科（江苏）	大生一厂布厂正监	南通及附近
张树人	嗜仁	36	吴兴	南通学院纺织科（江苏）	大生三厂纺织部技师	南通及附近
张言雍		35	海门	南通学院纺织科（江苏）	大生一厂保全员	南通及附近
张　奎	璧星	30	海门	南通学院纺织科（江苏）	大生三厂考工主任	南通及附近
陈传道	子贤	31	攸县	湖南省立第一甲种工业学校（湖南）	大生一厂考工主任	南通及附近
袁仲齐		33	泰县	南通学院纺织科（江苏）	大生三厂总技师	南通及附近

续表

姓名	别号	年龄	籍贯	毕业学校	现任职务	会员所在地
唐人杰	汉才	33	如皋	南通学院纺织科（江苏）	大生三厂纺织部技师	南通及附近
徐开阳	占三	37	东台	南通学院纺织科（江苏）	大生一厂新厂考工主任	南通及附近
浦剑雄		27	苏州	南通学院纺织科（江苏）	大生一厂保全部主任	南通及附近
黄念先		28	南通	南通学院纺织科（江苏）	大生一厂保全员	南通及附近
黄君吉	鸿谦	32	崇明	南通学院纺织科（江苏）	大生三厂织部技师	南通及附近
许庆成	仰四	36	丹徒	南通学院纺织科（江苏）	大生三厂考工前纺主任	南通及附近
许笑梅		31	绍兴		大生细纱间正监	南通及附近
刘维邦	民一	30	启东	南通学院纺织科（江苏）	大生一厂粗纱正监	南通及附近
蔡均和	春三	26	鄞县		大生一厂稽核	南通及附近
钱昌时	雍黎	34	常熟	曼彻斯特纺织大学（英）	南通大学纺织科教务主任	南通及附近
谭鼎	宗翰	28	攸县	南通学院纺织科（江苏）	大生三厂保全兼试验员	南通及附近
顾钜仁	公任	32	江都	南通学院纺织科（江苏）	大生三厂机务技师	南通及附近
顾南庠	养周	29	崇明	南通学院纺织科（江苏）	大生三厂准备技师	南通及附近
章　桓	剑悬	27	无锡	公益工商中学（无锡）	申新四厂工程师	汉口武昌
汤　甯	修常	25	绍县	浙江公立工业专门学校（浙江）	申新四厂保全	汉口武昌
荣续旌		27	萍乡	北平工业大学（北平）	申新四厂布机部主任	汉口武昌

续表

姓名	别号	年龄	籍贯	毕业学校	现任职务	会员所在地
刘稻秋		30	四川	英国利兹大学（英）	福兴漂染整理厂	汉口、武昌
张棫泉		48	无锡		申新四厂营业主任	汉口、武昌
张 维	润如	34	武进	苏州工业专门学校（江苏）	武昌震寰纱厂	汉口、武昌
张公威	柔克	34	无锡	江苏省立第二工业学校（江苏）	武昌公记精粉公司经理	汉口、武昌
瞿冠英	冕群	27	靖江	公益工商中学（无锡）	申新四厂布厂保全主任	汉口、武昌
萧伦豫	松立	33	常德	湖南工业专门学校（湖南）	申新四厂工务主任	汉口、武昌
刘运霖	润之	32	常德	湖南工业专门学校（湖南）	申厂（误，应为新）四厂布厂技师	汉口、武昌
张万里		34	南皮	日本东京高等工业学校（日）	天津裕元厂厂长	天津
陆培基	绍云	37	川沙	日本东京高等工业学校（日）	宝成纱厂工务长兼工程师	天津
桂步骢	季桓	28	石埭		华新津厂工务长兼技师	天津
姚鸣山			河北	日本东京高等工业学校（日）	天津商品检验局	天津
丁作霖	庆云	35	四川	河北省立工业专门学校纺科（天津）	通惠公纱厂工程师	其他各地
王竹铭			阜城	日本东京高等工业学校（日）	华新卫厂副经理兼厂长	其他各地
王世毅	健夫	40	临晋	北京工业专门学校（北平）	山西晋华二厂工务主任	其他各地
王谦益	吉六	29	稷山	南通学院纺织科（江苏）	新绛大益成纱厂考工	其他各地
王绍德	君明	31	崇明	南通学院纺织科（江苏）	郑州豫丰纱厂废物料科长	其他各地
王振家	起声	26	德清	浙江公立工业专门学校（浙江）	纬成丝厂前纺科技师	其他各地
朱升荃	育芳	39	临川	恒丰养成所（上海）	久兴纺织公司工务主任	其他各地
朱寿椿	霆根	32	临川	大中华养成所（上海）	久兴纱厂细纺部主任	其他各地
李养玺	再风	26	猗氏	北平工业大学（北平）	山西晋华第二厂监工	其他各地
李作霖	雨三	36	新绛	南通学院纺织科（江苏）	新绛大益成纱厂经理	其他各地
李森林	茂轩	31	山西	南通学院纺织科（江苏）	山西晋生织染厂技师	其他各地

续表

姓名	别号	年龄	籍贯	毕业学校	现任职务	会员所在地
成希文	知白	41	湘乡	日本东京高等工业学校（日）	湖南第一工校校长	其他各地
任尚武	理卿	22	湘阴	北卡罗来纳大学纺织硕士（美）	湖南第一纱厂工程师	其他各地
金古霞		35	上虞	法国东方纺织高等专门学校（法）	浙江建设厅视察	其他各地
易　鼎	彦生	32	湘潭	法国东方纺织高等专门学校（法）	湖南第一纱厂工程师	其他各地
胡树泽		36	长沙	恒丰养成所（上海）	湖南第一纱厂技工	其他各地
施泽民		33	吴江	浙江公立工业专门学校（浙江）	纬成裕嘉厂原动部主任	其他各地
洪　业	挹之	33	歙县	南通学院纺织科（江苏）	华新纺织公司唐厂技师	其他各地
张性成	习之	35	灵石	南通学院纺织科（江苏）	山西晋华纺织厂监工	其他各地
张庆扬		33	绍兴	浙江公立工业专门学校染科（浙江）	通成厂漂染织物科长	其他各地
张燧农		30	长沙	南通学院纺织科（江苏）	湖南第一纱厂厂技士	其他各地
张寿朋	作三	29	山西	南通学院纺织科（江苏）	山西晋生织染厂技师	其他各地
陆肇动	辅舟		平湖	日本东京高等工业学校（日）	大生纱厂顾问	其他各地
陈本元	培齐	32	镇江	南通学院纺织科（江苏）	卫辉华新纱厂技师	其他各地
陈尔常	志恒	29	吴县	浙江公立工业专门学校（浙江）	裕中纱厂工务处长	其他各地
陈　浩	啸云	30	奉化	法国东方纺织高等专门学校（法）	杭州六一制造厂经理	其他各地
陈庆堂	承吉	35	富阳	浙江公立工业专门学校（浙江）	浙江大学染织科主任	其他各地
陈君石		47	杭州	日本东京高等工业学校（日）		其他各地
袁乙临	敬荘	35	东台	南通学院纺织科（江苏）	唐山华新公司工务长	其他各地
孙家鼎	铭齐	34	长安	南通学院纺织科（江苏）	郑州豫丰纱厂工程师	其他各地
陶泰基	平叔		无锡	日本东京高等工业学校（日）		其他各地
陶光周	一鸣	32	绍兴	浙江公立工业专门学校（浙江）	嘉兴纬成公司考工主任	其他各地
许炳堃	潜夫	53	德清	日本东京高等工业学校（日）	浙江民政厅秘书	其他各地
郭静垞		35	临海	浙江公立工业专门学校（浙江）	通成厂保全兼纺纱科主任	其他各地

续表

姓名	别号	年龄	籍贯	毕业学校	现任职务	会员所在地
黄承鼎	铸九	34	湖南	恒丰养成所（上海）	通惠公纱厂技师	其他各地
黄恩承	绍香		徐水	棉业传习所（天津）	华新卫厂运转技师	其他各地
曾两川	丽香	34	湘乡	湖南省立第一甲种工业学校（湖南）	湖南第一厂考工股主任	其他各地
傅道伸	翰飞	34	醴陵	美国北卡罗来纳州农工大学纺织化学专业（美）	湖南布工程师兼工务主任	其他各地
傅章阳	玉林	30	沅江	法国东方纺织高等专门学校（法）	长沙亚东染织厂总技师	其他各地
冯　春	子元	36	隰县	南通学院纺织科（江苏）	新绛大益成纱厂考工长	其他各地
过荫楠	阴男	21	无锡	无锡中学（江苏）	武昌震寰布厂技术员	其他各地
黎永华	永华		鄞县		和丰纱厂工务长	其他各地
廖泰松	柏英	38	醴陵	南通学院纺织科（江苏）	湖南第一纱厂技士	其他各地
蔡继会	定武	40	德清	日本东京高等工业学校（日）	浙江省政府秘书处科员	其他各地
庐大纶	赞庭	30	吴县	江苏省立苏州工业专门学校纺科（江苏）	申新六厂工务主任	其他各地
郑　杕	申甫	23	杭州	浙江省立甲种商业学校（浙江）	嘉兴纬成丝厂试验主任	其他各地
刘善福	申之		定县	北京工业专门学校（北平）	华新卫厂保全技师	其他各地
龙　乾	秉刚	35	茶陵	日本东京高等工业学校电科（日）	湖南第一纱厂原动技师	其他各地

资料来源：《中国纺织学会会员名录》，《纺织周刊》第2卷第3期（1932年1月15日）—第2卷第13期（1932年4月8日）。

附录4:《纺织时报》（一·二八淞沪抗战前后）报道统计表

时间	标题	版面	版面面积	内容
1932年1月18日	Carside氏世界棉产供求统计	4	48	其他中外纺织业信息（3）
1932年1月18日	广告	4	40	英国皮带石棉有限公司（4—外货广告）
1932年1月18日	实业部过去工作之回顾	5	88	其他中外纺织业信息（3）
1932年1月18日	国内外纱花两周市价统计	6–7	152	其他中外纺织业信息（3）
1932年1月18日	广告	7	24	永昌五金号（4—国货广告）
1932年1月18日	十二月份美国棉业统计；埃及棉一周统计；美棉一周统计	8	44	其他中外纺织业信息（3）
1932年1月18日	广告	6	44	鸡球牌药沫灭火机（4—国货广告）
1932年1月21日	实业部发展实业计划	1	64	其他中外纺织业信息（3）
1932年1月21日	二十年进口织杂品概况	2	40	其他中外纺织业信息（3）
1932年1月21日	英国棉货输华之激增；日本棉纱输出数量	2	48	其他中外纺织业信息（3）
1932年1月21日	日纱厂对工潮态度强硬	2	21	抵制日货，提倡国货（1）
1932年1月21日	英经济团棉业组报告书	3	88	其他中外纺织业信息（3）
1932年1月21日	世界经济不振与救济	4	74	其他中外纺织业信息（3）
1932年1月21日	危迫日甚之蚕丝业	4	58	其他中外纺织业信息（3）
1932年1月21日	广告	5	44	鸡球牌药沫灭火机（4—国货广告）
1932年1月21日	Carside氏世界棉产供求统计	6	48	其他中外纺织业信息（3）
1932年1月21日	广告	6	40	英国皮带石棉有限公司（4—外货广告）
1932年1月21日	济南花纱市况近讯；俄国棉花在英成交四万包；印棉一周统计；上海各栈存棉调查；二十年上海纱花进出口统计说明	7–8	176	其他中外纺织业信息（3）

续表

时间	标题	版面	版面面积	内容
1932年1月25日	机制货物须向海关登记；沪社会局举行工厂登记	1	64	其他中外纺织业信息（3）
1932年1月25日	去年日本棉货输华大减	2	48	其他中外纺织业信息（3）
1932年1月25日	广告	2	40	英国皮带石棉有限公司（4—外货广告）
1932年1月25日	英经济团棉业组报告书	3	80	其他中外纺织业信息（3）
1932年1月25日	1931年世界经济不振之概况	4	44	其他中外纺织业信息（3
1932年1月25日	广告	4	44	鸡球牌药沫灭火机（4—国货广告）
1932年1月25日	Carside氏世界棉产供求统计	5	88	其他中外纺织业信息（3）
1932年1月25日	美棉轧花第十一次报告；金融公司使美棉信用勃发；美棉一周统计；埃及棉一周统计；上海日纱布存销数量；上海各栈存棉调查；一周纪要	6–7	131	其他中外纺织业信息（3）
1932年1月25日	广告	6	21	《中华棉产改进会月刊》（4—报纸杂志宣传）
1932年1月25日	广告	7	24	永昌五金号（4—国货广告）
1932年1月25日	国内外纱花一周市况	8	88	其他中外纺织业信息（3）
1932年1月28日	日纱厂同业会停工胁迫市府	1	64	抵制日货，提倡国货（1）
1932年1月28日	上海市各同业公会针对东北事变发表共同宣言	2	55	对战争的报道和评论（5）
1932年1月28日	日棉业将积极向东省发展	2	33	中外纺织业受战争影响状况（2）
1932年1月28日	英经济团棉业组报告书	3	88	其他中外纺织业信息（3）
1932年1月28日	1931年申新二厂改进概况	4	88	其他中外纺织业信息（3）
1932年1月28日	印纱厂70家闭门；英国棉业界；英棉业之复苏与失业工人	5	88	其他中外纺织业信息（3）

续表

时间	标题	版面	版面面积	内容
1932年1月28日	美两院通过金融公司；苏俄再订第二五年计划；英棉市渐兴奋但其势不速，德国举行展览会；印棉一周统计；沪市日本棉纱布存量	6–7	132	其他中外纺织业信息（3）
1932年1月28日	广告	7	44	鸡球牌药沫灭火机（4—国货广告）
1932年1月28日	上海纱花人造丝进出口统计	8	48	其他中外纺织业信息（3）
1932年1月28日	广告	8	40	英国皮带石棉有限公司（4—外货广告）
1932年3月10日	沪战发生后之棉业	1–2	152	中外纺织业受战争影响状况（2）
1932年3月10日	最近半季世界棉业统计	3	44	其他中外纺织业信息（3）
1932年3月10日	广告	3	44	《中国棉产改进统计会议专刊》（4—报纸杂志宣传）
1932年3月10日	实业部分配纺织机器办法	4–5	152	其他中外纺织业信息（3）
1932年3月10日	纺织业厂商订购纱锭布机分期还本付息一览表	5	24	其他中外纺织业信息（3）
1932年3月10日	美棉消费之观测；孟买棉业市场又停顿；过去六周之美棉、印棉、埃及棉一周统计；二十年十二月上海进口外棉统计	6–7–8	248	其他中外纺织业信息（3）
1932年3月10日	棉纱统税消息	8	16	其他中外纺织业信息（3）
1932年3月14日	沪西日厂准备开工；棉织厂业平价售现；日购美棉渐感压迫；最近日本输出棉货减少；沪战对于丝业之影响	1–2	96	中外纺织业受战争影响状况（2）
1932年3月14日	印进口关税因棉货减少；实部催推国劳雇主代表	2	12	其他中外纺织业信息（3）

续表

时间	标题	版面	版面面积	内容
1932年3月14日	广告	2	44	《中国棉产改进统计会议专刊》(4—报纸杂志宣传)
1932年3月14日	英经济团棉业组报告书	3	88	其他中外纺织业信息(3)
1932年3月14日	最近半季世界棉业统计详报	4–5	92	其他中外纺织业信息(3)
1932年3月14日	广告	4	40	英国皮带石棉有限公司(4—外货广告)
1932年3月14日	棉纱统税消息	5	44	其他中外纺织业信息(3)
1932年3月14日	Carside氏世界棉产供求统计	6–7	132	其他中外纺织业信息(3)
1932年3月14日	广告	7	44	鸡球牌药沫灭火机(4—国货广告)
1932年3月14日	国内外纱花一周市况	8	64	其他中外纺织业信息(3)
1932年3月14日	广告	8	24	永昌五金号(4—国货广告)
1932年3月17日	沪西纱厂将完全开工	1	16	中外纺织业受战争影响状况(2)
1932年3月17日	近半年之中国棉业统计；俄棉业极谋华北市场；实部造大规模钢铁炼厂国劳；主代表请拨旅费；上海金融界之联合组织	1–2	92	其他中外纺织业信息(3)
1932年3月17日	广告	2	44	《中国棉产改进统计会议专刊》(4—报纸杂志宣传)
1932年3月17日	英经济团棉业组报告书	3	88	其他中外纺织业信息(3)
1932年3月17日	日棉业深感抵货痛苦	4	20	抵制日货，提倡国货(1)
1932年3月17日	天津出口棉花统计	4	35	其他中外纺织业信息(3)
1932年3月17日	广告	4	44	鸡球牌药沫灭火机(4—国货广告)
1932年3月17日	二十年上海棉花检验概况	5	88	其他中外纺织业信息(3)
1932年3月17日	久未解决之天津华新工潮	6–7	96	其他中外纺织业信息(3)
1932年3月17日	广告	6	40	英国皮带石棉有限公司(4—外货广告)

续表

时间	标题	版面	版面面积	内容
1932年3月17日	棉纱统税消息	7	20	其他中外纺织业信息（3）
1932年3月17日	广告	7	20	《天津棉鉴》（4—报纸杂志宣传）
1932年3月17日	国内外二月份纱花市况	8	88	其他中外纺织业信息（3）
1932年3月21日	读《上海之棉纱与纱业》书后	1-2-3	224	其他中外纺织业信息（3）
1932年3月21日	广告	3	20	华商纱厂联合会发行书报目录（4—报纸杂志宣传）
1932年3月21日	上海日厂开工问题；沪战对于日棉业影响	4	44	中外纺织业受战争影响状况（2）
1932年3月21日	广告	4	44	鸡球牌药沫灭火机（4—国货广告）
1932年3月21日	英经济团棉业组报告书	5	88	其他中外纺织业信息（3）
1932年3月21日	广告	6	44	《中国棉产改进统计会议专刊》（4—报纸杂志宣传）
1932年3月21日	沪战失业纺工最多；沪战失业工人之救济问题	6-7	92	中外纺织业受战争影响状况（2）
1932年3月21日	广告	7	40	英国皮带石棉有限公司（4—外货广告）
1932年3月21日	中日买进美棉甚多	8	32	中外纺织业受战争影响状况（2）
1932年3月21日	大事纪要；各厂消息	8	32	其他中外纺织业信息（3）
1932年3月21日	广告	8	24	永昌五金号（4—国货广告）
1932年3月24日	鲁省将筹办两纱厂	1	32	抵制日货，提倡国货（1）
1932年3月24日	冀实厅继续提倡美棉；政府派定国劳会代表；工厂法由公立厂先行	1-2	44	其他中外纺织业信息（3）

续表

时间	标题	版面	版面面积	内容
1932年3月24日	英棉业之救济与暗礁；印度抵制英棉布不懈；美棉又将推销欧洲；西班牙将大举植棉；英国棉业集中生产之计划	2-3-4	184	其他中外纺织业信息（3）
1932年3月24日	广告	2	12	《中国纱厂一览表》（4—报纸杂志宣传）
1932年3月24日	广告	4	44	鸡球牌药沫灭火机（4—国货广告）
1932年3月24日	天津华新纱厂工潮解决	5-7	64	其他中外纺织业信息（3）
1932年3月24日	广告	5	40	英国皮带石棉有限公司（4—外货广告）
1932年3月24日	1932年美国棉田减率概况	6-7	128	其他中外纺织业信息（3）
1932年3月24日	广告	6	24	永昌五金号（4—国货广告）
1932年3月24日	美棉轧花最后报告；埃及棉轧花统计；二月份美棉统计	8	88	其他中外纺织业信息（3）
1932年3月28日	沪战发生后之外面进口费用问题	1-2	138	中外纺织业受战争影响状况（2）
1932年3月28日	广告	2	14	《中棉产改进统计会议专刊》（4—报纸杂志宣传）
1932年3月28日	英经济团棉业组报告书；英国棉业集中生产之计划	3-4-5	200	其他中外纺织业信息（3）
1932年3月28日	救济失业纺工	5	20	中外纺织业受战争影响状况（2）
1932年3月28日	广告	5	44	鸡球牌药沫灭火机（4—国货广告）
1932年3月28日	印度棉花生产分配统计；英国二月份出口纱布统计；三月国内外纱花市况	6-7-8	200	其他中外纺织业信息（3）

续表

时间	标题	版面	版面面积	内容
1932年3月28日	广告	6	40	英国皮带石棉有限公司（4—外货广告）
1932年3月28日	广告	8	24	永昌五金号（4—国货广告）
1932年3月31日	中国之棉纺织业与金融业——读中国银行二十年度报告书感言	1–3–7	284	其他中外纺织业信息（3）
1932年3月31日	纺业谋扩充南通纺织学校	4	48	其他中外纺织业信息（3）
1932年3月31日	广告	4	40	英国皮带石棉有限公司（4—外货广告）
1932年3月31日	英经济团棉业组报告书（中国）；世界经济琐讯；三月国内外纱花市况	5–6–7–8	274	其他中外纺织业信息（3）
1932年3月31日	广告	6	14	《中棉产改进统计会议专刊》（4—报纸杂志宣传）
1932年3月31日	广告	8	20	《天津棉鉴》（4—报纸杂志宣传）
1932年4月4日	迪先：开发西北中之棉业问题	1–8	97	抵制日货，提倡国货（1）
1932年4月4日	日本棉业之近况	3	44	中外纺织业受战争影响状况（2）
1932年4月4日	广告	3	44	鸡球牌药沫灭火机（4—国货广告）
1932年4月4日	美印棉价变动后用棉；社会局出售优良棉种；准减生丝营业税；浙茧会劝农民减少育蚕	4–5	101	其他中外纺织业信息（3）
1932年4月4日	棉货销路力谋振展；失业工人实行登记；上海丝厂尚难复业	4–5	51	中外纺织业受战争影响状况（2）

续表

时间	标题	版面	版面面积	内容
1932年4月4日	广告	5	24	永昌五金号（4—国货广告）
1932年4月4日	美棉一周统计；美棉田减率降至百分之五至十五	6	40	其他中外纺织业信息（3）
1932年4月4日	广告	6	40	英国皮带石棉有限公司（4—外货广告）
1932年4月4日	三月国内外纱花市况	7–8	143	其他中外纺织业信息（3）
1932年4月7日	实部拟外资发展实业法；实部钢铁厂址未勘定；沪其昌栈棉花又失慎；日本购进美棉过剩	1–2	64	其他中外纺织业信息（3）
1932年4月7日	实部救济丝业将发公债；浙省召集救济蚕丝会议上海针织业否认兵险费；日纱厂失业工人已登记	1	44	中外纺织业受战争影响状况（2）
1932年4月7日	广告	2	44	鸡球牌药沫灭火机（4—国货广告）
1932年4月7日	英国棉业集中生产之计划；最近之意大利丝织业；美国交易所棉花增税；二月底英国提用原棉；埃及棉一周统计；印棉一周统计	3–4–5	240	其他中外纺织业信息（3）
1932年4月7日	广告	5	24	永昌五金号（4—国货广告）
1932年4月7日	中国银行二十年度报告书；国内外经济政治变动；三月国内外纱花市况	6–7–8	202	其他中外纺织业信息（3）
1932年4月7日	广告	7	40	英国皮带石棉有限公司（4—外货广告）

续表

时间	标题	版面	版面面积	内容
1932年4月7日	广告	8	14	《中棉产改进统计会议专刊》（4—报纸杂志宣传）

注：将5类报道分别用（1）（2）（3）（4）（5）标记。
抵制日货，提倡国货（1）——9条；
中外纺织业受战争影响状况（2）——12条；
其他中外纺织业信息（3）——73条；
广告（国货——20条，外货——13条，报纸杂志宣传——15条）（4）——48条；
对战争的报道和评论（5）——1条。

附录5:《纺织周刊》(一·二八淞沪抗战前后)报道统计表

日期	目录	版面	版面面积	备注
1932年1月15日	目录	1	88	
1932年1月15日	广告	2	88	德国大德颜料厂(4—外货广告)
1932年1月15日	何以惩日人冒牌华厂棉纱	3	64	抵制日货，提倡国货(1)
1932年1月15日	国人及纺织业应有觉悟	4	64	抵制日货，提倡国货(1)
1932年1月15日	论永安二厂工人毁厂事件	5	64	其他中外纺织业信息(3)
1932年1月15日	日厂已有反攻之势	6	28	抵制日货，提倡国货(1)
1932年1月15日	南通纺校请正名义；中华学艺社新屋将落成	6	60	其他中外纺织业信息(3)
1932年1月15日	广告	7	88	申新纺织总公司(4—国货广告)
1932年1月15日	纤维工场的温湿度问题	8-11	352	纺织技术研究(6)
1932年1月15日	加尔喀特日本总领事报告：印度人造丝织物	12-13	134	其他中外纺织业信息(3)
1932年1月15日	广告	13	42	铸亚铁工厂(4—国货广告)
1932年1月15日	汤致和编:《棉纺学》	14	88	纺织技术研究(6)
1932年1月15日	力织工场实习记	15-16	167	纺织技术研究(6)
1932年1月15日	广告	16	9	上海维大纺织用品有限公司(4—国货广告)
1932年1月15日	广告	17	48	永安纺织股份有限公司(4—国货广告)
1932年1月15日	广告	17	40	英国赫直林登公司(4—外货广告)
1932年1月15日	商业事简讯；各厂消息	18-19	62	其他中外纺织业信息(3)
1932年1月15日	申新厂破获日纱冒牌经过；日厂取消工人月薪	18-19	136	抵制日货，提倡国货(1)
1932年1月15日	中国纺织学会之新会员	19	3	其他中外纺织业信息(3)

续表

日期	目录	版面	版面面积	备注
1932年1月15日	国际要闻	20	88	其他中外纺织业信息（3）
1932年1月15日	广告	21	88	青岛华新纺织有限公司（4—国货广告）
1932年1月15日	每周市况	22–25	256	其他中外纺织业信息（3）
1932年1月15日	广告	23	24	生源机器油行（4—国货广告）
1932年1月15日	广告	24	24	（抗日声中之急先锋，要抵制日货，至少须先去提倡国货）建设铁工厂（4—国货广告）
1932年1月15日	俱乐部	26	40	其他中外纺织业信息（3）
1932年1月15日	广告	26	24	《纺织周刊》（4—报纸杂志宣传）
1932年1月15日	广告	27–28	176	美安棉业洋行（4—外货广告）；英国独一名厂（4—外货广告）；安利英行（4—外货广告）；英国拖依台而史莫莱公司（4—外货广告）
1932年1月22日	目录	1	88	
1932年1月22日	广告	2	88	德国大德颜料厂（4—外货广告）
1932年1月22日	中日国际间形势之严重，事业界应有准备	3	64	抵制日货，提倡国货（1）
1932年1月22日	读我国纺织业两大责任	5	128	抵制日货，提倡国货（1）
1932年1月22日	广告	5	48	英国赫直林登公司（4—外货广告）
1932年1月22日	民治建于匹夫有责；日商纱厂延命政策	6	101	抵制日货，提倡国货（1）
1932年1月22日	陈实业部长重实行，公司组织之不健全	6	65	其他中外纺织业信息（3）

续表

日期	目录	版面	版面面积	备注
1932年1月22日	广告	7	42	铸亚铁工厂（4—国货广告）
1932年1月22日	申新九厂工作比赛以后	8–9	167	其他中外纺织业信息（3）
1932年1月22日	广告	9	9	上海维大纺织用品有限公司（4—国货广告）
1932年1月22日	纤维工场的温湿度问题	10–11	176	纺织技术研究（6）
1932年1月22日	新发明纱机罗拉重锤轻便松懈动作；丝织画片	12	88	纺织技术研究（6）
1932年1月22日	汤致和编：《棉纺学》	13–14	176	纺织技术研究（6）
1932年1月22日	力织工场实习记	15–16	176	纺织技术研究（6）
1932年1月22日	广告	17	88	申新纺织总公司（4—国货广告）
1932年1月22日	国内记载：商业界简讯	18–19	48	其他中外纺织业信息（3）
1932年1月22日	日人纵火图毁三友社工厂；上海日厂决取强硬态度；全沪丝业将完全停业；杭州纬成绸厂被债团扣封	18–19	128	中外纺织业受战争影响状况（2）
1932年1月22日	国外记载	20	88	其他中外纺织业信息（3）
1932年1月22日	广告	21	88	永安纺织股份有限公司（4—国货广告）；恒大新记纺织股份有限公司（4—国货广告）
1932年1月22日	每周市况	22–24	240	其他中外纺织业信息（3）
1932年1月22日	广告	24	24	建设铁工厂（4—国货广告）
1932年1月22日	介绍实用纺织学	25	152	纺织技术研究（6）
1932年1月22日	广告	26	24	《纺织周刊》（4—报纸杂志宣传）
1932年1月22日	广告	27–28	176	美安棉业洋行（4—外货广告）；英国独一名厂（4—外货广告）；安利英行（4—外货广告）；拖依台而史莫莱公司（4—外货广告）

续表

日期	目录	版面	版面面积	备注
1932年1月29日	目录	1	88	
1932年1月29日	广告		88	德国大德颜料厂（4—外货广告）
1932年1月29日	忍辱负重牺牲救国	3	64	抵制日货，提倡国货（1）
1932年1月29日	由去年纺织业所获之成绩推想及今后纺织业之前途并略举补救之方策	4-5	112	抵制日货，提倡国货（1）
1932年1月29日	广告	5	56	英国赫直林登公司（4—外货广告）
1932年1月29日	日厂闭锁已到必要时候；东北铁蹄下之日纺织业	6-7	125	中外纺织业受战争影响状况（2）
1932年1月29日	社会主义得胜利欤	6	9	其他中外纺织业信息（3）
1932年1月29日	广告	7	42	铸亚铁工厂（4—国货广告）
1932年1月29日	1931申新二厂改进概况	8	88	其他中外纺织业信息（3）
1932年1月29日	广告	9	88	申新纺织总公司（4—国货广告）
1932年1月29日	今日纺织厂中之练习工	10-11	176	纺织技术研究（6）
1932年1月29日	纤维工场的温湿度问题；道夫斩刀传动及其装置法	12-14	264	纺织技术研究（6）
1932年1月29日	汤致和编：《棉纺学》	15	88	纺织技术研究（6）
1932年1月29日	傅道伸：力织工场实习记	16-17	176	纺织技术研究（6）
1932年1月29日	丝织厂同业公会重叠	18-19	87	其他中外纺织业信息（3）
1932年1月29日	上海市商会发表共同宣言；日纱厂议决总闭锁之恫吓；图焚三友社工厂日人自首；双宫丝厂已经全体休业	18-19	80	抵制日货，提倡国货（1）
1932年1月29日	广告	19	9	上海维大纺织用品有限公司（4—国货广告）
1932年1月29日	国外记载	20	88	其他中外纺织业信息（3）

续表

日期	目录	版面	版面面积	备注
1932年1月29日	广告	21	88	永安纺织股份有限公司（4—国货广告）；恒大新记纺织股份有限公司（4—国货广告）
1932年1月29日	每周市况	2225	295	其他中外纺织业信息（3）
1932年1月29日	广告	23	9	成大纺织用品有限公司（4—国货广告）
1932年1月29日	广告	24	24	永昌五金号（4—国货广告）
1932年1月29日	俱乐部	25-26	88	其他中外纺织业信息（3）
1932年1月29日	广告	26	24	《纺织周刊》（4—报纸杂志宣传）
1932年1月29日	广告	27-28	176	（世界最大之棉业商人）美安棉业洋行（4—外货广告）；欲购新式精良毛棉纺织机器，请向英国独一名厂接洽（4—外货广告）；英国名厂纺织染机器安利英行（4—外货广告）；英国拖依台而史莫莱公司（制造纺织机器）（4—外货广告）
1932年2月19日	目录	1	88	
1932年2月19日	广告	2	88	德国大德颜料厂（4—外货广告）
1932年2月19日	人类正气之战	3	64	对战争的报道和评论（5）
1932年2月19日	日人对上海侵略之主使者	4-5	161	对战争的报道和评论（5）
1932年2月19日	广告	5	15	《天津织布工业》《天津针织工业》（4—报纸杂志宣传）
1932年2月19日	纺织界有无团结与准备；吕戴之将军论战	6-7	124	对战争的报道和评论（5）

续表

日期	目录	版面	版面面积	备注
1932年2月19日	广告	6	10	对战争的报道和评论（5）
1932年2月19日	广告	7	42	铸亚铁工厂（4—国货广告）
1932年2月19日	沪变后之上海纺织工厂；上海输入棉花不能到埠	8-9	128	中外纺织业受战争影响状况（2）
1932年2月19日	实部通知庚款借锭办法；沪棉花贩运业公会成立；制丝业准予免征营业税	9	48	其他中外纺织业信息（3）
1932年2月19日	国外记载	10	64	其他中外纺织业信息（3）
1932年2月19日	广告	10	15	《纺织周刊》（4—报纸杂志宣传）
1932年2月19日	广告	10-12	137	上海维大（4—国货广告）；申新纺织总公司（4—国货广告）；永安纺织股份有限公司（4—国货广告）
1932年2月19日	广告	12-13	224	慎昌洋行（4—外货广告）；美安棉业洋行（4—外货广告）；独一名厂（4—外货广告）；安利英行（4—外货广告）；拖依台而史莫莱公司（4—外货广告）
1932年2月26日	目录	1	88	
1932年2月26日	广告	2	88	德国大德颜料厂（4—外货广告）
1932年2月26日	长期战争与事业界	3	64	对战争的报道和评论（5）
1932年2月26日	向内地发展去；日商在华纱厂之命运；失业问题	4-5	134	中外纺织业受战争影响状况（2）
1932年2月26日	广告	5	42	铸亚铁工厂（4—国货广告）
1932年2月26日	实业部规定以庚款担保订购纱锭布机分配还本办法	6-7	176	其他中外纺织业信息（3）
1932年2月26日	沪东纱厂全部停业	8	88	中外纺织业受战争影响状况（2）

续表

日期	目录	版面	版面面积	备注
1932年2月26日	最近注册公司一览	9	88	其他中外纺织业信息（3）
1932年2月26日	国外记载	10	52	其他中外纺织业信息（3）
1932年2月26日	广告	10	24	《纺织周刊》（4—报纸杂志宣传）
1932年2月26日	广告	10–12	145	上海维大纺织用品有限公司（4—国货广告）；中新纺织总公司（4—国货广告）；永安纺织股份有限公司（4—国货广告）
1932年2月26日	广告	12–14	216	赫直林登公司（4—外货广告）；美安棉业洋行（4—外货广告）；英国独一名厂（4—外货广告）；安利英行（4—外货广告）；拖依台而史莫莱公司（4—外货广告）
1932年3月4日	目录	1	88	
1932年3月4日	广告	2	88	德国大德颜料厂（4—外货广告）
1932年3月4日	对日应正式宣战	3	64	对战争的报道和评论（5）
1932年3月4日	每周论坛	4	88	对战争的报道和评论（5）
1932年3月4日	实业部借拨庚款订购锭机案；上海手帕业	5	88	其他中外纺织业信息（3）
1932年3月4日	王士强：上海之电机丝织业	6–7	134	其他中外纺织业信息（3）
1932年3月4日	广告	7	42	铸亚铁工厂（4—国货广告）
1932年3月4日	在沪日商人一般之心理	8	79	对战争的报道和评论（5）
1932年3月4日	广告	8	9	上海维大纺织用品有限公司（4—国货广告）
1932年3月4日	南通纺校请扩学院未准；沪厂纪念日休假不给资	9	52	其他中外纺织业信息（3）

续表

日期	目录	版面	版面面积	备注
1932年3月4日	横滨桥三丝厂全部被毁	9	12	中外纺织业受战争影响状况（2）
1932年3月4日	广告	9	24	恒大新记纺织股份有限公司（4—国货广告）
1932年3月4日	国外记载	10	73	其他中外纺织业信息（3）
1932年3月4日	广告	10	15	《纺织周刊》（4—报纸杂志宣传）
1932年3月4日	广告	11-12	136	申新纺织总公司（4—国货广告）；永安纺织股份有限公司（4—国货广告）
1932年3月4日	广告	12-14	216	赫直林登公司（4—外货广告）；美安棉业洋行（4—外货广告）；英国独一名厂（4—外货广告）；安利英行；拖依台而史莫莱公司（4—外货广告）
1932年3月11日	目录	1	88	
1932年3月11日	广告	2	88	德国大德颜料厂（4—外货广告）
1932年3月11日	忍辱负重之时期	3	64	对战争的报道和评论（5）
1932年3月11日	纺织业在此次中日战争中之危及	4-6	215	对战争的报道和评论（5）
1932年3月11日	广告	5	40	矮姆斯铁郎无缝轻木皮棍套（美商慎昌洋行）（4—外货广告）
1932年3月11日	广告	6-7	97	成大纺织用品有限公司（4—国货广告）；申新纺织总公司（4—国货广告）
1932年3月11日	如何打破当前的局面	8-9	134	对战争的报道和评论（5）
1932年3月11日	广告	9	42	铸亚铁工厂（4—国货广告）
1932年3月11日	凯萨勃兰开斯大牵伸装置	10-14	16	纺织技术研究（6）

续表

日期	目录	版面	版面面积	备注
1932年3月11日	广告	14–15	72	恒大新记纺织股份有限公司（4—国货广告）；永安纺织股份有限公司（4—国货广告）
1932年3月11日	广告	15	40	赫直林登公司（4—外货广告）
1932年3月11日	上海西区各纱厂已复工；棉布公会举办国难捐；杭绸失业者请变公产救济	16–17	103	中外纺织业受战争影响状况（2）
1932年3月11日	山东实业厅建议设四纱厂；世界棉产估计；上海地毯业	16–18	104	其他中外纺织业信息（3）
1932年3月11日	广告	16–17	33	上海维大纺织用品有限公司（4—国货广告）；永昌五金号（4—国货广告）
1932年3月11日	广告	18	24	《纺织周刊》（4—报纸杂志宣传）
1932年3月11日	广告	19–20	176	美安棉业洋行（4—外货广告）；独一名厂（4—外货广告）；安利英行（4—外货广告）；拖依台而史莫莱公司（4—外货广告）
1932年3月18日	目录	1	88	
1932年3月18日	广告	2	88	德国大德颜料厂（4—外货广告）
1932年3月18日	洋溢的和平空气	3	64	对战争的报道和评论（5）
1932年3月18日	上海日厂复工问题；日本纺织业倾向我东北	4	88	中外纺织业受战争影响状况（2）
1932年3月18日	实行经济封锁日本后如何	5	88	抵制日货，提倡国货（1）
1932年3月18日	中新纺织公司过去的回顾和今后应取的方针	6、11–18	555	中外纺织业受战争影响状况（2）

续表

日期	目录	版面	版面面积	备注
1932年3月18日	广告	11	9	上海维大纺织用品有限公司（4—国货广告）
1932年3月18日	天津华新纱厂工潮	12–13	100	其他中外纺织业信息（3）
1932年3月18日	英国棉业合理化运动进展	13–18	116	其他中外纺织业信息（3）
1932年3月18日	沪西日厂即将开工说；天津畅销日货疋头为大宗；沪丝业调查战时损失；杭绸业沪战后渐恢复	14–15	209	中外纺织业受战争影响状况（2）
1932年3月18日	广告	15	51	成大纺织用品有限公司（4—国货广告）；铸亚铁工厂（4—国货广告）
1932年3月18日	去年下半年世界棉业统计；英国远东贸易较前进步；澳洲羊毛向华发展失望；荷兰棉厂移设南洋说复盛	16–17	128	其他中外纺织业信息（3）
1932年3月18日	美国对日经济压迫之发动；日本纺织业拟延长工时；日本棉业者向我东北奋进	17	48	中外纺织业受战争影响状况（2）
1932年3月18日	广告	18	9	《纺织周刊》（4—报纸杂志宣传）
1932年3月18日	广告	19–20	136	永安纺织股份有限公司（4—国货广告）；申新纺织总公司（4—国货广告）
1932年3月18日	广告	19–2	216	赫直林登公司（4—外货广告）；美安棉业洋行（4—外货广告）；英国独一名厂（4—外货广告）；安利英行（4—外货广告）；拖依台而史莫莱公司（4—外货广告）
1932年3月25日	目录	1	88	
1932年3月25日	广告	2	88	德国大德颜料厂（4—外货广告）

续表

日期	目录	版面	版面面积	备注
1932年3月25日	国难会议与纺织业	3	64	对战争的报道和评论（5）
1932年3月25日	救济日厂失业工人；银行家之觉悟	4–5	134	对战争的报道和评论（5）
1932年3月25日	广告	5	42	铸亚铁工厂（4—国货广告）
1932年3月25日	中国银行报告中纺织工业	6–8	264	其他中外纺织业信息（3）
1932年3月25日	广告	9	48	永安纺织股份有限公司（4—国货广告）
1932年3月25日	广告	9	40	赫直林登公司（4—外货广告）
1932年3月25日	申新第五、七厂工务改进	10–11	167	纺织技术研究（6）
1932年3月25日	广告	11	9	成大纺织用品有限公司（4—国货广告）
1932年3月25日	雷锡璋：论捻	12–13	167	纺织技术研究（6）
1932年3月25日	广告	13	9	上海维大纺织用品有限公司（4—国货广告）
1932年3月25日	沪西日厂开工工人不到；因战争美棉交货纠葛解决	14	64	中外纺织业受战争影响状况（2）
1932年3月25日	各厂消息	14–15	39	中外纺织业受战争影响状况（2）
1932年3月25日	海外通讯；国外记载	15–17	233	其他中外纺织业信息（3）
1932年3月25日	日图独占东北毛织工业；钟渊会社将先设纱布工场	17	16	中外纺织业受战争影响状况（2）
1932年3月25日	广告	18	88	申新纺织总公司（4—国货广告）
1932年3月25日	广告	19–20	176	美安棉业洋行（4—外货广告）；英国独一名厂（4—外货广告）；安利英行（4—外货广告）；拖依台而史莫莱公司（4—外货广告）

续表

日期	目录	版面	版面面积	备注
1932年4月1日	目录	1	88	
1932年4月1日	广告	2	88	德国大德颜料厂（4—外货广告）
1932年4月1日	张则民：纱厂采用外棉问题	3	64	其他中外纺织业信息（3）
1932年4月1日	建议政府切实提倡实业保护工商向内地开发生产以立救国根本案	4-5	136	抵制日货，提倡国货（1）
1932年4月1日	广告	5	40	美商慎昌洋行（4—外货广告）
1932年4月1日	国难会议与提倡实业	6	32	抵制日货，提倡国货（1）
1932年4月1日	英国纺织机械输出减少	6	32	其他中外纺织业信息（3）
1932年4月1日	说纺织界的刊物	6-7	48	其他中外纺织业信息（3）
1932年4月1日	读《上海之棉纱与纱业》书	7-8	143	其他中外纺织业信息（3）
1932年4月1日	广告	8-9	57	上海维大纺织用品有限公司（4—国货广告）；永安纺织股份有限公司（4—国货广告）
1932年4月1日	广告	9	40	赫直林登公司（4—外货广告）
1932年4月1日	1931年世界丝市之回顾；英国棉业界最近活动状况	10-12	249	其他中外纺织业信息（3）
1932年4月1日	广告	12	15	《纺织周刊》（4—报纸杂志宣传）
1932年4月1日	广告	13	88	中新纺织总公司（4—国货广告）
1932年4月1日	日厂失业工人已陆续安插；购买美棉战事纠葛之协定山东实业厅筹设纱厂；上海丝厂复工仍属无期	14-15	148	中外纺织业受战争影响状况（2）

续表

日期	目录	版面	版面面积	备注
1932年4月1日	为鲁君光浩征恤金启	15	28	其他中外纺织业信息（3）
1932年4月1日	国外记载	16–18	175	其他中外纺织业信息（3）
1932年4月1日	广告	16–17	33	永昌五金号（4—国货广告）；成大纺织用品有限公司（4—国货广告）
1932年4月1日	广告	18	24	《纺织周刊》（4—报纸杂志宣传）
1932年4月1日	广告	19–22	176	美安棉业洋行（4—外货广告）；英国独一名厂（4—外货广告）；安利英行（4—外货广告）；拖依台而史莫莱公司（4—外货广告）
1932年4月1日	日本纱厂减工一再展延；大日本会社收并京城工场	18	32	中外纺织业受战争影响状况（2）
1932年4月8日	目录	1	88	
1932年4月8日	广告	2	88	德国大德颜料厂（4—外货广告）
1932年4月8日	外人唯恐中国之强盛	3	64	对战争的报道和评论（5）
1932年4月8日	救济江浙蚕丝之提；中国人用中国布的口号；伍朝枢勉力下层工作	4–5	110	抵制日货，提倡国货（1）
1932年4月8日	读者投函	5–6	154	其他中外纺织业信息（3）
1932年4月8日	广告	7	88	中新纺织总公司（4—国货广告）
1932年4月8日	筹备纺织染厂应注意之特点；意大利丝织物工业现况	8–10	240	纺织技术研究（6）
1932年4月8日	广告	10–11	72	恒大新记纺织股份有限公司（4—国货广告）；永安纺织股份有限公司（4—国货广告）

续表

日期	目录	版面	版面面积	备注
1932年4月8日	广告	11	40	赫直林登公司（4—外货广告）
1932年4月8日	国际羊毛及毛织物会议	12-15	328	其他中外纺织业信息（3）
1932年4月8日	广告	15	24	永昌五金号（4—国货广告）
1932年4月8日	天津华新纱厂两次工潮	16-17	176	其他中外纺织业信息（3）
1932年4月8日	日厂失业工人开始登记；上海针织业不承认兵险费；沪战区丝厂业之损失；浙省举行丝绸救济会议	18-20	179	中外纺织业受战争影响状况（2）
1932年4月8日	河北实厅调查手摇纺纱机	19-20	20	其他中外纺织业信息（3）
1932年4月8日	各厂消息	18	48	其他中外纺织业信息（3）
1932年4月8日	广告	19	9	上海维大纺织用品有限公司（4—国货广告）
1932年4月8日	国外记载	21-22	170	其他中外纺织业信息（3）
1932年4月8日	广告	22	6	《纺织周刊》（4—报纸杂志宣传）
1932年4月8日	广告	23-24	176	美安棉业洋行（4—外货广告）；英国独一名厂（4—外货广告）；安利英行（4—外货广告）；拖依台而史莫莱公司（4—外货广告）

注：将6类报道分别用（1）（2）（3）（4）（5）（6）标记。
抵制日货，提倡国货（1）——14条；
中外纺织业受战争影响状况（2）——17条；
其他中外纺织业信息（3）——47条；
广告（国货——60条，外货——67条，报纸杂志宣传——12条）（4）——139条；
对战争的报道和评论（5）——15条；
纺织技术研究（6）——16条。

后 记

我进入纺织史研究领域，得益于恩师高红霞教授和廖大伟教授的引领。坦白地说，我自知在历史专业上禀赋一般，既缺乏通贯古今中外的渊博学识，也没有融合多个学科的教育背景。2014年初秋，承蒙高老师不弃，我得以进入师门真正开启研究生涯。硕士论文确定选题时，高老师给了几个题目让我选，其中一个是“《纺织时报》研究”。我一眼看中这个题目，现在已经想不起来原因所在，大概就是所谓的“缘分”吧。后来得知廖老师和高老师无意中看到这份民国报纸，并觉得值得研究，才有了后面的一切。读博期间，研究题目虽然改作“小三线”[①]建设，方向大不相同，但所涉及的“三线”企业多为轻纺工业，可以说是从近代纺织延伸到了当代纺织。更巧的是，毕业以后进入纺织名校东华大学就职，我也就“理所应当”地继续做纺织史研究。硕士论文答辩过程中，唐力行教授、苏智良教授、戴鞍钢教授、邵雍教授、徐茂明教授、洪煜教授、吴强华副教授、邢丙彦副教授、姚霏副教授等提出许多宝贵意见，在这里，我真挚地向老师们说声：谢谢！

本书的成稿，倾注了恩师高红霞教授和廖大伟教授太多心血。大到

① “三线建设”是中国自1964年起进行的一场以备战为指导思想的大规模国防、科技、工业和交通基本设施建设。“三线建设”又有“大三线”和“小三线”之分，西南、西北为“大三线”，中部及沿海地区省、区的腹地为“小三线”。

论文框架，小到标点符号，高老师一直不厌其烦地帮助指导修改。硕士论文交稿前两天，高老师还与我交流修改意见，并要求打印前再给高老师看一眼，最后把把关。我时常觉得，高老师就像我的母亲，时而严厉，时而温柔，但都是出于爱护才有的举动。她也常说学生就像自己的孩子，关起门来怎么严格都行，对外却都是溢美之词。老师对我的影响，岂止一篇毕业论文或是一本书，还有她一丝不苟的精神和爱护学生的情怀。上海大学廖大伟教授是我学术上的另一位引路人，读博期间有幸参与廖老师主持的国家社科基金重大项目“中国近代纺织史资料整理与研究”，工作以后更有幸与廖老师合著《衣被天下：上海纺织》，该书2021年由学林出版社出版。这一经历拓宽了我的研究视野，促进了本书的完稿。廖老师更以其登高望远、求真笃行的治学态度和虚怀若谷、豁达乐观的为人风范，令我终身受益。高山仰止，景行行止。虽不能至，心向往之。

2020年，我有幸加入东华大学马克思主义学院这个团结友爱的大家庭，在教学、科研和生活方面得到王治东院长、戴叶萍书记及所有同事们热情的关心和帮助，在此谨表谢意。

特别感谢我的家人，父母是我最温暖的港湾，总在我无助迷茫时送来关怀与肯定；先生视我事为己事，时刻敦促我完成书稿，有幸遇见，并肩前行；女儿正是咿牙学语、蹒跚学步时，为我带来许多欢乐和笑声。有你们，足矣。

刘盼红

2023年2月14日于沪上